GENJIN刑事弁護シリーズ㉖

ケース研究
責任能力が
問題となった
裁判員裁判

日本弁護士連合会・日弁連刑事弁護センター／
日本司法精神医学会・精神鑑定と裁判員制度に関する委員会[編]

現代人文社

はしがき

　2009年5月から「裁判員の参加する刑事裁判に関する法律」（以下、「裁判員裁判法」という）が施行された。一般市民が裁判員として参加する裁判員裁判では、連日開廷や口頭主義の徹底など審理のあり方が大きく変化した。「裁判官、検察官及び弁護人は、裁判員の負担が過重なものとならないようにしつつ、裁判員がその職責を十分に果たすことができるよう、審理を迅速で分かりやすいものとすることに努めなければならない」（裁判員裁判法51条）と規定されているように、裁判員裁判においては、難解な法律概念や法律用語を、一般市民である裁判員にもわかりやすく説明し、その理解を得たうえで評議を行うことが必要不可欠である。

　裁判員裁判法による審理の変化に伴い、刑事責任能力鑑定の実施方法や鑑定結果の報告のあり方にも大きな変化が生じた。刑事責任能力鑑定は、難解な法律概念のひとつである刑事責任能力を裁判官や裁判員が判断するための参考資料として、精神科医が、犯行時の被告人の精神状態について、専門的な立場から鑑定意見を述べるものである。裁判員裁判では、鑑定を行った精神科医は、精神医学に関する専門知識をもたない一般市民にも理解できるように、わかりやすい鑑定結果の報告を行うことが求められるようになった。

　本書は、日本司法精神医学会と日本弁護士連合会が共同で行っている責任能力が争われた裁判員裁判事例をめぐる協議会における検討の成果をまとめたものである。

　ここで、本協議会の開催に至る経緯について、述べておきたい。2008年5月に日本司法精神医学会は、日本精神神経学会と合同で、裁判員制度に関するプロジェクト会議を立ち上げることになり、司法精神医学会側の組織として裁判員制度プロジェクト委員会が設置され、裁判員制度における精神鑑定のあり方についての検討を開始した。

　2010年7月日本弁護士連合会より、日本司法精神医学会に対して、同会裁判員本部責任能力経験交流会プロジェクトチームによる責任能力が争わ

れた裁判員裁判の検証に関して協力依頼があった。理事会での協議の結果、司法精神医学会として協力依頼を引き受けること、司法精神医学会側では、裁判員制度プロジェクト委員会が対応することが決定された。第1回目の協議会は、2011年1月に開催され、司法精神医学会の裁判員制度プロジェクト委員会のメンバーと日弁連裁判員本部責任能力経験交流会プロジェクトチームのメンバーが参加し、協議の結果、裁判員裁判における精神鑑定のあり方について、具体的な事例をもとに検討を行っていく方針が決定された。以後、おおよそ年3回のペースで協議会が開催されてきた。なお、2012年6月、裁判員制度プロジェクト委員会は、精神鑑定委員会と統合され、精神鑑定と裁判員制度に関する委員会へと名称を変更した。

　刑事責任能力鑑定の実態に関する検証は司法精神医学的には学術的な意義の高い、重要な課題といえる。しかし、日本司法精神医学会単独では、刑事責任能力鑑定の行われた裁判事例の情報を体系的に収集することは困難であり、判決文や鑑定書など事例の詳細にわたる情報を収集することは不可能である。当協議会を通じて、日本司法精神医学会の委員会委員は、多くの裁判員裁判における精神鑑定事例の情報に接し、日弁連のメンバーと協議する機会を得ることができた。その検討の成果の評価については、本書の読者にゆだねることとして、ここでは、こうした検討の場をもつ機会を与えていただいた日本弁護士連合会に対して、心から深謝の意を表したい。

　日本司法精神医学会と日本弁護士連合会による協議会の研究成果をまとめた本書が、出版され、広く一般に公開されることは、法と精神医学の対話という観点からも重要な意義を持つものと思われる。本書が、裁判員裁判における精神鑑定の課題や問題点を検討していくための資料やきっかけとなれば、望外の喜びである。

2019年8月
日本司法精神医学会理事長、精神鑑定と裁判員制度に関する委員会委員長
　　千葉大学社会精神保健教育研究センター法システム研究部門教授
　　　　　　　五十嵐禎人

はしがき

　「裁判員の参加する刑事裁判に関する法律」が2009年5月に施行され、今年で10年を迎える。通常の刑事事件でも、責任能力が争われる事件は少なくないが、特に重大事件が対象となる裁判員制度では、この点が問題となることが多い。捜査段階における起訴前鑑定、公判前整理手続における50条鑑定および弁護人の提出する当事者鑑定(私的鑑定)が錯綜して争われることもある。裁判所および検察庁は精神科医を招聘した研修を企画するなど、組織を挙げて対応態勢を構築している。これに対し、弁護人の対応態勢は立ち遅れてきたといわざるをえない。

　日本弁護士連合会は、裁判員制度の施行に伴い、裁判員本部に精神鑑定研修プロジェクトチームを設置し、責任能力が争われる事件の判決書の収集および分析ならびに研修を実施することとした。2014年6月には裁判員本部を日弁連刑事弁護センターに統合し、責任能力プロジェクトチーム(旧責任能力小委員会)に改変して、その活動を継承することとした。その成果として、すでに日弁連刑事弁護センター編『責任能力弁護の手引き』(共著、現代人文社、2015年)、田岡直博「裁判員裁判における責任能力判断──日弁連での判決分析から」季刊刑事弁護69号(2012年)、田岡直博「裁判員裁判における責任能力判断の変化──判決一覧表の分析(1)〜(4・完)」季刊刑事弁護93号、96号、97号、98号(2018〜2019年)などが公表されている。

　もとより、責任能力が問題となる事件の弁護活動のあり方を検討するには、精神科医の先生方の協力が不可欠である。精神鑑定書の読み方一つとっても、弁護人には理解が難しい。複数の精神科医の先生方からご意見を伺うことで、理解を深めることができる。また、尋問のあり方についても、尋問を受ける証人(鑑定人)の立場からの意見を伺うことで、尋問のあり方を検証することができる。このような問題意識から、日本弁護士連合会では、日本司法精神医学会裁判員制度プロジェクト委員会のご協力を得て、定期的に協議会を開催してきた。そこでは、責任能力が争われた事件の弁護人を招いて、精神鑑定と弁護活動を報告してもらい、精神科医と弁護士による共同検討を行ってきた。開催回数は、すでに27回を数える(2019年8月現

在)。日本司法精神医学会の先生方には、この場を借りて、深く感謝を申し上げたい。

　このたび、日弁連刑事弁護センターでは、日本司法精神医学会精神鑑定と裁判員制度に関する委員会の了承を得て、協議会の成果をとりまとめ、本書を出版することとした。本書には、責任能力が争われた裁判員裁判10ケースを取り上げている。ケースは、統合失調症圏、気分障害圏、物質関連障害・飲酒酩酊、発達障害の順に並べられているが、どの順に読んでいただいてもかまわない。一つのケースについて、それぞれ、担当弁護人による事例報告、精神科医と弁護士によるコメント、判決書の抜粋が収められている。ときには意見が対立することもあるが、一つの事例について、異なる視点からの分析が加えられることにより、事例をより深く理解することができよう。

　本書が、裁判員裁判における精神鑑定および弁護活動のあり方を検証する契機となれば幸いである。

2019年8月
日本弁護士連合会
日弁連刑事弁護センター
委員長　西村　健

はしがき 2
はしがき 4

第1部
統合失調症圏

ケース① 殺人未遂被告事件（診断：統合失調症）
京都地判平25・2・26
検察官の不十分な聴取および簡易鑑定に基づき起訴された結果、無罪となった事例 ——— 14

報告論文 金杉美和 ——— 14
1 事案の概要／2 本件の経過／3 検察側の判断——起訴に至る経緯／
4 弁護人が聴取したAの既往歴および犯行に至る経緯／
5 公判前整理手続／6 公判／7 判決を振り返って

コメント（弁護士） 金岡繁裕 ——— 26
1 捜査段階について／2 カンファレンスの活用と「活かす」尋問について／
3 判決について／4 おわりに

コメント（精神科医） 安藤久美子 ——— 29
1 はじめに／2 統合失調症について／3 本ケースとの照合

判決書（第一審） ——— 35

ケース② 殺人未遂被告事件（診断：統合失調症）
東京地判平25・7・2
心神喪失により無罪となった後、医療観察法に基づく入通院処遇が不要との決定となった事例 ——— 42

報告論文 藤田充宏 ——— 42
1 はじめに／2 事案の概要／3 接見での被疑者の様子／
4 起訴前鑑定における精神鑑定書／5 カンファレンス／
6 公判廷における鑑定人の証言／7 判決内容／
8 医療観察法における精神鑑定／9 不処遇決定／10 最後に

コメント(弁護士) 坂根真也 ─────── 53
1 責任能力についての説明概念について／
2 精神科医の判断すべきことについて／**3** 刑事鑑定と医療観察鑑定

コメント(精神科医) 五十嵐禎人 ─────── 56
1 精神医学的診断について／**2** 裁判員にわかりやすい鑑定結果の報告を実現するために当事者が行うべきこと

判決書(第一審) ─────── 60

ケース③ 殺人被告事件(診断:統合失調症)
鳥取地決平25・7・22
再鑑定により検察官が公訴を取り消した事例 ─────── 65

報告論文 尾西正人・田中亜樹・柴田勝之 ─────── 65
1 事件の概要／**2** 責任能力に関する検察官の主張／
3 主要な争点と弁護人の主張／**4** 再鑑定のための弁護活動／
5 再鑑定とカンファレンス／**6** カンファレンス後の経緯／**7** 所感

コメント(弁護士) 坂根真也 ─────── 78
1 起訴前本鑑定に対する弁護活動／**2** 鑑定と供述の任意性／
3 再鑑定の請求／**4** 50条鑑定と鑑定書

コメント(精神科医) 田口寿子 ─────── 81
1 起訴前鑑定(A鑑定)／**2** 2つの意見書(B、C意見書)／
3 再鑑定に至るまで／**4** 再鑑定(D鑑定)とその後の経緯

控訴審棄却決定書(第一審) ─────── 86

第2部 気分障害圏

ケース④ 殺人被告事件（診断：うつ病）
さいたま地判平22・9・6
私的鑑定の意見書よりも鑑定人の証言が信用された事例 —— 88

報告論文▶ 鍛治伸明 ……………………………………… 88
1 事案の概要／2 起訴前鑑定／3 弁護方針決定／4 公判前整理手続／
5 弁論／6 判決／7 評価

コメント（弁護士）▶ 菅野亮 ……………………………… 95
1 弁護活動の留意点／2 起訴前鑑定の問題／
3 弁護方針決定の難しさ／4 精神科医に何を聞くべきか／5 おわりに

コメント（精神科医）▶ 中谷陽二 ………………………… 100
1 動機の了解可能性について／2 行為の人格異質性について

判決書（第一審） …………………………………………… 105

ケース⑤ 殺人被告事件（診断：うつ病）
大阪地判平26・9・3
無理心中を図って子を殺めた母について、うつ病の影響で心神喪失の状態にあった疑いがあるとして無罪とされた事例 —— 110

報告論文▶ 栗林亜紀子・髙山巌 …………………………… 110
1 事案の概要等／2 捜査段階の活動／3 起訴後、公判期日までの活動／
4 公判期日での活動／5 今振り返ってみて思うこと

コメント（弁護士）▶ 田岡直博 …………………………… 122
1 うつ病者の責任能力／2 弁護活動のポイント

コメント（精神科医）▶ 安藤久美子 ……………………… 126
1 うつ病者による殺人／2 うつ病の診断について／
3 本件犯行に至る経過の検討／4 解離症状について

判決書（第一審） …………………………………………… 132

ケース⑥ 現住建造物等放火被告事件（診断：うつ病）
神戸地姫路支判平25・3・27
うつ病に罹患していた被告人が妄想に基づき自宅に放火した事例―― 138

- **報告論文** 古市敏彰 ―― 138
  1 事案の概要／2 起訴前本鑑定について／3 責任能力の争い方／
  4 公判前整理手続での工夫／5 公判での工夫／
  6 公判でのアクシデント／7 判決

- **コメント（弁護士）** 金岡繁裕 ―― 148
  1 起訴前鑑定の評価／2 担当弁護人の方針の合理性／3 反対尋問／
  4 判決について／5 終わりに

- **コメント（精神科医）** 大澤達哉 ―― 151
  1 事例の概要／2 起訴前本鑑定／3 証人尋問および判決／4 おわりに

- **判決書（第一審）** ―― 156

ケース⑦ 強盗傷人被告事件（診断：躁うつ病→非定型精神病）
東京地立川支判平23・11・7／
東京高判平24・10・3
控訴審において新たに行った当事者鑑定に依拠し、
第一審とは異なる精神障害が認定された事例―― 162

- **報告論文** 久保有希子 ―― 162
  1 事案の概要／2 裁判の経緯／3 雑感

- **コメント（弁護士）** 菅野亮 ―― 172
  1 弁護活動の留意点／2 本件における判断の分岐点／
  3 鑑定の信用性判断　客観的資料の重要性

- **コメント（精神科医）** 田口寿子 ―― 177
  1 起訴前鑑定／2 公判前の再鑑定／3 控訴審に提出された意見書／
  4 鑑定書の簡略化の弊害

- **判決書（第一審）** ―― 181

- **判決書（控訴審）** ―― 185

第3部 物質関連障害・飲酒酩酊

ケース⑧ 傷害致死被告事件
（診断：精神作用物質による精神病性障害）
福岡地判平26・10・20
いわゆる「7つの着眼点」に基づいて争点整理がされ公判が行われた事例 —— 192

報告論文　村山崇 —— 192
1 事案の概要／2 事件の経緯／3 公判前の弁護活動／4 公判での弁護活動／5 判決について／6 雑感

コメント（弁護士）　田岡直博 —— 202
1 覚せい剤精神病者の責任能力／2 弁護活動のポイント

コメント（精神科医）　中谷陽二 —— 205
1 疾患が重症であること／2 動機の了解可能性について／3 鑑定書の書式──特に「7つの着眼点」について

判決書（第一審） —— 210

ケース⑨ 現住建造物等放火被告事件（診断：飲酒酩酊）
東京地立川支判平23・6・13
アルコール中毒せん妄・アルコール離脱せん妄等の精神障害と責任能力の有無が争われた事例 —— 219

報告論文　井桁大介 —— 219
1 はじめに／2 事案の概要／3 A氏逮捕に至る経緯／4 手続の概要／5 弁護活動の内容／6 公判前整理手続における特徴的な手続／7 公判および判決／8 両鑑定および判決の検討──責任能力判断をめぐる考え方について／9 判決に対する疑問点／10 最後に

コメント（弁護士）　菅野亮 —— 227
1 はじめに／2 飲酒酩酊事案の鑑定の読み方／3 弁護活動の留意点／4 最近の裁判例の判断枠組み／5 本件事件の感想

コメント（精神科医） 岡田幸之 ……… 235
1 ビンダーの3分類について／2 平田の7つの着眼点について

判決書（第一審） ……… 241

第4部 発達障害

ケース⑩ 殺人被告事件（診断：アスペルガー障害）
大阪地判平24・7・30／
大阪高判平25・2・26
裁判員裁判において障害に対する無理解・偏見による厳罰化がなされた事例 ……… 252

報告論文 辻川圭乃 ……… 252
1 事件の概要および背景／2 大阪地裁判決／3 大阪高裁判決／
4 最高裁決定

コメント（弁護士） 金岡繁裕 ……… 261
1 鑑定書の検討等／2 発達障害と責任能力・量刑

コメント（精神科医） 五十嵐禎人 ……… 264
1 日本司法精神医学精神鑑定と裁判員制度に関する委員会報告として／
2 裁判員裁判における鑑定人尋問における注意点／
3 鑑定人の選任について

判決書（第一審） ……… 269

判決書（控訴審） ……… 273

執筆者略歴　290

第1部 統合失調症圏

[ケース1]

殺人未遂被告事件（診断：統合失調症）
京都地判平25・2・26　LEX/DB25501617

検察官の不十分な聴取および簡易鑑定に基づき起訴された結果、無罪となった事例

報告論文

金杉美和　かなすぎ・みわ　京都弁護士会

1　事案の概要

　33歳で無職の被告人Aが、両親と、結婚して家を出たが妻子と別居して実家に戻ってきていた弟のVと、家族4人で同居していた自宅の洗面所において、2012（平成24）年2月2日午後4時58分ころ、殺意をもって、包丁でVの脇腹を突き刺し、加療約3カ月の傷害（右肘部刺傷、右側腹部刺創、左母指指尖部切断等）を負わせたという、殺人未遂事件である。

2　本件の経過

2006年5月〜	A（27歳）精神科への通院開始。仕事をせず引きこもりがちに
2010年11月〜	抗精神病薬（ロナセン）を自己中断
2011年5月〜	少量の抗不安薬、睡眠導入剤のみの処方に
2011年7月〜	結婚して家を出ていた弟V（30歳）が実家に戻る そのころ、Aが被害妄想的な発言をするようになる
2011年10月	Aの妄想の発言頻度が多くなる Aが風呂場で暴れ、Vに取り押さえられる
2012年1月〜	Aがいよいよ無口になり、被害妄想が酷くなる

2012年2月1日	VがAに対し、ビデオデッキを壊したとして文句を言い、Aが仕事をしていないことを注意する
2012年2月2日	午後4時58分ころ、本件犯行→現行犯逮捕 警察で弁解録取書1通、供述書2通、供述調書1通作成
2月4日	P弁解録取（録画46分）、勾留
2月5日	主任弁護人選任、初回接見
2月7日	金杉が複数選任される
2月20日	検察庁で録画43分 R病院で簡易鑑定
2月22日	検察庁で録画40分、問答調書1通作成
2月24日	公判請求
3月2日	打ち合わせ①
3月9日	P証明予定事実記載書1→完全責任能力の主張
3月28日	公判前①　弁護人予定主張、証拠意見の期限決定
3月30日	B予定主張(1)提出→結論は心神耗弱。根拠の概略を主張
4月20日	打ち合わせ②
5月11日	P証明予定事実記載書2→完全責任能力の根拠を追加主張 動機が了解可能、犯行が突発的でない、犯行が合理的・合目的的 犯行を少なくとも一定程度記憶、犯行後に罪責軽減のための供述を行った、簡易鑑定で完全責任能力と判断された 簡易鑑定書を証拠請求（後に撤回）
5月18日	打ち合わせ③　この間に、弁護人から供述録取書、接見状況報告書等をPに開示
5月31日	B精神鑑定請求
6月4日	打ち合わせ④　P、鑑定請求に「しかるべく」意見

6月22日	打ち合わせ⑤　双方鑑定資料リスト提出
7月6日	公判前②　鑑定医選任、鑑定書提出期限10月5日
9月5日	打ち合わせ⑥　責任能力部分を除いた立証準備状況等確認
10月5日	鑑定書提出
10月18日	打ち合わせ⑦　鑑定医とのカンファレンス
11月9日	P証明予定事実記載書3→心神耗弱状態に変更 B予定主張(2)→心神喪失状態ないし心神耗弱状態に変更 Pは2月4日の弁解録取時のDVDについての報告書を証拠請求
11月12日	打ち合わせ⑧　公判期日予約
12月6日	公判前③　B責任能力に関する説明案を提出
12月14日	公判前④　P責任能力の説明案を提出　公判期日指定
2013年1月10日	公判前⑤
1月17日	P2月4日弁解録取時の録画DVDを物として請求、証人としてV、取調べ担当警察官を請求。BはDVD、検察官尋問は不必要と主張。
1月29日	公判前⑥　証人請求（BはAの母を請求）、書証の統合等
2月8日	公判前⑦　弁号証採用
2月12日	打ち合わせ⑨
2月19日	午前：選定 午後：人定、検察官立証、被害者尋問、弁号証取調べ
2月20日	午前：A母尋問、乙号証取調べ、取調べ録画DVD再生 午後：取調べ担当警察官尋問、被告人質問
2月21日	午前：鑑定医尋問、被告人質問

	午後：論告・求刑
2月22日	評議
2月25日	評議
2月26日	11：00判決言い渡し

3　検察側の判断──起訴に至る経緯

(1)　捜査担当検察官（副検事）の捜査

　Aは、2006（平成18）年頃から仕事を辞めて引きこもりがちになり、精神科に通院していたが、病名の確定診断はなされていなかった（少なくとも、家族には伝えられていなかった）。

　逮捕後のAは、弁護人から見ても精神状態に波があり、あまり積極的にしゃべることはなかった。犯行の動機についても、「弟に嫌がらせされて腹が立った」「けんかみたいになって、ぶっ殺そうと思った」程度の供述であった。捜査担当副検事は、Aに対して妄想の存在等につき積極的に質問することはなく、「あなたは病気ではない」と決めつけていた。

　母親の事情聴取の際、母親は事件前のAの様子がおかしかったと訴えた。しかし副検事は、「息子さんは、実際にはそこにいないのに虫がいるとか、人がいるとか言ったことがありますか」等と尋ね、母親が「ありません」と述べると、「では息子さんは病気ではありません」と告げて、供述調書にも妄想等の存在を一切記載しなかった。

　被害者である弟Vの調書には、2011（平成23）年5月頃、ひきこもっていて太っているAに対して、Vとその子どもが「ゴリラみたいやな」と笑った際、Aが腹を立てたこと、2011年7月頃からVが実家で同居するようになった後、Aが風呂場で暴れてVがこれを取り押さえ、厳しく叱ったこと、犯行前日の2012年2月1日に、VはAが仕事をしていないことを注意し、口論のようになったことなどが記載された。

　副検事は、AはVから仕事をしていないことを指摘されて口論になり、立腹して翌日犯行に及んだとの見立てに基づき、責任能力については簡易鑑定を行った。

［ケース1］殺人未遂被告事件（診断：統合失調症）

(2) 簡易鑑定の内容

簡易鑑定は、上記のような内容の警察官・副検事作成の供述調書などを前提にして行われた。Aによれば、医師はAとの面談も10分程度しか行わず、家族等への面談もなされなかった。

診断は、通院先の病院の診療録では「統合失調症の疑い」との病名がついているが、思考伝播やさせられ体験等の統合失調症に特有の症状がみられないこと、Aの言う「攻撃されている」といった被害関係妄想様の体験は対人恐怖から説明できること、2011年5月頃から抗精神病薬を服用していないにもかかわらず明らかな統合失調症の症状が出現していないことから、統合失調症は否定的であるとされた。

鑑定主文は、「被疑者（A）は、生まれつき軽度精神遅滞を有していると思われる。知的能力、特にコミュニケーション能力が低いため、学校や職場に不適応になることを繰り返すうちに、対人恐怖、抑うつ、被害関係念慮～妄想が反応性に出現するようになった。本件犯行は、就労していないことを被害者である弟に指摘され、そのことに立腹して行われたものである。犯行時における被疑者の善悪の判断能力とそれに基づいて行動する能力は軽度低下していた」というものであった。

(3) 起訴

上記簡易鑑定に基づき、副検事は、2012年2月24日、公判請求をした。弁護人は以下のように、本件につきまったく異なる見立てをしていたため、起訴は意外であった。

4 弁護人が聴取したAの既往歴および犯行に至る経緯

(1) Aの妄想の存在

弁護人らがAや家族らから聴取した事件に至る経緯は、以下のようなものであった。

2006年5月ころ（A27歳時）、Aは他人の視線が気になるようになり、仕事を辞めて引きこもりがちになった。この頃から、精神科に通院する

ようになった。同年8月からは、人に見られる、笑われる、悪口を言われる等と訴えて、別の病院の精神科に通院しはじめた。2009（平成20）年5月からは再度転院した。各病院において、時期により、社会不安障害、うつ病、統合失調症疑い等、さまざまな診断名を言われたこともあり、A本人も家族も、本件に至るまで統合失調症との認識はなく、統合失調症の症状等についての知識も乏しかった。

　2010（平成22）年11月ころから、Aは自分の判断で、抗精神病薬の服用を中断した。Aや家族らはむしろそれで体調が良くなったと思い、2011年5月からは、医師も少量の抗不安薬、睡眠導入剤のみ処方するようになった。

　同時期ころ、弟のVが幼い子どもを連れてAの住む実家に遊びにきた際、Aは子どもから「ゴリラおじさん」と言われて馬鹿にされたと思い、腹を立てたことがあった（**検察官主張根拠①**）。

　2011年7月ころ、それまで結婚して家を出ていた弟のVが実家に戻ってきて、一緒に生活するようになった。この頃から、Aは、母親ら家族に対し、「盗聴されてる」と述べて盗聴器を探したり、同級生らが朝方にA方に来て外で空き缶を投げて合図する、隣の家のおばさんが自分のことを笑っているなどと言うようになった。母親らは、「おかしなこと言うなあ」と思いながらも、「そんな、総理大臣や社長やあるまいし、こんな庶民のうちに盗聴器なんかしかけるかいな」などと笑って相手にしなかった。

　また、この頃からAは、弟のVの態度が豹変し、VがAに対し、スリッパのつま先を反対にして並べておく、扇風機を首振りにして合図する、丸めたティッシュを自分の部屋にわざと置いておく、タバコのフィルムに切った爪を入れてゴミ箱のすぐ横に置いておくなど、後に弁護人に対してメモに書き出したところによると70に及ぶ、執拗な「嫌がらせ」をしてくると感じるようになった。

　隣の家のおばさんに自分の行動が筒抜けになっていて、笑われている、外が怖いと感じるようになった。そのため、昼間でも自分の部屋の窓のカーテンを閉め切るようになり、さらにカーテンの上からマットレスを

立てかけて置いていた。

　2011年10月か11月ころからは、特にこうした発言が目立つようになった。同時期ころ、Aが風呂場で突然大きな音を立てて暴れたことがあり、弟のVがこれを取り押さえた。このときVは、「今度暴れたら家から追い出すからな」等とAを厳しく叱った(**検察官主張根拠②**)。

　2012年1月ころからは、Aはいよいよ無口になり、妄想が酷くなった。特に本件の1週間ほど前からは、母親が話しかけても物も言わず、昼か夜かもわからない様子であった。

　事件前日の同年2月1日、Vは、AがVのビデオデッキを壊したとして、Aに文句を言った。その際Vは、Aに対し、「33か4にもなって、仕事もせんと」「家に金も入れんと」「小学生でもわかるわ」等、Aが仕事をしていないことを注意した(**検察官主張根拠③**)。

　翌2月2日の夕方、Aは風呂に入ろうと思い、自分の部屋に畳んで積み上げてあったTシャツを1枚取った。すると、残りの全部のTシャツがバサッと床に落ちたため、弟の仕業に違いないと確信した。「怒りがMAX」になり、ぶっ殺したると思い、自宅調理場にあった包丁を居室のある2階に持ってきた。

　なお、Aは警察官に対し、包丁を持ちだした後一旦は、こんなことは人の道に反すると思い、包丁を布団の下に隠したが、そのうち弟が帰ってきたので刺した旨述べていた(**検察官主張根拠④**、取調べ警察官の証人尋問より)。そして、Aは、包丁が滑らないように包丁を持った手をタオルで巻き、仕事から帰ってきたVが洗面所に行ったときに、Vを刺した。Aは、Vや声を聞きつけて駆け付けた両親に取り押さえられ、臨場した警察官により現行犯逮捕された。

(2)　捜査段階の弁護活動

　事件から3日後の2月5日、主任弁護人が選任され、初回接見がなされた。主任弁護人はただちに可視化申し入れを行ったが、すでに逮捕当日の2月2日、弁解録取書1通、弟に馬鹿にされて腹が立ったので殺そうとした旨の自筆の供述書2通(**検察官主張根拠⑤**)、供述調書1通が作成

され、2月4日には検察官の弁解録取が行われていた（このときの録画ビデオが証拠採用され、法廷で上映された）。当職は、2月7日に複数選任された。

Aは当時留置所で抗精神病薬の投薬を受けておらず、猜疑心が強く、疎通性も悪い状態であった。そのため、弁護人の接見においても、話すときは堰を切ったようにVから嫌がらせを受けていたことを話すものの、調子が悪いときは「あ？　わかりません？　は？」等と顔をしかめて拒絶的な態度を示した。

弁護人らは、とにかく供述調書を作らせないようにしながら、Aの体調を見て妄想等の聞き取りを進めた。弁護人間でAの接見状況のメモを作り、互いにFAXをするなどして残すようにした。

妄想についての弁面調書も作成したが、これはAの理解を得られず（「わけわかりません」と述べて）署名指印には至らなかった。

事件現場である自宅を訪れ、両親から話を聞いた。上記のような妄想の存在が確認できたため、母親の供述録取書を作成し、確定日付を取るなどした。

5　公判前整理手続

(1)　50条鑑定の実施

公判前整理手続で、検察官は完全責任能力と主張してきた。弁護人は、心神耗弱との予定主張を出し、50条鑑定を請求した。

検察官は、当初50条鑑定を不要と主張した。しかし、弁護人が作成したAの供述録取書（ただし署名はない）、Aの妄想等の言動について詳細に記載した母親の供述録取書、弁護人の接見状況報告書等を開示し、簡易鑑定は妄想の存在を前提としていないため、法廷でAや母親がこのような証言をしたのでは裁判員は困惑するであろうと主張した結果、検察官もしかるべくとの意見を出し、50条鑑定の決定がなされた。鑑定医には、弁護人が作成した上記供述録取書や接見状況報告書等一式を資料として提供した。

出てきた鑑定主文は、

１．被告人は本件犯行当時、妄想型統合失調症（F20）と診断される。その程度は中等症から重症である。
　２．本件犯行は、弟からの執拗な嫌がらせに耐えかねた被告人が、弟に殺意を抱き、弟を攻撃した行為である。犯行の動機は弟への被害妄想に支配されており、了解不可能である。被告人の罹患する統合失調症の被害妄想は本件犯行に著しい影響を与えている。
　３．被告人は精神科へ通院していたものの、薬物治療を自ら中断して、病状の改善および病識の獲得には至っていない。一般的な精神医療では不十分な可能性があり、多職種から成る集約的な治療、環境整備、支援体制の確立が必要と考えられる

というものであった。
　検察官にとってみれば、この結果は意外であった。検察官と弁護人、鑑定医が同席して行われたカンファレンスでは、検察官はかなり鑑定医に食い下がっていた。しかし、鑑定医は、むしろ簡易鑑定を行った医師（鑑定医もよく知っている医師）がなぜこのような判断をしたかこそ不明である、簡易鑑定医にその辺りを聞いてみてほしいと述べた。また、検察官に責任能力判断を問われて、耗弱、どちらかと言えば無能力寄りであると答えた。
　検察官は、簡易鑑定の医師に証言を依頼したが、簡易鑑定医も、鑑定医が前提としたような被害妄想があれば判断は異なるとして、これを断ったようである。検察官は、やむなく50条鑑定を前提として、主張を心神耗弱に変更した。弁護人も、これを受けて、主張を心神耗弱から「耗弱ないし喪失」に変更した。

(2)　鑑定医プレゼンのチェック
　鑑定医の証人尋問はプレゼン形式で行われることになり、鑑定医が使用するパワーポイントは事前に開示された。幸い、鑑定医は弁護人から個別に接触することを拒絶しなかったため、尋問前に鑑定医に連絡を取

り、統合失調症という病気そのもののメカニズムや特徴について、もう少し市民にわかりやすいよう説明を加えてほしい旨要請した。

　弁護人としては、本件は、まさに統合失調症の急性期であった被告人が、幻覚妄想等の陽性症状のピークの中で妄想に支配されて起こしたものであることを、グラフ（概念図）を示して主張することを予定していた。そのため、鑑定医のパワーポイントの中にも、一般的な統合失調症の時的変化——前駆期から急性期、寛解期を経て、陰性症状が残る——のグラフを入れてもらうよう要請した。鑑定医は、これに応じてグラフを追加してくれた。

(3)　責任能力の説明についてのすりあわせ

　選任後、裁判員らに対して行う裁判長の説明の際、責任能力についてどのように説明するか、弁護側から説明案のペーパーを提出して提案した。次の期日で、検察官からも同様の説明案の提示があった。検察官の説明案は、司法研修所編『難解な法律概念と裁判員裁判』（法曹会、2009年）を前提にしたものであった。

　弁護人が、「もともとの人格に基づいて犯行」という「人格」表現はわかりにくいとの意見を述べたところ、裁判官も同意し、基本的には弁護人の提案を元にしながら、折衷的な説明をするとの確認がなされた。

6　公判

(1)　審理——鑑定医の尋問がポイント

　公判での検察側立証は、甲号証のほか、被害者であるⅤの証人尋問、犯行2日後の録画DVD（Aは普通に会話ができている〔**検察官主張根拠⑥**〕。これも弁護人は不要と述べたが裁判所は興味を示し、採用された）、取調べ担当警察官の証人尋問（立証趣旨は直後のAの様子。弁護人は不要と主張したが採用）であった。

　弁護人は、母親の証人尋問とともに、Aの接見状況や接見時の供述をまとめた報告書を請求し、採用された。この弁号証については、母親の証人尋問や鑑定医の尋問の前に取調べた方がわかりやすいということで、

甲号証の取調べ後、Aの母と取調べ証人尋問前に行われることになった。

　弁護人としては、起訴は意外であったものの、喪失までは厳しいと考えていた。検察官が主張するとおり、上記の根拠①〜③のようにAが実際にVから仕事をするよう言われるなどして腹を立てていたことは事実であり、動機は了解可能とされる余地があった。また、Aの被害妄想は、本件判決の2カ月ほど前に京都地裁で出された裁判員裁判初の心神喪失無罪の場合のように、「被害店舗は法務省の手先であり、自分の生活を妨害している」といった、市民にもわかりやすい突飛な妄想というわけではなく、実際に日常生活であり得ることをAが被害的に受け止めている、というものであった。

　こうした責任能力判断に不利に働く事情をカバーするため、鑑定医の尋問では、専門家の口を借りて統合失調症そのものの理解をしてもらうべく、活かす尋問を心がけた。

　まず、統合失調症は外界の音や光といった刺激が脳に伝達される神経伝達物質の分泌といった生理的な機能が障害されており、「気のせい」や本人の気力で回復できるものではないこと、一般的に前駆期、急性期、回復期といった経過をたどり、特に急性期には妄想などの陽性症状が活発となること、抗精神病薬の服用停止により症状が増悪したり再燃する可能性が高まることなどを、前述のとおり挿入を要請したグラフに基づき証言してもらった。

　また、ICD-10の記載を引用し（検察官からは「証拠になっていない」という謎の異議が出された）、妄想型統合失調症では特に、会話能力や意識の清明さも通常保たれることを指摘し、Aのように犯行後普通に会話できていること（**検察官主張根拠⑥**）は、妄想型統合失調症との診断や重症度に影響を及ぼさないことを指摘した。

　さらに、妄想に支配されていても妄想に関すること以外は正常に判断できるといった、いわゆる二重の見当識により、一般的には人を刺すことが悪いことであるとわかっていて、Aのように途中で包丁を置く行動（**検察官主張根拠④**）も説明できる旨証言を得た。

(2) 弁論

　弁論では、鑑定医に示してもらった統合失調症の時間的経過と症状の増大についてのグラフを意識し、Aが1年ほど前から抗精神病薬の服用を停止し、次第に妄想等の症状が出始め、本件当時は統合失調症の急性期にあったことを、パネルを利用して説明した。そして、検察官が主張するように、実際にVがAに仕事をするよう注意してAが腹を立てたことがあったとしても（**検察官主張根拠①～③**）、それだけでは殺そうと思うとは考えられないこと、それらの事実も、妄想の世界にいたAにとってはVからの嫌がらせの一つに過ぎず、それを含む一連の被害妄想の中で、Tシャツが落ちたのはVの仕業だと確信して犯行に至ったのであって、被害妄想抜きに本件は説明がつかないことを、パネルで図示しながら述べた。

　また、最判平20・4・25を引用し、鑑定医の意見が十分に尊重されるべきこと、一般には正常な判断能力を備えていたことをうかがわせる事情があっても、そのことのみによって喪失ではなかったと認定すべきでないことにも言及した。

　さらに、医療観察法についての説明も行った。元々公判前では、高松地判平24・10・9（検察側も心神耗弱主張であったのに、完全責任能力として求刑超えの判決が出された）のようなことになっても困るため、弁護側からは、弁論で責任能力の概念や医療観察法について、時間を割いて説明せざるを得ないことを確認していた。裁判所からは、「処罰か治療か」ということになっても困る旨話があり、弁護側としてもその点は了解していた。しかし、公判では検察官も論告で医療観察法について言及し、しかもその説明が誤っていたため、弁護側から医療観察法で入院決定が仮になされた場合はどうなるか、正しく説明をした。その上で、「『処罰か治療か』ではなく、まず被告人に犯行当時責任能力があったかなかったかを判断しなければならないのは、そのとおり。しかし、それでもなお、弁護人としては言わざるをえない。この事件では、Aを刑務所に入れることには何の意味もない」と述べた。Aに反省の色が見えないのも、まさに病気のせいである、今後Aが、弟は自分に嫌がらせをしておらず、自

分が悪かったのだと「反省」できるように、妄想のない世界に引き戻す治療こそが必要であって、処罰することはできないと強調した。

7　判決を振り返って

判決では、鑑定医の意見は十分信用できるものであり、本件犯行の動機とその了解不可能性にも照らせば、Aの犯行態様、犯行前後の言動、記憶状況等を踏まえて検討しても、善悪判断能力、行動制御能力がない心神喪失の状態にあったことについて合理的な疑いが残るとして、無罪とされた。

本件では、妄想の内容が奇抜なものではなく、実際に兄弟喧嘩の末に激高して犯行に及んだように捉えられる側面もあったため、動機が了解可能とされかねない難しさがあった。それでも無罪となった理由としては、本件が家族間の事件であり、被害者のVも含めて家族らが処罰より医療観察法による治療を希望していたことが、裁判員らのハードルを下げた面はあると思われる。加えて、捜査機関が統合失調症に対する理解の乏しいまま、不十分な捜査で起訴したことも影響し、検察側の対応が後手に回った感はある。

関連性はわからないが、本判決後、当職は責任能力が問題となり得る裁判員裁判対象事件を京都で7件受任しているが、いずれも簡易鑑定ではなく、起訴前嘱託鑑定がなされている。

コメント（弁護士）

金岡繁裕 <small>かなおか・しげひろ</small>　愛知県弁護士会

本件は、妄想型の統合失調症に罹患し、それも中程度から重症の病態の被告人が、実弟に対し殺人未遂行為に及んだという事案である。弁護人の報告によれば、起訴前には簡易鑑定しか行われず被害妄想が見過ごされたこと、50条鑑定により相当多数の被害妄想（現実の出来事を被害的に解釈することを含む）が明らかになったこと、カンファレンスにおいて

鑑定医がどちらかといえば無能力よりの意見を表明したこと、しかしながら弁護人としては「耗弱ないし喪失」を主張したようである、という経過である。

1　捜査段階について

(1)　捜査段階で目を引くのは、検察官弁録は録画されていたが、警察官弁録は録画されておらず、後者はDVDで取調べが行われた一方、警察官の取調べにおける被告人の様子は警察官証人が採用されたという顛末をたどったことと、弁護人側で妄想に関する弁面調書の作成に腐心したがついに本人から署名を得るには至らなかったという点である。

(2)　前者については、2012（平成24）年2月という時代状況に照らしても、警察庁が録音録画を活用し出していた時期であり、にもかかわらず取調べ時の被告人の様子が警察官証言により顕出されると言う危険さが強調されるべきである。
　そもそも録画そのものであっても、必ずしも被写体の精神状態などが的確に判断できるわけではなく（東京高判平28・8・10日参照）、ましてや、精神病に素人の警察官証言によるなど、論外である。

(3)　後者については、弁護人として、調書という形に拘ることなく、独自の録音録画を考えるべきでなかったかと思われる。幸い、50条鑑定の疎明資料として署名のないものを提出し、50条鑑定の採用に漕ぎ着けているとは言え、前記検察官弁録の録画に押し切られる可能性もなくはなかっただろう。
　もっとも、この点を弁護人の責任にすることは公平ではない。録音録画は表向き、機材の持ち込みを禁じられ、これを敢行したことで懲戒請求がされている事例もある。制度の不備と言うほかないであろう。

2　カンファレンスの活用と「活かす」尋問について

(1)　簡易鑑定は、短時間の本人面接と捜査記録を鑑定資料とするため、

不十分であることが多い。本件も、弁護人の報告によれば、まさにそのようだったと思われる。

(2)　そして、弁護人の報告によれば、検察官・弁護人・鑑定医が同席したカンファレンスが行われ、不利な鑑定結果に対し検察官がかなり食い下がりを見せていたという。

カンファレンスの功罪、持ち方については、種々の議論があり、筆者は嘗て、相当消極な見解を著したことがあるが[1]、内容的に有利な鑑定結果が出ているのであれば、いわば検察官の反対尋問の予行演習を垣間見られるようなものであるから、同席のカンファレンスを拒否しない考え方も十分になり立つと思われる（要は、四角四面に対応するのではなく、しっかりとした軸足は持ちつつも、柔軟に、戦略的に考えた方がよい）。

弁護人の鑑定医尋問も、一般論を多く平易に語らせ、（報告上は唯一の）難所と思われた検察官弁録の様子についても、被害妄想から発展した攻撃性の事案と、会話能力とは関係ないという証言を引き出し、さらっと終えている。「活かす」方針が徹底されたものと言えるだろう。

3　判決について

判決は、平成20年4月25日の最判法理の枠組みに従い、鑑定医の意見を尊重する前提から出発し、中程度から重症の妄想が犯行動機の形成に「大きく影響」とした上、二重帳簿の考え方から会話能力があることを問題視しないこと、記憶清明も事案とはさほど関係しない要素であること、を認定し、無罪判決を導いた。

前記検察官弁録の処理や、平易な一般論を手厚くしたこと、「大きく影響」か否かの判断枠組みを採用させたこと（この点は、担当弁護士の報告からは必ずしも経緯が明らかではないが、判断枠組みについて一定の議論がされ、弁護人の主張が採用されたようであることはうかがえる）等の判決内容からは、前記2の弁護人の戦略が的を射たものであることが確認できる。

1　金岡繁裕「裁判員裁判下の刑事精神鑑定」精神医療66号（2012年）38頁。

4 おわりに

本件は、本来、起訴されるべき事案ではなかったと思われる。結果論であるが、起訴前本鑑定が実施され、弁護人の判断により弁護人による聴取り結果が鑑定医に提供され、鑑定医がそれを踏まえて慎重に聴取りを行えば、被害妄想の影響が大であることが明らかとなり、そうであれば、担当弁護人が見通していたように、不起訴にされたのではないか。

簡易鑑定のみで安易に起訴したことに端を発し、なるべくしてなった無罪判決であるが、担当弁護人の立ち回りの巧さは、この分野の刑事弁護を相当理解していないとただちに真似するのは難しく、参考になるだろう。

コメント（精神科医）

安藤久美子 <small>あんどう・くみこ</small> 聖マリアンナ医科大学

1 はじめに

本ケースの責任能力について考えるにあたっては、統合失調症という疾患について、どのような症状があり、どのような経過をたどるものなのかといった点で、ある程度の基礎的な知識を整理しておいたほうがわかりやすいと思われる。そこで、はじめに統合失調症に関して概要を説明する。

2 統合失調症について

(1) 疫学と原因

統合失調症は、臨床精神医学の範疇でもっとも中核となる疾患であり、およそ100人に1人が罹患するという、ありふれた疾患でもある。

発症の原因については、一卵性双生児や家族内発症の研究結果などから遺伝的要因が関係しているという説がある一方で、ストレスの負荷を機に発症しやすいといった経過から、環境要因を含めたストレス因子が関係しているという説もある。しかし、いずれもまだ解明されておらず、

現在のところ、こうしたさまざまな要因が複雑に影響しているのではないかと考えられている。

　統合失調症によるさまざまな精神病症状が出現するメカニズムとしては、脳内の神経細胞同士の情報を伝えるドーパミンなどが過剰に分泌されるなど、神経伝達物質のバランスが崩れていることを原因とする説が有力である。

(2)　類型化からスペクトラムへ

　アメリカ精神医学会によるDSM-Ⅳ-TR（2000）[2]の診断基準をみると、統合失調症はその症状や経過の特徴によって、いくつかのタイプに分類されていた。具体的には、比較的早期に発症し、症状が慢性化して人格の荒廃に陥ってしまう「解体型（破瓜型）」や、激しい興奮と昏迷（こんめい）状態を特徴とする「緊張型」、発症年齢がやや遅く、幻覚や妄想といった症状が中心で人格の崩れが目立たない「妄想型」と、これらのいずれにもあてはまらない「分類不能型」である。2013年にDSM-5に改訂されてからは[3]、こうした類型化は廃止され、「緊張病」という病態だけはDSM-5でも残されたものの、統合失調症は、その類縁疾患を含めて「統合失調症スペクトラム」として連続性をもつ疾患群のなかに存在するものとして位置づけられるようになった。しかし、実際の臨床上は、タイプによって介入方法や予後が異なるため、その後の処遇を考えるにあたっては、こうしたタイプも念頭におきながら治療や支援の方針を検討していくことが有用であると思われる。

(3)　症状

　主な症状としては、幻覚や妄想、まとまりを欠く言動や興奮などを代表とする陽性症状と、感情の平板化、意欲低下などを代表とする陰性症

2　American Psychiatric Association著（高橋三郎ほか訳）『DMS-Ⅳ-TR　精神疾患の診断統計マニュアル〔新訂版〕』（医学書院、2004年）。

3　American Psychiatric Association(日本精神神経学会監、高橋三郎ほか訳)『DMS-5　精神疾患の診断・統計マニュアル』（医学書院、2014年）。

状に分けられる。しかし、患者によってどのような症状を表出しやすいのかは異なっており、陽性症状が前景となっているケースもあれば、陽性症状はあまり目立たず、陰性症状が主体となっているケースもある。また、その病態は変動し、典型的なケースでは、不眠や易疲労感、周囲への過敏さなどが不安定に認められる前駆期の後に、幻覚や妄想、あるいは精神運動興奮などといった激しい症状を呈して発症する。そして、こうした急性期の症状が収まると、消耗期（残遺期、休息期などとも呼ばれる）といってエネルギーが枯渇したような状態になり、徐々に陰性症状や認知機能障害などが前景となって、比較的安定した状態での長い経過をたどることになる。参考のために、統合失調症の典型例を想定して、発症からその後の症状の経過について図1に示した。

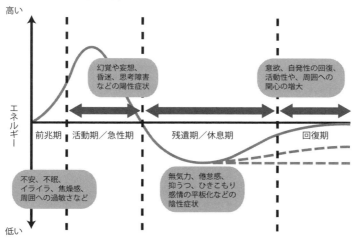

図1　統合失調症の経過（典型例）

3　本ケースとの照合

(1)　病歴に関する考察

　ここで本ケースについて一般的な症状経過とも照合しながら検討する。

発症の時期は明らかではないが、2006（平成18）年頃から仕事を辞めて引きこもりがちになったとされており、確定診断はなされていないというものの、同時期より精神科受診を開始していることなども考え合わせると、すでにこの頃には統合失調症を発症していたと考えるのが妥当であろう。

　そして、2006年以降、治療は継続しながらも病院を転々としており、診断についても社会不安障害、うつ病、統合失調症疑いなどさまざまで、病識もないまま経過していたことからすると、適切で十分な治療を受けていたとは考えにくい。

　そうしたなかで、2010（平成22）年11月からは、自己判断で抗精神病薬の服用を中断し、2011（平成23）年5月からは医師も本人の訴えに従って、少量の抗不安薬と睡眠導入剤のみの処方に変更している。通常、抗精神病薬の服用が必要な患者が薬物療法を中止すれば、早ければ1週間程度で、遅くても1、2カ月以内には何らかの症状の悪化が認められることが多い。しかし、先に症状が出現するメカニズムとして説明した通り、これまで抗精神病薬の作用により過剰に分泌しないよう抑えられていたドーパミンなどの神経伝達物質が、服薬中止によって脳内で増加することにより、一時的にではあるが、意欲の低下が改善したり活動性が上がったようにみえることがある。そのため、多くの場合、こうした変化を本人や家族が「症状が改善した」と誤解したり、さらには、「これまでの活動性の低さは薬による副作用だったに違いない」などと考えるようになり、ますます薬物療法を中止する方向に意向を強めるということは稀ではない。本ケースでも同様の経過を辿っているようにみえる。

　また、2011年7月頃より弟Ｖとの同居がはじまったことも、本人にとってはストレス要因となっており、これを機に同時期より「盗聴されている」と述べるなど明らかな病状の悪化が認められている。以後は、易刺激性や興奮、思考伝播、妄想知覚、注察妄想、被害妄想などのさまざまな症状が出現しており、それらの症状が本件犯行時まで比較的活発に持続していることがわかる。

(2) 本件犯行前後の精神状態

2012（平成24）年1月、本件犯行1カ月前より、被告人は以前よりもさらに無口になり、弟Ｖの些細な言動についてもそのほとんどを自分への中傷や嫌がらせとして結びつけて考えるようになっていたようである。また、事件前には一緒に食事を取ることも拒否しており、鑑定面接のなかでは70以上もの弟Ｖからの嫌がらせの体験を語っていたことからも、当時、被告人が感じていた心理的苦痛は非常に大きく、日常生活全般にわたって影響を及ぼしていたことが推測できる。

もちろん、その苦悩の背景には、「仕事に就かないことを非難されたこと」「暴れた際に叱責されたこと」などといった弟Ｖに対する現実的で直接的な怒りや不満も事実として混在しているものの、多くのエピソードは妄想知覚に端を発する、強固で訂正不能な被害妄想にもとづいたものであることは、これまでの経緯からも明らかである。

本件犯行の直接的なきっかけとなった「畳んであったＴシャツを1枚取ろうとしたところ、Ｔシャツが全部床に落ちたために、弟の嫌がらせだと直感し、これ以上の嫌がらせには耐えられないと考えた」という動機についても、了解不能であり、なんらかの病的体験に基づいたものとして捉えなければ事件の動機としては結びつかない。これについては精神医学の素地のない者であっても違和感を覚えるエピソードではないかと思われる。

(3) 責任能力に関する判断

上記を踏まえると、本件犯行の前景には弟Ｖに対する怒りの感情があったと考えられるが、その怒りの根拠自体が統合失調症による妄想などの病的体験に基づくものであること、また、これまでのエピソードからは病状悪化時には、粗暴な行動も繰り返し認められており、本件犯行時においても同疾患の影響によって、本件犯行を抑制する力、すなわち自らの行動をコントロールする能力が失われていた可能性も払拭できないことから、本ケースについてはたとえ部分的であっても責任能力を認定することは困難であり、心神喪失という判断は極めて妥当であると思われる。

⑷　鑑定による判断のばらつきについて

　本ケースで実施された2つの鑑定において、その診断および責任能力に関する判断に違いがみられたことについては、面接時間や判断の前提となる資料の質と量の違いが大きいと思われる。

　簡易鑑定は、本鑑定と異なり、資料や面接時間などの制約も大きく、診断にあたっては限界があるものの、本ケースは薬物療法中断後に症状が再燃し、徐々に増悪していくという典型的な経過をたどっており、比較的わかりやすいケースであると思われる。しかし、あえて弁解するとすれば、おそらく、①鑑定面接時の被鑑定人の態度が比較的落ち着いていたことなどから、2011年5月に薬物療法を中止した後も精神症状が安定した状態で経過しているケースと、逆の解釈をしてしまったこと、②鑑定面接時の被鑑定人の供述が、弟Vに対する不満や怒りにとどまっており、精神症状の存在を示唆する具体的な発言が認められなかったこと、③2009（平成21）年に実施されたIQ検査の結果（IQ=54：軽度精神遅滞）を考慮し、事件前の被鑑定人の不適切な態度や感情統制の未熟さについても精神遅滞に起因するものと過剰に解釈してしまったことが考えられる。

　資料の不足については、「必要な情報は取り寄せて検討すべき」というのが鉄則ではあるが、現実的には簡易鑑定では難しい。むしろ、疑問が残るようであれば、潔く本鑑定の実施を推奨することが誠実であろう。

⑸　7つの着眼点について

　7つの着眼点というのは、これまでの判例などを参考に、法律家が責任能力を判断する際に検討してきた重要な項目をとくに抽出して列記したものである。したがって、必ずしも全項目について網羅的に解説する必要はなく、個別のケースによっては、これらの項目のなかでもとくに確認すべき着眼点のみについて詳細に検討するという方法の方が、より焦点が絞られてわかりやすい場合もあるであろう。ただし、その検討の仕方には注意が必要で、いずれの項目も「あり」「なし」だけで判断してい

くと誤った結論に結びつきやすい[4]。本ケースの場合であれば、「動機の了解可能性」は十分に検討すべき項目であると思われるが、これを例にとってみても、「あり（＝100％）」か「なし（＝０％）」かでは、本件の動機を正確に説明することはできない。何よりも重要であるのはその背景であり、動機が複数考えられるのであれば、それぞれの動機について、被鑑定人がどうしてそのように考えたのかを丁寧に解説する必要がある。そうした精緻な分析は、法学者のみならず裁判員が事件を正しく理解するにあたっても大いに役立つものと考える。

判決書（第一審）
京都池判平25・2・26　平成24年（わ）第206号
LEX/DB25501617

主文

被告人は無罪。

理由

第1　本件公訴事実

　被告人は、平成24年2月2日午後4時58分頃、京都府●●●所在の被告人方において、実弟のV（当時30歳、以下「V」ともいう）に対し、殺意をもって、その右側から右手に持っていた包丁（刃体の長さ約16.8センチメートル）で同人の右脇腹を目掛けて突き刺そうとしたが、同人が振り向いたため、同人の右肘部を突き刺したにとどまり、さらに、同人目掛けて包丁を突き出したものの、同人から右手を押さえられるなど抵抗されたため、同人に加療約3か月間を要する右肘部刺傷、右側腹部刺創、左母指指尖部切断等の傷害を負わせるにとどまり、その目的を遂げなかったものである。

第2　争点に対する判断

1　争点

4　安藤久美子『精神鑑定への誘い』（星和書店、2016年）。

検察官は、被告人は、本件犯行当時、統合失調症に罹患していたものの病気による被害妄想に完全に支配されてはおらず、心神耗弱の限度で責任能力があった旨主張し、これに対し、弁護人は、被告人が本件犯行当時に心神喪失状態であったから無罪である旨主張している。

2　当裁判所の判断
(1)　本件犯行の動機について

　被告人は、本件犯行の動機について、公判廷において、「平成23年7月頃から弟からされた70個ぐらいの嫌がらせに耐えてきて、弟に腹立たしい感情を持っていたが、本件当日、入浴に際し、自分の部屋にきれいにたたんで十二、三枚重ねて置いていたTシャツを取ろうとしたところ、それが床に落ちたため、弟がやったと思って堪忍袋の緒が切れて怒りが爆発し、殺意が芽生えた」旨供述している。

　そこで、被告人のこの公判供述の信用性について検討するに、被告人は、平成24年2月5日（逮捕の3日後）の弁護人との接見時には「弟の子に『ゴリラおじさん』と言われた。」「平成23年5月頃、部屋の扇風機が首振り状態になっていた。弟の嫌がらせだと思う。」「2月1日（事件前日）に、きちんと並べて置いていた靴下とDVDケースが下に落とされていた。たたんで整理していたTシャツもいじられていた。弟がやったことだと思う。」などというVに対する被害妄想に関する供述を始め、同年2月8日の警察官による取調べの際に「（同年）1月30日か31日頃に部屋の棚に積み上げていたCDの空ケースとか靴下が床の上に落ちていた。これはVの仕業や。」などと、同年2月12日の警察官による取調べの際に「本件当日に棚に積み上げてあった一番上のTシャツを取った際に下のTシャツが床の上に落ちた。これについてはVが仕組んだことだ。」などと、それぞれVに対する被害妄想に関する供述をしている。そして、Vらから受けたという嫌がらせに関して述べる点の一部は、本件当日までの被告人の言動に関する被告人の母親であるM及びVの各公判供述によって裏付けられており、また、本件当日に入浴に際し自分の部屋のTシャツを取ろうとした旨の供述は、本件犯行時に被告人の上半身が裸の状態だった事実に沿うものである。

これに対し、被告人は、同年2月2日（本件当日）作成の自供書（乙2）においては「どうきは、バカにされてたからです。」などと述べ、同月4日の検察官による弁解録取においては、殺意を否認しつつ、「弟から馬鹿にされていたことに腹を立てていたというのは事実です。弟は結婚しており、弟の子供に、このゴリラおじさんと言ったり、32や33にもなって仕事もせんとタバコばっかり吸うて家に金も入れへん等と言った上、そんなこと小学生でも知っとるわ、と私に言ってきていました。弟を殺そうとは思いませんでしたが、弟に対して腹が立って仕方がなかったのです。」などと供述している（乙4）。検察官は、主に被告人のこれらの供述に依拠して、被告人は、本件犯行直後に容姿の件と無職の件を話したもののTシャツの件を話していないなどとして、被告人にとって本件犯行に至る理由の中で重要だったのは、それまでのVとのトラブルや本件犯行前日にVから「仕事もしないでいつまでこんな生活してるのか。」などと厳しく叱責されたという現実の出来事である旨主張している。しかしながら、犯行動機に関する前記自供書の内容は概括的で、その具体的な意味内容等は不明確である上、被告人が検察官による弁解録取の際にした前記供述は、検察官から「弟から無職であることを理由に馬鹿にされていた」という犯罪事実の要旨に関する問いかけに対してした供述であって（しかも、前記弁解録取においては、被告人は殺意を否認しており、検察官は、殺意に関する質問にある程度の重点を置いていたように思われる）、検察官が被告人に精神障害があることを踏まえて本件犯行の動機に関して様々な角度から質問をしたような事情はうかがわれない（甲34）。また、仕事の件で馬鹿にされたという事実についても、被告人は、前記の自分の年齢に関するVの発言について説明するに際し、「当時は32でしたね。昨年の話やね、あれは。」などとしており（甲34）、犯行前日のことのみを念頭において述べているのではない（犯行前日以外に仕事に関してVが被告人を馬鹿にするような発言をしていたと認められる証拠はない）。さらに、被告人は、警察官に対して自身が受けたという嫌がらせを詳しく説明していない理由について、「はめられるわと思った。」などと供述しているところ、被告人のこの供述は、被告人が妄想型統合失調症に罹患し、被害妄想を生

じさせていることなどを考慮すると、相応に納得のいくものである。

　これらの点からすれば、検察官の前記主張は採用できず、本件犯行の動機に関する被告人の前記公判供述の信用性を排斥することは困難である。
(2)　鑑定人Cの鑑定内容
ア　鑑定人C（以下「C鑑定人」ともいう）は、本件犯行当時における精神障害の有無及び程度、精神障害が本件犯行に与えた影響等について、公判廷において、大要、〔1〕被告人は中等症から重症の妄想型統合失調症（急性期）に罹患している、〔2〕本件犯行は（被害妄想に基づく）Vからの執ような嫌がらせに耐えかねた被告人が、Vに殺意を抱き、Vを攻撃した行為であり、犯行動機はVへの被害妄想に大きく影響されており、了解不可能であり、被告人の罹患する統合失調症の被害妄想は本件犯行に大きな影響を与えているなどと述べる（以下「C鑑定」ともいう）。
イ　C鑑定人は、精神科医としての十分な専門的知識と経験に基づき、約3か月間にわたり被告人の診療録等を含む一件記録、弁護人の接見状況報告書等を検討するとともに、被告人に対する心理検査や脳波検査等、被告人との7回（合計約7時間）の面接、被告人の両親との面談等を行って鑑定に必要な資料を十分に収集している。また、C鑑定がその前提としている事実は、当裁判所が認定した本件に関する事実経過等と基本的に差異がない。そして、C鑑定人の鑑定手法及びその判断過程に特に矛盾点や不合理な点は見当たらない。
(3)　被告人の責任能力
ア　被告人は、平成18年頃に妄想型統合失調症を発症し、観光バスの運転手の仕事を辞めて自宅に引きこもり、家族に刃物を示したり暴力を振るったりするようになった。他方、被告人は、同年5月頃から三つの病院に通院等して治療を受けていたが、平成22年11月以降は抗精神病薬を自らの判断で中止し、平成23年5月以降は少量の抗不安薬、睡眠導入剤しか服用していなかった。そして、被告人は、同年7月頃にVが被告人方に住むようになって以降、友人が被告人方の隣の駐車場で缶を捨てる音が聞こえる、盗聴されている、隣人に駄目な息子と言われる、友達の手下にここの息子は差別すると叫ばれるなどの多数の幻聴や妄想等を体

験するようになり、かかる幻聴や妄想等が被告人の日常生活に大きな影響を与えるに至った。
イ　被告人は、平成23年7月頃からVによって70個ぐらいの嫌がらせを受けてきたと思いVに腹立たしい感情を持っていたところ、本件当日、自分の部屋に重ねて置いていたTシャツを取ろうとした際にそれが床に落ちたため、Vの仕業だと考えて怒りを爆発させて本件犯行に及んでいるが、前記の70個ぐらいの嫌がらせのうち大部分が実際にはあり得ない妄想であり、かつ、本件当日にTシャツが床に落ちたのがVの仕業であるというのも妄想であることが明らかであることからすれば、精神症状としての被害妄想がその動機の形成に大きく影響しており、その動機は常識に照らすと了解不可能なものといわざるを得ない（なお、C鑑定人は被告人の詐病の可能性を否定している）。
　　また、被告人が本件当日に体験したのは前記のとおりTシャツが床に落ちるというささいな出来事であったのに、被告人は、それをVの仕業だと考えて怒りを爆発させ、殺意をもって包丁でVの身体の枢要部である右脇腹を突き刺そうとするなど重大な加害行為に及んでいるのであって、本件の動機と本件犯行との間には相当に大きな飛躍があるといえ、統合失調症による被害妄想にとらわれていたという事実を抜きにして説明できるものではない。
ウ(ｱ)　他方、被告人は、本件当日に被告人方1階調理場のまな板上から包丁を取って、これをタオルで手に巻き付けて固定した上、Vの身体の枢要部である右脇腹を突き刺そうとするなどしており、被告人は目的に向けた合理的な行動を取っているようにもみえるが、これらはVを殺すと決めた上での選択としてはごく単純な判断をすれば足りるものである上、これらが全体的に被害妄想の中に支配された生活状況の中で起こった事柄であることからすれば、被告人が通常の判断能力やこれに基づいて行動をコントロールする能力を残していたことを裏付ける事情としてはさほど強調できない。
(ｲ)　また、被告人は、公判廷において、前記のとおり包丁をタオルで手に巻き付けて固定した後、こういうことをするのは人の道から外れてい

ると思って包丁を布団の下に置いた旨供述しているものの、他方で、最初にその話をしたと認められる平成24年2月12日の警察官による取調べにおいては、包丁を布団の上に置いていったんやめた旨言ったものの、警察官から「一遍やめたんやな。」と言われると、「えっ、そんなこと言いました、分かりません。」と述べ、また、同月9日あるいは同月16日の弁護人との接見時においては「洗面所にあったタオルを、包丁を持った手に巻き付けた。それで弟がたまたま洗面所に来た。」などという供述もしており、当時の行動状況に関する供述に変遷あるいは不安定な面がみられるところであり、被告人の前記公判供述に基づいて、前記のとおり被告人がいったん包丁を布団の下に置いたという被告人に不利な事実を認定することにはいささかちゅうちょを覚える。

(ウ) さらに、被告人は、本件犯行直後に現場に臨場した警察官から「弟を包丁で刺したのか。」と問われると、「包丁で刺した。」と答えるなど、警察官の問いかけの意味を理解してそれに即応した言動を取っているほか、本件犯行の2日後の検察官による弁解録取においても、検察官からの問いかけの意味を理解して殺意を否認し、その理由についても、殺すつもりと言ってしまったら懲役になるかと思ったなどと述べるなど、自己の行為の意味ないし違法性を十分理解していたものと認められる。もっとも、この点については、C鑑定人によると、会話の能力に関しては、統合失調症の病型を判断する上では有意であるものの、統合失調症の程度の判断に影響を与えるものではないし、また、統合失調症においては知的能力は通常保たれ、妄想に関係ない部分に関しては通常の判断が保たれるとされているから、過度に重視することはできない(なお、被告人に善悪の判断能力がある程度残っていたことが認められるとしても、被害妄想に基づくVに対する強固な恨みの感情や残遺性人格変化等の影響により、その判断に基づいて行動をコントロールする能力が失われていたことを否定する根拠としては十分とはいえない)。

(エ) さらに、被告人は、本件当日のVを包丁で突き刺そうとするまでの状況について比較的詳しく供述しているようにみえる。しかしながら、この点に関しては、C鑑定人によると、統合失調症においては意識の清

明さは保たれるとされている上、前記の点に関する被告人の供述には変遷がみられ、その後の状況についての記憶はあいまいであって、その頃の記憶が清明であったとみるにはちゅうちょを覚えるから、やはりそれほど重視することはできない。

(4) 以上によれば、C鑑定は十分信用できるものであり、その他の関係証拠からも認められる本件犯行の動機とその了解可能性（不可能性）等にも照らせば、被告人の犯行態様、犯行前後の言動、記憶状況等を踏まえて検討しても、被告人は、本件犯行当時、中等症から重症の妄想型統合失調症（急性期）に罹患しており、これによる被害妄想が本件犯行に大きな影響を与えていたものであって、被告人において、事柄の善悪を判断し、これに従って行動する能力がない心神喪失の状態にあったことについて合理的な疑いが残るといわざるを得ない。

第3 結論

以上の次第で、被告人の本件行為は、心神喪失者の行為として罪とならないから、刑事訴訟法336条前段により、被告人に対し無罪の言渡しをする。

よって、主文のとおり判決する。

（求刑・懲役4年）

平成25年2月26日　京都地方裁判所第1刑事部
裁判長裁判官　小倉哲浩／裁判官　入子光臣／裁判官　島田理恵

[ケース2]
殺人未遂被告事件（診断：統合失調症）
東京地判平25・7・2　LEX/DB25563824

心神喪失により無罪となった後、医療観察法に基づく入通院処遇が不要との決定となった事例

報告論文

藤田充宏　ふじた・みつひろ　第二東京弁護士会

1　はじめに

　本件は、何らかの精神障害に罹患した27歳男性が、同居人の1人である27歳の男性に対し、殺意を持って、その左胸部を果物ナイフで1回突き刺すなどしたが、被害者に抵抗されたため、同人に全治約2週間を要する傷害を負わせたにとどまった、という殺人未遂の事案である。

　公判前整理手続の最初から、殺意を含めた犯罪事実すべてについて争いがなく、もっぱら量刑だけが争点となる事件であった。また、捜査段階から公判の途中まで、被告人の責任能力についても、検察官、弁護人ともに限定責任能力であったとの主張で一致しており、その点でも争いがなかった。しかしながら、証拠調べ手続において、鑑定人の証人尋問を行った結果、鑑定人が、犯行当時の被告人の精神状態について責任無能力ともとれる証言を行った。そこで、最終弁論の段階になり、急遽、無罪を主張して争う事件となった。

　この事件では、起訴前に検察官の嘱託による精神鑑定が行われ、また、無罪判決確定後に医療観察法の手続の中で精神鑑定が行われ、約6カ月の期間をおいて2通の精神鑑定書が作成されたが、その結論がまったく異なっていた、という意味でも、本件は興味深い経過をたどった事件とい

うことができる。

2 事案の概要

(1) 当事者

被疑者は、27歳の韓国系中国人男性であり、留学先として訪れた日本の大学を卒業後、日本で就職し、事件当時は精密機器メーカーで働く会社員であった。

住居は、都内の一戸建て建物を複数の外国人が各部屋を数名ずつでルームシェアして生活する、外国人向けのいわゆるシェアハウスであり、被疑者は3人部屋で共同生活をしていた。

被害者は、被疑者のルームメイトの一人である27歳の中国人男性であり、事件当時は学生であった。

(2) 犯行に至る経緯

被疑者と被害者は、事件の約1年前から同じ部屋で生活するようになった。会社員である被疑者は、午前7時頃に起床し夜は午後11時頃までには就寝するという規則正しい生活を送っていた。他方、学生である被害者は、午前零時頃に帰宅し、その後、入浴や食事をして、午前3時頃に就寝するという生活リズムであった。

被疑者は、事件の約2カ月前頃から、上記のとおり生活リズムの異なる被害者の生活音によって安眠を妨げられ、肉体的にも精神的にも疲労が蓄積し、仕事に集中できない状態となった。

また、被疑者の説明によると、被疑者は、被害者やもう一人の同居人から、部屋を片づけない、部屋が汚い等の悪口を言われていた、とのことであった。

被疑者は、事件の約2週間前頃、不眠を主訴として自宅近くの精神科を受診し、睡眠薬と精神安定剤を処方されている。ただし、カルテによると、被疑者は、不眠以外にも「悩みが突然消えた」という奇妙な訴えをしたり、医師に「夜にも休めないで、死ぬとかそういうことはないですか」という滑稽とも思える質問をしたりしている。

(3) 犯行態様

　事件当日の朝、被疑者は、いったんは出勤するために家を出たものの、体調があまりに悪かったことから、途中で引き返し、自室に戻ってベッドで横になっていた。

　しばらくベッドで横になっていたところ、突然、このまま自分は死ぬかも知れないという不安感に襲われ、ベッドから起き上がって部屋の中をうろうろと歩き始めた。そして、部屋の中を歩き回っているうちに、突然、被害者を傷付けようという考えが頭の中に思い浮かび、近くにあったハサミを手にとった。

　ハサミを手に持って部屋の中をうろうろしていたところ、テーブルの上においてあったナイフが目に入り、そのとき、突然、被害者を殺してしまおうという気持ちが湧き起こった。

　そこで、被疑者は、ナイフを手にとり、ベッドで横になって眠っている被害者の左胸を目掛けてナイフを突き刺した。

　その後、被害者ともみ合いになったが、被害者に抵抗されたり、同居人に制止されたりしたため、殺害の目的を遂げず、被害者は全治２週間の傷を負った。

3　接見での被疑者の様子

　接見の際に被疑者が弁護人に話していた内容は上記のとおりであるが、気になったのは、当職の質問に対する被疑者の反応が極めて悪い、ということであった。

　もともといかにも真面目そうな風貌であり、陰気な雰囲気を醸し出す無口な青年であったが、それにしても、当職の質問に対して、被疑者が回答するまで、あまりにも時間がかかりすぎた。答えは「はい」か「いいえ」の二者択一のようなそれほど考えなくとも回答できるような簡単な質問に対してさえ、相当長い時間の沈黙があり、答えが出てくるまでに驚くほど時間がかかるのであった。中には、長時間考えた挙げ句、結局、何も答えず、無言のままということも少なくなかった。

そのような被疑者であったが、被害者の胸をナイフで刺すときに殺そうと思って刺したこと、すなわち殺意があったことは、初回の接見時から一貫して認めていた。

4　起訴前鑑定における精神鑑定書

(1)　鑑定主文
　勾留満期近くに鑑定留置となり、検察官の嘱託により、被疑者の精神鑑定が行われた。

　鑑定留置の期間は約3カ月半に及んだが、その結果、鑑定人から提出された精神鑑定書の概要は、以下のとおりであった。

　① 本件犯行当時における被疑者の精神障害の存否（存在する場合はその傷病名）
　　→　統合失調症の初期または前駆期である。
　② ①が肯定される場合、その精神障害は本件犯行にいかなる影響を与えたか。
　　→　①の精神障害がなければ、本件犯行はなかった。したがって、精神障害の本件犯行への影響はきわめて大である。
　③ ①が肯定される場合、犯行当時における被疑者の善悪の判断能力およびその判断に従って行動する能力の有無およびその程度
　　→　いずれも著しく障害されていたと私は考える。

　つまり、精神鑑定の結論は、被疑者は犯行当時、統合失調症の初期または前駆期であり、限定責任能力であった、というものであった。

(2)　被疑者の奇妙な言動
　鑑定医がこのような結論に至った理由の一つとして、診察の際の被疑者の様子が指摘されている。すなわち、被疑者の態度として、診察には協力的で質問には素直に答えているが、しばしば話がかみ合わないところや被疑者の応答が奇妙であるところが認められると指摘されている。

たとえば、「日本に来たのはいつか」という質問に対して、しばらく考えた結果「わかりません」と回答するものの、その後、「今は何年か」とか「日本に来たのは何年か」という質問に対しては、難なく答える。また、「日本の大学でどういう勉強をしていたか」という質問に対して「よくわかりません」と回答するものの、「日本で勉強しようと思って来たのか」に対しては「はい」、「何の勉強か」に対しては「エレクトロニクス」と回答し、「中国でもそういう勉強をしていたのか」という質問に対しては、無言で首を横に振って否定を表すも、「中国ではどういう勉強をしていたのか」という質問をすると「エレクトロニクスを勉強していた」と回答したりする。さらには、就職後の仕事内容について質問すると「マニュアルの制作です」と回答し、「中国語のマニュアルか」に対しては「違います」、「日本語か」に対しても「違います」と回答し、「では何語か」と質問すると「よくわからない」と回答するといった具合である。被疑者が話せる言葉は、日本語、中国語、韓国語の３カ国語であるから、中国語でも日本語でもなければ、残るは韓国語しかありえないはずなのに、最終的に「よくわからない」と回答するのは極めて奇妙である。そもそも被疑者自身の仕事の内容を聞かれているのだから、何語のマニュアルを制作しているのかわからないはずはない、という点からも奇妙である。

(3)　曖昧な動機

　被害者を殺そうと思った動機については、被害者から悪口を言われたことを挙げるが、相手を刺殺しなければならない理由としての説得力に欠けるし、そもそも、同居人による悪口はそもそも幻聴の可能性もあるとの指摘がある。

　また、動機と被害者の生活音による不眠との関係は、曖昧、すなわち、質問者から問い詰められれば関係があると肯定するが、自発的な説明として関係があるという回答はない、との指摘がある。

　鑑定医は、被疑者によるこれらの異常な言動を、被疑者が自己の精神状態に何らかの変調を自覚しながらそれを具体的に説明したり、自発的に整然と説明したりできない状態であると分析している。

その結果、被疑者の精神状態として最も考えられるものは、統合失調症の初期あるいは前駆期であると結論づけている。
　そして、本件犯行の動機として、被害者に安眠を妨げられ憤激したことと理解することには相当に無理があるし、仮にこれを動機であると無理に認定したとしても、そこから胸をナイフで刺すという行為には相当な飛躍がある、したがって、犯行当時における被疑者の善悪の判断能力およびその判断に従って行動する能力の有無およびその程度については、いずれも著しく障害されていたと考える、と結論づけるのである。
　なお、同鑑定は診断に際し、「PRIME-J」と「意志作用感検査」という2種類の検査結果の所見をも根拠としている。

5　カンファレンス

　公判に先立ち、カンファレンスが行われたが、そのとき、鑑定人からは、心神喪失の可能性を示唆するような発言は特になく、検察官や弁護人の質問に対して、一貫して、心神耗弱を前提として答えていたと思われた。
　特に、検察官は、責任能力が少しは残っていた、すなわち、責任無能力ではなかったという確証をとるべく質問をしていたが、鑑定人は、検察官が望むような答えをしていた。
　そのようにしてカンファレンスは終了し、帰り道、検察官と弁護人とで談笑しながら和気藹々と駅に向かって歩いたことが、今となっては、良い思い出である。
　しかるに、その2週間後の証人尋問において、鑑定人は、後述のように被告人の心神喪失状態を疑わせる証言をしたのであるが、カンファレンスの時点においては、鑑定人が公判であのような証言をするとはまったく予想だにしなかった。

6　公判廷における鑑定人の証言

　公判では、起訴前嘱託鑑定において作成された精神鑑定書そのものが書証として取り調べられることはなく、鑑定人の証人尋問が行われた。
　証人尋問の方法は、専門家証人の際によく行われる、いわゆるプレゼ

ンテーション方式で行われることとなった。プレゼンテーション方式とは、冒頭に証人がパワーポイント等を用いて被告人の責任能力について30分程度、講義形式でひと通りの説明を行った後、検察官、弁護人、裁判所から補充的に尋問を行うというものである。

また、証人尋問の際のルールとして、「心神喪失」「心神耗弱」等という法的な結論について証人に質問したり、「犯行当時における善悪の判断能力およびその判断に従って行動する能力の有無およびその程度」についてストレートに証人に質問したりしてはならない、ということが事前に定められた。

その結果、証人は、プレゼンテーションの中で被告人の精神状態の説明を行う際には、「理性的な判断力の有無」という表現を用いて説明を行っていた。

証人によるプレゼンテーションは、自我障害という概念への言及の程度において、精神鑑定書の内容と若干違っている部分もあったものの、「被告人は、犯行当時、理性的な判断力が著しく損なわれていた」と結論において限定責任能力を示唆するものであり、内容において鑑定書と変更がないものと思われた。

ところが、プレゼンテーションに続き、検察官が、鑑定人に対し、「被告人は、犯行当時、理性的な判断能力が著しく損なわれていたというふうにおっしゃっておられましたが、これは理性的な判断力がまったくなかったわけではないというお考えですか」と質問したのに対し、鑑定人は、「ゼロという見方もありうると思います」と回答したのである。検察官が、重ねて、「先生の御判断としては、ゼロではないという見方をされたわけですか」と質問したのに対し、鑑定人は、「両方ありうるという判断です」と回答したのである。

もっとも、ここで鑑定人がいう「理性的な判断力」と責任能力の本来の意味である「物事の善悪を判断し、その判断に従って行動を制御する能力」とは、同じなのか異なるのか、異なるとしてどのように異なるのか、必ずしも明らかではない。理論的には、「理性的な判断力」はゼロであったとしても、「物事の善悪を判断する能力」はゼロではない、という可能性

もありうるであろう。

しかしながら、鑑定人自身が、犯行当時における被告人の理性的な判断力が「ゼロという見方もありうる」と明言した意味は非常に大きかったことは間違いない。

7　判決内容

判決は無罪であったが、鑑定人の証言を前提として、次のように述べる。

> 鑑定人は、さらに、当時の被告人について、理性的な判断力が著しく損なわれていたと考えられるが、全くなかった可能性もあると証言している。もちろん、理性的な判断力の有無が直ちに責任能力についての判断に結びつくものとは限らない。しかし、被告人が統合失調症の症状の暴発によるものと見られる突発的な衝動に駆られたとすると、被告人は統合失調症の圧倒的な影響を受けていたものと疑われ、果たしてもともとの人格に基づく行動が期待できたのか、つまり、物事の善悪を判断することやその判断に基づいて自分の行為を抑制することが期待できたのかどうかについて、疑問が残るというべきである。
>
> 本件犯行は、統合失調症の圧倒的な影響下でなされたもので、もともとの被告人の人格に基づく判断によってなされたとはいえないという疑いが残るといわざるを得ない。

そして、結論として、被告人は、犯行当時、責任無能力であった疑いが残るという理由で被告人を無罪としたのであった。

上記判示から明らかなように、被告人は、本件犯行当時、統合失調症の初期または前駆期であったという鑑定人の証言が前提となっている。そして、犯行当時の被告人の精神状態について、理性的な判断能力がゼロという見方もありうる、という鑑定人の証言が、無罪判決の理由として決定的となっている。

8 医療観察法における精神鑑定

(1) 異なる診断

　無罪判決の宣告後、ただちに精神保健福祉法25条通報が行われ、被告人が精神保健指定医2名の診察を受けたところ、2名の医師が統合失調症と診断した結果、被告人は措置入院となった。

　無罪判決確定後、検察官から医療観察法に基づく入院等の措置を求める申立が行われ、鑑定入院となった。

　そして、約2カ月の期間を経て精神鑑定書が提出されたが、その内容は、起訴前に行われた精神鑑定の結果とまったく異なるものであった。

　まず、対象者が罹患している精神障害について、今回作成された精神鑑定書では、「対象行為を行った際の心神喪失又は心神耗弱の原因となった精神障害は、『精神病症状を伴う重症うつ病エピソード（ICD-10）』と診断できる」となっている。

　つまり、起訴前鑑定では、「統合失調症（の初期または前駆期）」と診断されていたものが、医療観察法の鑑定では、「精神病症状を伴う重症うつ病エピソード」と診断されたのである。

　そして、同鑑定によると、この症状は未治療のうちに消退し、現在までに寛解状態に至ったと考えられ、現在は精神障害に罹患していないと考えるべき、というのである。

　同鑑定は、対象者による対象行為は「精神病症状を伴う重症うつ病エピソード（ICD-10）」に強く影響されて惹き起こされたものと理解できるところ、この障害は、未治療のうちに消退したと考えられ、現在までに再発は認められていないことから、現時点の対象者においては、その精神障害のために同様の行為を行う具体的・現実的可能性は認められず、したがって、医療観察法における医療を受けさせる必要はないものと考えられる、と結論づけるのである。

(2) 起訴前嘱託鑑定と結論が異なる理由の説明

　なお、同鑑定書は、起訴前に行われた精神鑑定と結論が異なる点につ

いても、次のとおり、説明をしている。

　まず、起訴前嘱託鑑定において、統合失調症の前駆期という診断の根拠とされた症状（うつ気味、奇妙な不安、体調不良、奇妙な言動、不眠等）は、客観的には不明瞭で、他の疾患との判別が困難であり、たしかに、統合失調症の前駆期の症状として見ることもできるが、うつ病の症状としてとらえることも可能である。

　次に、起訴前嘱託鑑定においては、PRIME-Jと意思作用感検査という２種類の検査結果の所見を診断の根拠としているところ、PRIME-Jは、もともと微弱な精神病症候群をスクリーニングする目的で開発された検査である以上、この検査のみで確定診断に至ることは通常の臨床ではあり得ない。また、意志作用感検査は、すでに統合失調症と診断された患者の自我障害を評価する手段として開発されたものであるところ、いまだ標準的な手法として確立されているとは言い難いうえ、統合失調症との診断が確定した患者に対する検査をその前駆期の者に施行することは本来の検査目的から逸脱している。

　また、起訴前嘱託鑑定においても、鑑別を要する疾患として「うつ病」が挙げられているものの、特に明確な根拠を示さないまま、うつ病の可能性を排除しているが、なぜそのような説明が可能なのかについての説明がなく、理解困難である。

9　不処遇決定

　上記のような精神鑑定書を受けて、裁判所は、「対象者について、心神喪失等の状態で重大な他害行為を行った者の医療及び観察等に関する法律による医療を行わない」という内容の決定を下したのである。

　そして、同決定は、対象者を無罪とした確定判決が基礎とした鑑定と、医療観察法における鑑定とで結論が大きく異なっている点について、

> 　なお、前記確定判決は、本件対象行為時に対象者が罹患していた精神障害が「初期の統合失調症」であった旨の判断をしていたのに対し、鑑定人は、その精神障害が「精神病症状を伴う重症うつ病エピソード」

であった旨判断しているところ、同鑑定人は、前記確定判決の基礎となった諸資料に加え、同判決後に実施された本件鑑定入院における対象者との面談やその間の対象者の治療状況等を踏まえた上、精神科医としての専門的な知見に基づいて当該判断をしたものであり、その内容は合理的かつ妥当であって、本決定の基礎とすることが十分首肯できる。

と述べている。

しかしながら、「前記確定判決の基礎となった諸資料に加え、同判決後に実施された本件鑑定入院における対象者との面談やその間の対象者の治療状況等を踏まえ」とはいうものの、判決後に実施された鑑定入院中になされた面談や治療によって新たに得られた資料はそれほど多くないので、実質的には、判決前の同一資料を前提とした２つの鑑定結果が異なったものという評価できると思われる。

10　最後に

このように、この事件では、被告人の責任能力についての鑑定結果が異なった結果、被告人にとっては、これ以上望むべくもない最善の結果となった。

すなわち、刑事裁判の中では「統合失調症の初期または前駆期」であり、心神喪失の状態にあったという疑いが残るとして、結果は無罪判決となり、他方、判決後の医療観察法の鑑定では「精神病症状を伴う重症うつ病エピソード」と診断され、この障害はすでに消退したと考えられるため、今後の治療の必要性はない、として不処遇決定となった。その結果、被告人は、不処遇決定後、ただちに釈放され、社会復帰した。

被告人の精神障害についての診断が、最後まで統合失調症であれば、不処遇決定にはなりえなかったであろうし、逆に、裁判の中でうつ病と判断されれば、心神喪失で無罪との判決にはなりえなかったのではないかと思われる。

コメント（弁護士）

坂根真也 さかね・しんや 東京弁護士会

1 責任能力についての説明概念について

　本事案における刑事裁判においては、被告人が同居人を殺害しようとした行為について統合失調症の影響によって心神喪失か耗弱かが争われていた（弁論時点）。

　確定判決には「検察官は、本件犯行は、初期の統合失調症の著しい影響を受けていたものの、なお、被告人のもともとの人格に基づく判断によって犯したと言える部分が残っていると評価できるから、心神耗弱の限度で責任能力があったと主張する。これに対して弁護人は、本件犯行は初期の統合失調症の圧倒的な影響によって犯したもので、被告人のもともとの人格に基づく判断によって犯したと評価できない疑いがあるから、心神喪失であって、責任能力がなかったと主張する」と争点が明示され、判断の結果として「本件犯行は、統合失調症の圧倒的な影響下でなされたもので、もともとの被告人の人格に基づく判断によってなされたとはいえないという疑いが残る」とされ無罪が言い渡された。

　以上の判示からは、心神喪失か耗弱かについての説明概念として、統合失調症の圧倒的な影響によって犯したものであるか、元々の人格に基づくものであるか、という説明概念が利用されているものと思われる。

　これは、司法研修所編『難解な法律概念と裁判員裁判』（法曹会、2009年）において示されたものであるが、筆者は基本的にはこのような説明概念には反対である。もとより判断対象は、心神喪失か耗弱かであり、それらの法解釈は大審院によって、事物の理非善悪を弁識する能力、この弁識に従って行動する能力の、欠如もしくは著しく減退した状態と定義されている。これらの言葉そのものの意味するところは一般の人に理解困難とは思われず、これらの該当性判断は、生物学的要素と心理学的要素によって個別に判断されるわけであるから、あえて説明概念を用いる必要性がない。かえって「もともとの人格に基づくか」などという概念を用

いると、それ自体の当てはめに焦点が行ってしまうように思われる（元々の人格かどうかというのは、心理学的要素としての人格異質性という概念との混同も生じうる）。また、「人格」という言葉自体が多義的な上、精神医学における「人格」は通常の用法と必ずしも同一ではなく、精神科医、法律家、一般市民の間で、「もともとの人格に基づく」という定義と位置づけが真の意味で共有された上で議論ができるかは極めて疑問である。

また、もともとの人格に基づくかという説明概念は、統合失調症を念頭に置いたもので、それ以外の病類型には必ずしもあてはまらない、などと言われることもあるが、統合失調症すら病態はさまざまであり、当該事件に影響を与えた病状と考慮すべき要素は個別に判断せざるをえず、統合失調症であればもともとの人格に基づくか、という説明がすべてあてはまるわけでもない。

2 精神科医の判断すべきことについて

本件弁護人のレポートでは、捜査鑑定医が心神耗弱の意見であり、カンファレンスでもその旨の意見であったところ、公判において、検察官から、「被告人は、犯行当時、理性的な判断力が著しく損なわれていたというふうにおっしゃっておられましたが、これは理性的な判断力がまったくなかったわけではないというお考えですか」と問いを発したのに対し、鑑定人が「ゼロという見方もありうると思います」と答えたことから、喪失の可能性が浮上し争点となった（公判前では耗弱において当事者に争いがなかったと整理されていた）という。

しかし、これは、精神科医に責任能力の結論を求めるという従来の実務の弊害であろう。最判平20・4・25は、生物学的要素である精神障害の有無および程度ならびにこれが心理学的要素に与えた影響の有無および程度については精神科医の意見を基本的に尊重すると判示し、裁判員裁判を契機に、裁判所が行う精神鑑定では、鑑定事項が「精神の障がいの有無及び程度およにそれが事件に与えた影響の有無及機序」などとされたり、（捜査鑑定を含めて）証人尋問では責任能力の有無そのものについて

の言及はしない、などという運用が行われている。[1]

　これは何も最終的な判断者は裁判所であるところ、専門家たる精神科医の結論的意見に市民が影響を受けてしまうという表面的な問題ではない。本来精神科医が刑事裁判における事実認定に提供すべき知見が一体どこまでであり、どこからが法律家が判断すべき事柄であるかを峻別しなければならない。[2]

　精神科医に責任能力の結論を求めるのは、法医学者に殺意の有無を求めるのと同様に本来すべきではない。

　なお捜査鑑定においては、いまだに検察官が起訴不起訴の判断の参考意見にすべく、責任能力の結論までも鑑定事項にしているが、そのような運用も改めるべきであろう。

　したがって、このようなことが法曹三者と精神科医において共有されるようになれば、本ケースのような事態は生じえないであろう。当事者は、責任能力のそのものに言及のない精神科医の鑑定意見を検討して、法律家として責任能力の有無および程度を判断し主張すべきかを決しなければならない。

3　刑事鑑定と医療観察鑑定

　本ケースでは、刑事鑑定と医療観察鑑定が病名が異なるという結論に至っているが、そもそも刑事鑑定における責任能力鑑定ですら、鑑定人が異なれば判断も異なるということが珍しくない。

　医療観察鑑定において「精神病症状を伴う重症うつ病エピソード」という診断がされている。しかし、責任能力の有無の判断における精神科医の鑑定において重要なことは必ずしも病名ではなく、事件に影響を与え

1　責任能力の結論は尋問では聞かないとしておきながら、「もともとの人格に基づくものと評価できますか」「理性で判断する能力は残されていましたか」などという結論を言い換えただけのような尋問をする当事者および裁判所がいまだに絶えないが、改めるべきである。
2　精神科医と法律家の判断事項の明確化について、判断構造の8ステップが提唱されている（岡田幸之「責任能力判断の構造と着眼点」精神神経学雑誌115巻10号〔2013年〕）が、これらステップが厳密に区別できるかという問題点はあるものの、精神科医と法律家の役割分担を指向する方向性には賛成である。

た症状と、それがどのように影響を与えたか、ということである。[3]

なお刑事鑑定と医療観察鑑定で結論が異なる場合として、不起訴申立の場合には、医療観察後に起訴となる場合があるので注意を要する。

コメント（精神科医）

五十嵐禎人 いがらし・よしと　千葉大学社会精神保健教育研究センター

1　精神医学的診断について

　本事例について、起訴前鑑定の鑑定人は被告人を「統合失調症の初期または前駆期」と診断した。裁判所も鑑定人の見解をもとに、被告人の精神科診断を「初期の統合失調症」と認定している。しかし、心神喪失による無罪判決確定後に行われた医療観察法鑑定では、鑑定人は統合失調症の診断を否定し、対象行為（犯行）時は、「精神病症状を伴う重症うつ病エピソード」に罹患していたが、医療観察法鑑定時点では、うつ病エピソードはすでに寛解しており、少なくとも医療観察法による医療は不要であるという鑑定意見を提出した。審判においても合議体は、医療観察法鑑定人の見解をもとに、対象者の精神科診断を「精神病症状を伴う重症うつ病エピソード」と認定し、医療観察法による医療を行わない（不処遇）という決定をくだしている。

　かつての不可知論のように、精神科診断と責任能力判断の結果とを一対一対応させるような「慣例（Konvention）」に基づいて責任能力判断を行うのであれば、精神科診断の相違は責任能力判断の相違につながる重大な相違といえる。しかし、近年の可知論的アプローチでは、精神科診断そのものより、犯行に及ぼした精神障害の影響が重視されている。たとえば妄想型統合失調症と妄想性障害というようにきわめて似通った症状を呈する精神障害の場合には、精神医学的な議論としてはともかく、刑事責任能力の文脈では、両者の厳密な鑑別診断を行うことにそれほど重

3　症状の把握や評価が病名の対立として顕在化することもある。

要な意義があるとはいえない。しかし、統合失調症とうつ病とは精神医学的にはまったく異なる種類・性質の精神障害である。本事例において、刑事裁判と医療観察法審判における被告人の精神科診断の相違、すなわち起訴前鑑定の鑑定人と医療観察法鑑定の鑑定人の精神科診断の相違が生じた理由については、十分な検討が必要といえる。

起訴前鑑定人が被告人を統合失調症の初期または前駆期と診断した根拠は、①それまでに何の問題のなかった被告人に、うつ気味、奇妙な不安、体調不良、奇妙な言動、不眠、自殺願望、音への過敏、幻聴を疑わせるような体験などの症状が出現しており、被告人が統合失調症の発症率の高い年代にあることも考慮して、これらの症状を、統合失調症の初期または前駆期症状と考えたこと、②起訴前鑑定で行われたPRIME-Jと意志作用感検査（Sens e of Agency Task）という2種類の心理検査の結果が統合失調症の所見に一致していたことの2点にあると思われる。

このうち、PRIME-Jとは、イエール大学で作成された精神病の早期発見・早期介入のための簡便なスクリーニング検査であるPRIMEの日本語版であるが、あくまでもスクリーニングのための検査であり、PRIME-Jの結果に基づいて、統合失調症と確定診断することはできない。また、意志作用感検査は、統合失調症の自我障害を評価するために開発された認知機能検査であるが、現時点では、標準的な心理検査として確立されたものとはいえないし、あくまでも統合失調症と確定診断された人の自我障害の程度を評価するための心理検査であり、意志作用感検査の結果で統合失調症と確定診断することはできない。

近年、精神病性障害の早期発見・早期介入のための治療的介入に関する研究がなされており、2013年に改訂されたDSM-5では、統合失調症を始めとする精神病性障害の前駆期に相当する「減弱精神病症候群」（準精神病症候群：Attenuated psychosis syndrome）が今後の研究のための病態の項に掲載された。ただし、DSM-5には、「ここに提案した一連の基準は、臨床において用いられるためのものではない。DSM-5第Ⅱ部に含まれる基準及び疾患だけが公式に認知され、臨床目的で使用できるもので

ある」[4]と明言されており、「減弱精神病症候群」を臨床診断として使用することは不適切であるということはいうまでもない。

　記録をみるかぎり、本件犯行時の被告人は、DSM-5の「減弱精神病症候群」の診断基準を満たしている可能性は否定できないが、統合失調症の診断基準を満たすような精神病症状は出現していなかったように思われる。本事例が将来、統合失調症を発症する可能性は否定できないものの、医療観察法審判までに得られた情報からは、精神病症状を伴う重症うつ病エピソードと診断した医療観察法鑑定の鑑定人の診断の方が、精神医学的にはより妥当なように思われる。

　たしかに、日常臨床においては、統合失調症の症状がはっきりしない患者に対して、統合失調症の可能性を考えて、関与しながら観察を続けていくという姿勢は、よき臨床の在り方といえる。特に、患者が統合失調症の発症可能性の高い年代にある場合や本事例のように患者自身が統合失調症ではないかと考えている場合には、統合失調症の可能性を念頭におきながら関与しながらの観察を行うことは必要不可欠なことといえる。精神病性障害の前駆期に対する早期介入の試みがなされたり、DSM-5に「減弱精神病症候群」が掲載されたりしたことも、こうした考え方のあらわれといえる。しかし、このような日常臨床における考え方を、刑事責任能力鑑定の際に行うのは適切とはいえない。というのは、日常臨床とは異なり、刑事責任能力鑑定における精神科診断は犯行時という過去の時点における精神障害についての診断であるからである。刑事責任能力の判定における精神科診断では、得られた情報を総合的に考慮し、操作的診断基準を厳密に適用したうえで、犯行時に確実に存在していたと診断できる精神障害のみを精神科診断名とすべきである[5]。

4　American Psychiatric Association(日本精神神経学会監、高橋三郎ほか訳)『DMS-5　精神疾患の診断・統計マニュアル』(医学書院、2014年)。
5　五十嵐禎人「刑事責任能力総論」五十嵐禎人編『刑事精神鑑定のすべて──専門医のための精神科臨床リュミエール』(中山書店、2008年)2～15頁。

2　裁判員にわかりやすい鑑定結果の報告を実現するために当事者が行うべきこと

　本事例では、起訴前鑑定の鑑定人は、「犯行当時における被疑者の善悪の判断能力およびその判断に従って行動する能力の有無およびその程度については、いずれも著しく障害されていたと私は考える」と心神耗弱を示唆する鑑定意見を提出した。公判前整理手続におけるカンファレンスでも鑑定人は同様の説明を行い、検察官、弁護人ともにこうした鑑定人の見解に疑義を呈することはなく、双方ともに心神耗弱を前提として冒頭陳述を行っていた。証人尋問の際のルールとして、「心神喪失」「心神耗弱」等という法的な結論や「犯行当時における善悪の判断能力及びその判断に従って行動する能力の有無及びその程度」についてストレートに証人に質問したりしてはならないというルールが定められていたこともあって、鑑定人尋問における証言では、鑑定人は、「理性的な判断力の有無」という用語を使用してプレゼンテーションを行い、「被告人は、犯行当時、理性的な判断力が著しく損なわれていた」と述べていた。ところが、その後の尋問において、検察官から、「被告人は、犯行当時、理性的な判断力が著しく損なわれていたというふうにおっしゃっておられましたが、これは理性的な判断力がまったくなかったわけではないというお考えですか」と問われたのに対して、鑑定人が「ゼロという見方もありうると思います」と答えたことから、心神喪失の可能性が争点として浮上した。最終弁論において弁護人は心神喪失を主張し、裁判所も心神喪失を認定し、無罪となった。

　刑事責任能力に限らず、一般に判断能力とは、精神医学の立場から見れば、連続量として測定される次元的現象である。▼6 精神障害の影響が一定程度以上に及ぶ場合には、ゼロの可能性を完全に否定することはできない。したがって、「ゼロという見方もありうる」という鑑定人の証言は、ある意味、科学的には正確な回答ということができるかもしれない。しかし、公判で突然行われた「理性的な判断力が著しく損なわれていたと

6　五十嵐禎人「判断能力の精神医学的評価」司法精神医学12巻1号（2017年）34〜46頁。

考えられるが、まったくなかった可能性もある」という鑑定人の証言は、当事者双方に混乱を引き起こし、結果として裁判員に鑑定の趣旨が伝わりにくい審理となってしまったような印象を受ける。特に検察官による尋問の場面では、鑑定人が公判で使用した「理性的な判断力」という用語と一般に刑事責任能力を意味する「善悪の判断能力及びその判断に従って行動する能力」という用語の異同の問題に終始した印象であり、結果として、犯行時の被告人にみられた精神障害の症状や具体的な言動との関係などについては、十分な検討がなされないままに、疑わしきは罰せずの原則により、心神喪失が認定されたようにも思われる。

　こうした問題を避け、裁判員にとってもわかりやすい審理を行うためには、当事者双方は、提出された精神鑑定書の結論だけでなく、結論が導かれた過程やその根拠となる事実などについても十分に吟味を行うこと、吟味の過程で疑問が生じた場合には、カンファレンス等の機会を活用して、鑑定人に質問・確認し、疑問を解消したうえで、審理に臨むことが必要なように思われる。

判決書（第一審）
東京地判平25・7・4　平成25年（わ）第11号
LEX/DB25563824

主　文

　被告人は無罪。

理　由

　1　本件の公訴事実は、「被告人は、平成24年9月20日午前10時55分頃、東京都豊島区●●●当時の被告人方において、V（当時27歳）に対し、殺意を持って、その左胸部をナイフ（刃体の長さ約9.5センチメートル）で1回突き刺すなどしたが、前記Vに抵抗されるなどしたため、同人に全治まで約2週間を要する左胸部刺創の傷害を負わせたにとどまり、死亡させるに至らなかった」というものである。

　関係する証拠によれば、被告人がこの公訴事実に当たる犯行を行った

ことは認められる。

　そして、検察官は、本件犯行は、初期の統合失調症の著しい影響を受けていたものの、なお、被告人のもともとの人格に基づく判断によって犯したといえる部分も残っていると評価できるから、心神耗弱の限度で責任能力があったと主張する。

　これに対して、弁護人は、本件犯行は、初期の統合失調症の圧倒的な影響によって犯したもので、被告人のもともとの人格に基づく判断によって犯したと評価できない疑いがあるから、心神喪失であって、責任能力がなかったと主張する。

　裁判所は、これから述べる理由によって、本件の当時、被告人は心神喪失の状態にあったという疑いが残り、したがって、被告人は無罪であると判断した。

2　まず、被告人は、本件に関して、次のような趣旨のことを述べている。

(1)　平成24年7月ころから、シェアハウスで同室だったVが、夜遅く帰ってきて物音をたてることから、眠れなくなった。

(2)　本件の1週間ほど前に、Vに対して、Vが原因で眠れないなどと文句を言ったが、逆に、自分（被告人）に原因があるというようなことを言い返されて、返事ができなかった。

(3)　体調が悪くなり、本件の2日前から会社を無断で欠勤していたところ、本件当日も、一度会社に行こうとしたが、体調が優れず引き返し、ベッドに横になった。そのとき、Vも、自分のベッドで寝ていた。

(4)　自分（被告人）は、ベッドで横になるうち、突然死ぬかもしれないとの不安にとらわれ、部屋の中をうろうろし、突然Vを傷つけようと思ったので、はさみを手に取った。その状態でまたうろうろしているとナイフが目に入ったので、突然Vを殺そうとの考えが湧いた。

(5)　Vを殺そうという考えから、左胸をめがけて刺した。左胸を狙ったのは心臓がある部位だからである。

　自分（被告人）は、さらに、そのナイフを抜いた。ナイフを抜けばさらに血が出てくるので、それが狙いで引き抜いたのである。

3　捜査段階で被告人の精神鑑定をしたX医師は、前記2のような被告

人の供述状況やテストの結果などから、次のとおり証言している。
(1) 本件当時、被告人は、初期の統合失調症に罹患しており、自我障害によって、自分と他人の境界が曖昧な状態にあった。被告人が不眠であったり、イライラしていたのは、統合失調症の症状であると考えられる。
(2) 被告人がVをナイフで刺したのは、統合失調症の症状の暴発とも考えられ、被告人については、犯行時、理性的な判断力が著しく損なわれていたと考えられるが、これが全くなかった可能性もある。
(3) 「動機なき犯罪」は、統合失調症の初期症状にしばしば見られる。

4 これらを前提にして、以下の(1)から(4)までの事情を考えると、被告人については、本件を、統合失調症の圧倒的な影響によって犯したもので、もともとの人格によって犯したと評価できない疑いが残ると判断した。
(1) 被告人は、前記2のように述べているが、被告人の供述態度から、本件直前の心の動きを含め、特に虚偽の説明をしているものとは見られない。

　突然死ぬかもしれないという不安が生じたこと、突然Vを傷つけようと思ったこと、そして、ナイフが目に入ってそれが殺意に変化したことは、統合失調症の影響により突発的に本件犯行の衝動が生じたものという見方を可能とするものであり、前記3(2)の、本件が統合失調症の症状の暴発と見られるというX医師の判断と一致しているものと考えられる。

　X医師は、さらに、当時の被告人について、理性的な判断力が著しく損なわれていたと考えられるが、全くなかった可能性もあると証言している。もちろん、理性的な判断力の有無が直ちに責任能力についての判断に結びつくものとは限らない。しかし、被告人が統合失調症の症状の暴発によるものと見られる突発的な衝動に駆られたとすると、被告人は統合失調症の圧倒的な影響を受けていたものと疑われ、果たしてもともとの人格に基づく行動が期待できたのか、つまり、物事の善悪を判断することやその判断に基づいて自分の行為を抑制することが期待できたのかどうかについて、疑問が残るというべきである。
(2) 本件の動機については、被告人の統合失調症を前提に考えたとしても、なお、検察官が主張するように、不眠やイライラの原因はVにある

と考え、Ｖに対する不満を募らせたという、了解が可能な部分も残っていると見る余地もある。しかし、被告人が、Ｖに対して前記２(2)のような文句をいったことなどはあるが、それ以上の口論やけんかがあったことはうかがわれない。被告人にもともと粗暴なところがあったことをうかがわせるような証拠もなく、被告人の不満が殺意に結び付いたというのは、常識から考えても、動機として飛躍があるのではないかという疑問が残る。

　なお、被告人は、本件犯行の動機について、Ｖが立てる生活音が気になり、不眠となったためなどと供述しているところもある。しかし、Ｘ医師はそれは全部ではないにせよ後付けの理由である可能性があると証言しており、被告人がそのように述べたことがあるからといって、直ちにそれが動機であると断言することはできない。

(3)　検察官は、被告人の犯行当時、犯行後の行動などは合理的であり、したがって、被告人は心神耗弱の状態にあったにとどまると主張する。

　たしかに、被告人は、Ｖを殺すために、心臓を狙ってナイフを刺し、出血多量による死亡を狙ってナイフを抜くという、目的にかなった合理的な行動をとっている。しかし、そのような行動ができたからといって、善悪を判断し、それに基づいて自分の行為にブレーキをかける力が被告人にあったのかどうかについては、前記(1)で述べたことを考えるとなお疑問が残るというべきである。

　前記２(4)のとおり、被告人は、犯行直前、はさみを手にしながら部屋をうろうろするという行動をとっているようであるが、統合失調症の症状と疑う余地もあり、これを善悪の判断力が残っていたがゆえの逡巡と断定できる材料も乏しい。

　また、被告人がナイフを抜いた後の被告人の行動について、Ｖの供述する内容は、殺害の目的を達成するための行動と見ても、逃亡や責任回避のための行動と見ても、いずれも一貫性を欠いていて、合理的なものとは評価できない。さらに、被告人は、犯行前に体調が悪いために出勤をやめているが、出勤できないほど体調が悪かったのであるから、出勤をとりやめたことは合理的な行動として特に取り上げるまでもない。か

えって、無断欠勤が3日目となるほどの体調の悪さは、統合失調症の症状が暴発する予兆であるという見方もできる。
⑷　以上を総合的に考慮すると、本件犯行は、統合失調症の圧倒的な影響下でなされたもので、もともとの被告人の人格に基づく判断によってなされたとはいえないという疑いが残るといわざるを得ない。
　5　これまで述べたとおり、被告人の行為は罪とならないから、刑事訴訟法336条によって被告人に対し無罪の言渡しをする。
(検察官の量刑に関する意見　懲役5年、ナイフの没収)
平成25年7月4日
東京地方裁判所刑事第6部
裁判長裁判官　細田啓介／裁判官　山﨑威／裁判官　北原直樹

[ケース3]
殺人被告事件（診断：統合失調症）
鳥取地決平25・7・22　LEX/DB25563825
再鑑定により検察官が公訴を取り消した事例

報告論文

尾西正人　おにし・まさと　鳥取県弁護士会
田中亜樹　たなか・あき　第二東京弁護士会
柴田勝之　しばた・かつゆき　第二東京弁護士会

1　事件の概要

(1)　公訴事実

本件は、被告人（20代男性）が、2010（平成22）年12月、その自宅において、同居していた祖母の頭部をこたつの天板で数回殴打して死亡させたという殺人被告事件である。

約1カ月半の起訴前精神鑑定を経たため、起訴は2011（平成23）年2月であった。

(2)　事件に至る経緯

被告人は、2005（平成17）年に地元の高校（フリークライミング部のキャプテンを務め国体に出場）を卒業し、東京の大学に進学したが、2007（平成19）年に中退した。その後自宅に戻って祖父母、母と再び同居し（父は幼少時に病死）、祖父の薦めで2008（平成20）年に消防士となった。2010年には2つ以上の仕事を与えられるとパニックになって何もできなくなるなど、職務への不適応が顕著となり、「アスペルガー症候群、適応障害、

うつ状態」の診断で通院・投薬治療を開始し、同年5月から休職していた。同年8月頃から、朝起きない、ご飯を食べない、家の中でじっとしたまま長時間動かないなどの症状が現れるようになり、同年11月頃からは、夜に家を飛び出してしまう回数が増えたため、母親と一緒に寝るようになった。

　事件当日は、居間で布団を掛けて横になるなどしていたが、母から「早くやりたいことを見つけたら良い方向に変わる」旨の言葉を聞き、何か行動を起こさないといけないという気持ちとなり、祖母を殺害する考えが芽生えた。午後4時頃、居間に祖母と被告人しかいない状況になったときに「ごめんよ」などと言いながら、公訴事実の行為に及んだ。

2　責任能力に関する検察官の主張

(1)　起訴前鑑定書（A鑑定）

　検察官が完全責任能力を主張する根拠となった、起訴前鑑定（A鑑定）の鑑定書主文は、以下のとおりであった。

　1　犯行時に被疑者はアスペルガー症候群とこの二次性精神障害である適応障害（遷延性抑うつ反応）に罹患していた。
　2　〈中略〉居り場がなく追いつめられた心境のなかで、自殺できず1か月ほど前より家族（祖母）を殺害するしかないという考えが固まってきていた。犯行前、母からの「いつまで経っても今の状況から脱出できない」という言葉をきっかけに雰囲気が変わったように知覚し、このまま孤立して生きるのを変えること（リセット）を決意した。祖母の殺害は非常に短絡的であるけれど計画性があり、殺したと思った後、警察に逮捕されることを予想しその場から逃げようとした。
　3　犯行当時、被疑者はアスペルガー症候群と抑うつ反応、幻覚体験が認められたが、2の項で述べたように精神病症状は軽度であり、このために判断力が低下あるいは支配されることはなかった。祖母は抵抗する力が少なく自分でも殺害できると考え、他の選択肢があることも承知しながら、殺害することに固執し、実行したものである。想像

力や他者への共感性が乏しいという障害があっても、犯行時には善悪の判断や行動制御の能力は保たれていた。

(2) 検察官の主張

検察官はA鑑定に依拠し、以下の理由から完全責任能力を主張した。

① 精神障害の程度は軽微であった。
② 合目的・合理的行動に及んでいる。
③ 違法性の意識を有していた。
④ 犯行前後及び犯行当時の記憶が清明である。
⑤ 「自己の将来に対する不安ないし祖母に対する嫌悪感等を抱いていた」、「母から言われたことがきっかけとなり、家族の助力なしに自立して生活するために、体力の弱い祖母を殺害することとした」、「犯行当時を含めて、犯行前後において、祖母の殺害を示唆する幻聴、幻覚等を感じたことはなかった」ことから、動機が一応了解可能である。

3 主要な争点と弁護人の主張

(1) 責任能力の有無

弁護人は、以下のようなA鑑定の問題点を指摘して、裁判所に起訴後の再鑑定を採用させることを第1の目標とした。

i 鑑定資料の不備

検察官から鑑定人に提供された資料には、以下の点を含む多くの不備が認められた。

ア 被告人の責任能力を強く疑わせるような言動が記載された資料の一部が、鑑定資料から欠落していた。具体的には、被告人が検察官の問いかけに満足に答えられない状況や、「何かに行動をコントロールされている」との発言などが記載された捜査報告書等である。検察官によれば、これらは他の資料とは別に保管していたため、鑑定人に提供する資料に含めるのを失念してしまったとのことであった。そして、鑑定書作成後に、

これらの資料を見たが鑑定結果に変更はない旨の、鑑定人の検面調書が作成されていた。

イ　また、被告人は、逮捕から鑑定留置開始までの間に、警察の留置場で、係官の問いかけに何も答えられない、トイレの壁に額を叩きつける、立ったまま前のめりに倒れたりするなど異常な行動をしていたことが動静簿に記録されていたが、これは鑑定資料とされなかった。

ウ　さらに、アスペルガー障害では、特徴的なコミュニケーション障害などが若年の頃から見られるのが通常であるが、A鑑定ではこれを被告人の鑑定時の説明（「学校生活では、クラスに馴染めない」「普通に友達と話す、話して過ごすということができない」等）を根拠に認め、被告人の学籍簿などの客観的証拠や、家族、友人などの供述を鑑定資料としていなかった。弁護人が取り寄せた学籍簿には「素直な性格で友人が多い」等の記載があり、学生時代の友人も「運動部の部長としてみんなをまとめていた」「雰囲気よかった。よく友人といた」等と、アスペルガー障害とは考えにくい人物像を述べていた（弁護人の相談医によれば、鑑定時の被告人の説明は、統合失調症の影響を受けたものと思われるとのことであった）。

ⅱ　鑑定方法の問題

A鑑定の方法にも、以下の点を含む多くの問題点が認められた。

ア　鑑定書に記載されている被告人の発言は、供述調書や捜査報告書の記載を引用したものが多く、鑑定人自らが被告人への問診を十分に行ったのか、疑問が残るものであった。

イ　また、鑑定人は、アスペルガー症候群について説明した書籍のコピーを被告人に渡して読むように勧めた上、ここに書いてあることに心当たりはないかと被告人に質問して心当たりがあるとの回答を得たりしており、アスペルガーという結論への誘導があったのではないかとも疑われた。

ウ　さらに、被告人は、鑑定留置中に、他の入院患者を殺意をもって鉄製の丸いすで殴打するという事件を起こしていた。被告人にはそれまで当該患者との接点もなく、動機は了解不能であったため、この事件について本件と関連づけて検討すれば、被告人の責任能力に疑問が生じて

しかるべきと思われたが、鑑定人は、この事件も「相手の感情に対する無頓着さ（共感性の欠如）」の現れである等として、アスペルガー障害との結論を再検討することはなかった。

(2) 被告人供述調書の任意性の有無
ⅰ 任意性を争う必要性
　被告人に完全責任能力があったとする検察官の主張（前記2(2)）は、A鑑定と被告人供述調書に基づくものであり、A鑑定も、前記(1)ⅱアのとおり被告人供述調書にかなり依拠していると思われるものであった。そのため、検察官の主張を弾劾するには、被告人供述調書の任意性を否定する必要があった。
ⅱ 任意性を争う根拠
　ア　逮捕から鑑定留置前までの間の被告人は、精神病の病状が重篤であり、弁護人との接見でも一点を見つめたまま呼びかけにまったく応じない（弁護人はこの状態をビデオに撮影し再鑑定の鑑定人に提出した）等、取調官からの質問の意味を理解して的確に回答する能力や、読み聞かされた調書が自分の供述を正しく記載したものか判断する能力が欠如していると思われる状況であった。
　鑑定留置後には病状は多少回復していたが、頭痛がひどく、考えることができない状況であった。ところが、検察官は、病状への適切な配慮をせず、「取調べを早く終わらせれば、早く房に戻れる」等と述べたため、被告人は調書の訂正を求めることができなかった。
　イ　また、鑑定留置は、予定していた終期より10日も前に終了していたが、検察官はこれを弁護人に知らせることなく取調べを行い、供述調書の作成後に、鑑定留置が終了したことを弁護人に連絡した。すなわち、鑑定留置後の検面調書は、弁護人の助力を得る機会を奪われた状態で作成されたものであった。
　ウ　なお、本件では、取調べの録画が行われたのは、鑑定留置後の検面調書作成時の1回だけ（しかも読み聞かせの部分のみ）であったため、弁護人は検察官に取調べメモの証拠開示を請求したが、不作成ないし廃棄

済みとの回答であり、裁定請求も棄却された。

4 再鑑定のための弁護活動

(1) 鑑定資料一式の証拠開示

弁護人は、起訴前鑑定人に提供された資料一式を弁護人の相談医に検討してもらう必要があると考え、2011年5月に類型証拠開示請求（1号・4号該当）を行ったが、検察官から類型不該当との回答があったため、心神喪失の予定主張を提出したうえで主張関連証拠開示請求を行った。検察官は、予定主張が抽象的である、鑑定人には捜査資料一式を提出しているため包括的証拠開示になってしまう等として抵抗したが、裁判所からの勧告もあり、同年7月に鑑定資料一式を開示した（これにより前記3(1)ⅰの鑑定資料の不備が判明した）。

なお、これと並行して、鑑定人の連絡先を検察官から教えてもらって面談を依頼したが、鑑定人からは拒絶された。

(2) 相談医からの意見書取得

裁判員裁判において起訴後の再鑑定を裁判所に採用させるのは容易ではないと思われたため、弁護人は、再鑑定請求の前提として、複数の相談医に、起訴前鑑定の問題点を指摘し、再鑑定の必要性を指摘する意見書の作成を依頼した。

なお、意見書の作成にあたって被告人の問診が必要ということで、刑事施設と交渉したところ、相談医の面会時間を最長で2日間続けて午前・午後各2時間（合計8時間）とすることができた。

その結果、一方の相談医は統合失調症（B意見書）、他方の相談医は特定不能の広汎性発達障害（C意見書）と診断は分かれたが、いずれも起訴前鑑定には疑問があり再鑑定が必要であるとの意見書を取得することができた。

(3) 再鑑定請求

2011年12月、弁護人は、再鑑定の請求を行った。

前述のとおり、弁護人は再鑑定を弾劾の柱と位置づけていたが、裁判

員裁判において再鑑定を採用させるのは容易ではないと思われたため、鑑定請求書には相談医の意見書（B意見書、C意見書）も添付したうえ、以下の項目で、45頁にわたって再鑑定の必要性を詳細に主張した。

　第1　起訴前鑑定の問題点
　　1　鑑定資料の不備
　　2　鑑定結果の前提となっている事実関係の誤認
　　3　重要な事実関係（被告人の精神病症状等）の検討不十分
　　4　診断内容の誤り
　　5　責任能力判断の誤り
　第2　被告人は統合失調症に罹患していた
　第3　被告人は心神喪失の状態であった
　第4　鑑定事項
　第5　鑑定人

　なお、当時、裁判員裁判においては、複数鑑定を避けるため、原則として再鑑定は採用せず、起訴前鑑定人を証人尋問して弁護側の主張する事実等が鑑定結果に影響するか質問すれば足りるという見解も存在したことから、「第5　鑑定人」の部分では、上記の方法では対応できないことを、起訴前鑑定人の資質にまで踏み込んで厚く論じた。

(4)　再鑑定の要否をめぐるやりとり
　弁護人の再鑑定請求に対し、検察官から、起訴前鑑定は適切であり再鑑定は不要との意見が述べられたことは予想どおりであったが、裁判所も再鑑定の必要性をただちには認めないとのスタンスであった。
　さらに、裁判所は、争点を責任能力に絞りたい、また再鑑定をする場合に鑑定資料について争いが生じるのは避けたい等として、被告人供述調書について任意性を争う弁護人の主張を撤回するよう繰り返し要請してきた。しかし、弁護人としては、前記3(2)ⅰのとおり、被告人供述調書が検察官立証の1つの柱となっていることから、要請に応じなかった。

このような状況で再鑑定と任意性の問題をめぐった膠着状態が数カ月続いたが、2012（平成24）年4月に人事異動により裁判体の構成が変わった最初の期日で、新しい裁判長から再鑑定を実施する方針が示され、その後は任意性の争いを撤回するようにとの勧告がされることもなかった。

⑸　鑑定人の選定

　起訴前の鑑定人は県内で相当有力な医師であったため、弁護人は鑑定請求書において、再鑑定の鑑定人は、県外でかつ起訴前鑑定人と面識のない医師とするよう求め、裁判所の示唆により鑑定人候補者を推薦したが、検察官は一方当事者が推薦している候補者は中立性に問題がある旨述べて強く反対した。そのため裁判所が自ら選定した、起訴前鑑定人と面識のない県外の医師（裁判長が前任地で鑑定人に選任したことがある医師とのことであった）を鑑定人として、2012年7月に鑑定手続実施決定がなされた。

　同年8月には鑑定人尋問が実施されたが、刑事施設側で被告人の県外への移送に時間がかかり、鑑定が開始できたのは同年10月であった。

5　再鑑定とカンファレンス

⑴　鑑定資料の検討

　鑑定資料については、検察官および裁判所と協議の上、以下のとおりにグループ分けして鑑定人に提供した。

①　起訴前鑑定資料のうち鑑定資料とすることに問題のないもの
②　起訴前鑑定資料のうち弁護人が鑑定資料とすべきでないと主張するもの
　　（被告人供述調書やそれに関連する捜査報告書）
③　起訴前鑑定資料でないが鑑定資料とすべきと弁護人が主張するもの
　　（前記3⑴ⅰイ・ウや、接見時の録画など弁護人の収集資料）
④　起訴前鑑定人の鑑定書、弁護人相談医の意見書等
⑤　その他起訴前鑑定人に提供されなかった資料

（前記3(1)ⅱウの殴打事件の資料等、鑑定留置開始後の資料）
⑥　弁護人作成の主張書面等

⑥が含まれたのは、弁護人が任意性を争う被告人供述調書等（②）を鑑定資料に加える一方で、⑥で弁護人が指摘する問題点も含めて鑑定人に検討してもらうことを、裁判所から提案されたためである。

(2)　鑑定人への追加依頼（被告人供述調書作成時の精神状態）
　裁判所が決定した鑑定事項は、①被告人の犯行時の精神状態、②その精神状態の犯行に対する影響の度合い及び機序、③現在の精神状態、とされていたが、争点となっている被告人供述調書の任意性との関係で、弁護人の求めにより裁判所から鑑定人に対し、❶任意性が争われている被告人供述調書を、鑑定の結論を導く根拠として考慮したかどうか、❷考慮した場合には、各供述調書作成時の被告人の精神状態をどのようなものとして考慮したか、についても、鑑定メモで論及するよう追加的に依頼した。

(3)　鑑定人覚書
　2013（平成25）年3月に鑑定人から提出された鑑定人覚書（D鑑定）の主文は以下のとおりであった。

　1　被告人は犯行当時、統合失調症鑑別不能型の妄想状態にあった。
　2　妄想気分から、自分が生存するために祖母を殺さねばならないという妄想を生じ、その妄想に左右されて犯行に至ったものである。
　3　統合失調症の幻覚妄想状態が顕在化しており、抗精神病薬を中心とする治療を要する状態にある。
　　アスペルガー障害を示唆する所見は認めない。

(4)　カンファレンス
　2013年5月、カンファレンスが実施された。まず裁判所を含めた三者

同席で、鑑定人からの説明と、主に裁判所からの質問を行い、その後、弁護人または検察官のみ（他方当事者および裁判所は退席）での個別質問を実施した。

　本件の鑑定では責任能力の有無そのものは鑑定事項に含んでいなかったが、カンファレンスでは、鑑定人としては責任無能力と考えていることを示唆する発言がいくつかあった。また、検察官が「一応了解可能」と主張していた動機（前記2(2)⑤）について、「なぜ祖母を殺せば自立できるのか了解不能である」と明言されたことも重要であった。

　さらに、鑑定人覚書に記載がなかった被告人供述調書作成時の状態については、「自分で考えて答えることはできなかったのではないか。取調官に言われたのをうなずいて、そうですといった状況だと思う」との発言があった。

　起訴前鑑定書（A鑑定）、相談医意見書（B意見書・C意見書）および鑑定人覚書およびカンファレンスでの説明（D鑑定）を対比すると、表1のとおりである。

6　カンファレンス後の経緯

　本件の公判期日は2013年9〜10月に仮決めされ、裁判所からは公判スケジュール案も提示されていたが、カンファレンスをふまえた主張と立証予定のまとめ段階において、検察官が約2カ月にわたって「鑑定とカンファレンスの結果を検討中」とのことで主張立証の整理が進まず、仮決めした期日での公判が危ぶまれる状況であった。

　ところが、同年7月の公判前整理手続において、検察官は被告人供述調書の証拠請求は撤回予定であると述べ、さらにその翌週には公訴取消を申し立てたため、公訴棄却決定で本件は終了した。

　なお、その後、被告人は医療観察法に基づき入院した。

7　所感

　公訴棄却決定後、弁護人はマスコミ向けにコメントを発表したが、そのコメントでも言及した本件の問題点を以下に述べる。

⑴　そもそも本件は、捜査段階で責任無能力として不起訴とされてしかるべき事件であったが、結局、起訴から公訴取消まで、約2年5カ月にわたって被告人としての身体拘束が行われた。本来、責任無能力であり医療観察法による治療を受けるべきであった被告人を、このような長期間、刑事施設に拘束したことは、適切な治療を早期に受ける機会を奪い、その精神障害の予後を悪くする危険もあったものであり、本件に関わった法曹三者いずれもが真摯に受け止めるべき点である。

⑵　被告人の責任能力を強く疑わせるような記載のある捜査記録の一部が、起訴前の鑑定人に渡された資料から欠落していたこと（前記3⑴ⅰア）は、「失念した」との検察官の主張を前提としても、決してあってはならないことである。

⑶　また、本件では任意性が疑われる被告人供述調書が作成されたが、その取調べの録画はごく一部で行われたのみで、取調べメモも開示されなかった（前記3⑵ⅱウ）。今後は裁判員裁判対象事件では逮捕後取調べの全過程の録画がなされる場合が多いと考えられるが、責任能力との関係でも、この録画は重要な資料であり、弁護人としても注意深く検討する必要がある。
　さらに、本件のような事案においては、弁護人が接見した際の様子も重要な鑑定資料となりうるから、弁護人が接見室でビデオ撮影を行い、医師に鑑定資料として提供することを当局が制限するようなことがないようにすべきである。

⑷　起訴前鑑定人の鑑定資料一式について、弁護人の請求から開示まで約2カ月の期間を要し（前記4⑴）、その分だけ弁護人の相談医への依頼が遅れることとなった。かかる鑑定資料一式が開示されないと、弁護人の相談医による検討の信用性が損なわれる可能性があるし、本件のように開示により鑑定資料の不備が判明することもあるから（前記3⑴ⅰ）、弁護人が鑑定資料の開示を請求した時には検察官はすみやかに応じるべきで

ある。

(5)　上記鑑定資料の開示から、相談医の意見書を添付した再鑑定の請求まで約5カ月、同鑑定請求から鑑定手続実施決定まで約7カ月の期間を要している。

　弁護人の再鑑定請求まで約5カ月も要したのは、再鑑定の採用は容易ではないとの認識のもと、複数の相談医から、本格的な意見書（いずれも起訴前鑑定書よりも分厚いものであった）を取得したためであったが、弁護人が起訴前の鑑定に対して、ある程度合理的な疑問を提示した場合には再鑑定が採用される実務となれば、このような期間を要することもなかったと思われる。

　また、本件では、4(4)記載の事情から、再鑑定自体に要した時間より、再鑑定を実施するか否かのやりとりに要した時間の方が長くかかる結果となった。弁護人が起訴前の鑑定に対する合理的な疑問を提示した場合には、裁判所も再鑑定の採用をいたずらに遅らせるべきではない。

　以上のとおり、本件は、責任能力を争う事件の審理のあり方について、弁護人としてもいろいろと考えさせられた事件であったが、公判前に検察官が自ら公訴を取り消したことにより、被告人が公判による精神的・身体的負担を免れ、約3カ月ではあるが刑事訴訟が早く終わったのは、意義のあることであったと考えている。

表1 鑑定書および意見書における分析の比較

	起訴前鑑定書 （A鑑定）	相談医意見書 （B意見書）	相談医意見書 （C意見書）	鑑定人覚書およびカンファレンスでの説明 （D鑑定）
精神障害	アスペルガー症候群とこの二次性精神障害である適応障害	統合失調症による幻覚妄想状態、亜昏迷状態 適応障害、アスペルガー症候群は否定的。	特定不能の広汎性発達障害 犯行当時には統合失調症様の症状があらわれていた。	統合失調症鑑別不能型。 アスペルガー障害を示唆する所見は認めない。
精神障害と犯行の関係	アスペルガー症候群により職場環境に適応できず、将来への不安、気分が沈み、情けない気持ちを変えるための独自の論理的帰結、葛藤の短絡的解消を目的として犯行に至った。 精神病症状は軽度であり、判断力が低下あるいは支配されることはなく、犯行時には善悪の判断や行動制御の能力は保たれていた。	善悪を判断する能力は完全に損なわれているまではいえないものの、浮かんでくる思考を抑制することはできない状態。衝動制御が被告人自身の意思で行えない状態。	症状は軽度ではなく、行動の制御能力が著しく減退していた。 自責感情や不安感等から、統合失調症様の症状が発現し、犯行時点では、殺害すること以外の選択肢がないと誤った判断をしてしまった。	妄想気分から、自分が生存するために祖母を殺さねばならないという妄想を生じ、その妄想に左右されて犯行に至った。
動機の了解可能性	善悪の判断能力も行動制御能力もあったが、このままの生活を変える手段としての殺害に固執し、実行に至った。	犯行時相当程度に精神症状に支配されていたため、通常人でいう意味での動機を持ちえたかがまず疑問。病的体験改善後の陳述は、当時の体験を合理化したものであることがあり、動機自体が厳密にいうと解明不能。	A鑑定はアスペルガー症候群の特徴を指摘するが、それと善悪の判断能力も行動制御能力もあったという結論との関係が示されておらず、被告人がなぜ行動に至ったかを説明していない。	他から見ると了解できない。

[ケース3] 殺人被告事件（診断：統合失調症）

	起訴前鑑定書（A鑑定）	相談医意見書（B意見書）	相談医意見書（C意見書）	鑑定人覚書およびカンファレンスでの説明（D鑑定）
元来の人格に対する犯行の異質性	元来は温厚な性格であるが、アスペルガー症候群が基盤にあり二次性の精神障害を合併していた。	言及なし	A鑑定は精神障害を指摘するが、精神障害の程度や犯行との関与について具体的な検討がされていない。	元来の人格とは異質である。
犯行の一貫性・合目的性	殺意が1週間くらい前から高まっており、犯行直前に殺害を決意した。犯行のその場では意識が保たれ、計画的に殺意を持って殺害が実行されていた。	言及なし	A鑑定には、①殺意が1週間くらい前から高まっていた旨の記載と、②漠然とした思いがあり数十分前に犯行を決断した旨の記載が併存しており矛盾している。	部分的には合目的性が認められるところもあるが、全体的には一貫性や合目的性があるとはいえない。

コメント（弁護士）

坂根真也 さかね・しんや　東京弁護士会

1　起訴前本鑑定に対する弁護活動

　本事案は起訴前鑑定の不十分さを指摘して、裁判員法50条による再鑑定が実施されたケースである。捜査段階から弁護人に選任されている場合、起訴前鑑定にどのように対応するかはいつも悩ましい問題である。

　本件では、起訴前鑑定人が任意性に問題がある被告人の供述調書に依存したり、あるいはアスペルガー症候群の鑑別診断のために生育歴、生活歴に関する資料を十分検討していないなどの前提不備が見られるが、仮にこれらの資料が起訴前鑑定人に供されていたとして鑑定結果が変わっていたかとなるとその保障はない。本件の起訴前鑑定人はおそらくアスペルガー症候群であり犯行に影響はないとの印象をいだき、その予断を持って鑑定にあたっていたものと推測されるが、そのような場合に、い

くら鑑定資料が適切に供されていても、自己の見解に沿うように解釈してしまう危険がある（現に本件でも鑑定人は事後に資料が追加されても見解は変わらない旨の供述調書を作成しているようである）。

適切な資料を基に不十分な結論に至ってしまった場合は、適切な資料を基にしていない場合に比して、再鑑定請求がより困難なものとなってしまう。

捜査段階では、どのような資料があるかが弁護人には開示されず、あるいは依頼人の供述もどこまでが病的な影響化にあるのかの判断も困難な場合が多く、起訴前鑑定人に資料を提供するか、被疑者の供述の問題点や、弁護人の問題意識を伝えるのかどうかを慎重に検討しなければならない。他方で起訴前鑑定により不起訴処分（医療観察等）となる利益や、再鑑定のハードルの高さから、起訴前鑑定の持つ影響力は多大なものがあるから、協力しておくべき必要性も高い。

さらには事実に争いがありうるのであれば、そもそも鑑定人に対して依頼人に供述させるのかという問題もある。

2 鑑定と供述の任意性

本事案では起訴前鑑定の資料とされた依頼人の供述調書の任意性を争っている。任意性に争いがありうる証拠が鑑定の資料となることは特に起訴前鑑定の場合避けがたい。起訴後に鑑定書が開示され、鑑定内容を検討するときには鑑定人の事実認定がいかなる資料に基づくのか（供述調書か問診か、客観的証拠か）を吟味する必要がある。

なお、現在では精神障がいが疑われる被疑者の場合には広く取調べの録画・録音が行われている。注意すべきは、障がいを持つ人の被誘導性、被暗示性であり、通常であれば問題とならないような取調べでも被疑者の供述に影響を与えかねないし、弁護人の接見を通じても記憶が変容してしまうリスクがあることを常に意識しなければならない。

50条鑑定では、担当弁護人の報告にあるようにいくつかのグループ分けをして資料をまとめたようであるが、参考になる工夫であろう。

3 再鑑定の請求

　起訴前鑑定が不十分である場合に、裁判所に再鑑定を求めることを検討することになる。本事案では、協力医２名の意見書を添付し、詳細な再鑑定請求書を提出している。さらに、これに対する検察官の意見書、それへの反論等の応酬がなされている（起訴から弁護人の鑑定請求まで10カ月、そこから鑑定決定まで７カ月を要している）。

　司法研修所編『難解な法律概念と裁判員裁判』（法曹会）が2009年に発表されたが、そこでは複数鑑定はできる限り避けるべきであるとする趣旨の見解が表明され、しばらくは50条鑑定のハードルが極めて高くなっていた。ところが本事例のように再鑑定請求書の作成のために協力医の意見を求めて数カ月を要したり、当事者の主張の応酬などにより、責任能力に争いがある公判前整理手続が全体として長期化してしまう事態が生じてしまった。そこで裁判所も一時期に比べれば、50条鑑定のハードルは厳しくなく、必ずしも医師の意見書がなくても、責任能力に疑いがあること（起訴前鑑定がない場合）や起訴前鑑定の問題点を簡潔に明らかにされれば必ずしも50条鑑定に消極的でない姿勢を打ち出している。実際にも、50条鑑定は増えていると思われる。

　弁護人としても、協力医による当事者鑑定で勝負することは、現行の拘置所の体勢（問診時間や各種検査の制限）を前提とすると困難な場合が多く、50条鑑定を申し立てるべき場合の方が多いであろう。

　起訴前鑑定に問題があると考えた場合には、

① 　起訴前鑑定人に面談して、鑑定書の内容を理解する
② 　協力医に相談し問題点を把握する
③ 　鑑定請求する

という流れになるが、協力医は起訴前鑑定の問題点を把握するという目的で相談し、必ずしも意見書の作成は必要ではない。それよりも生育歴、生活歴、病歴に関する基礎資料を証拠開示または弁護人独自に収集する

ことの方が大事であろう。なお、起訴前鑑定がある場合に50条鑑定が採用されている実例として、起訴前鑑定人が妄想の対象であったために妄想の存在を話さなかった、起訴前鑑定人が逮捕後の投薬等による症状の改善という考慮をしなかったなどの例が報告されている。[▼1]

4　50条鑑定と鑑定書

　本事案で行われた50条鑑定では、鑑定人覚書なる書面が作成され、カンファレンスが行われている。

　50条鑑定で行われる鑑定は、後に公判で尋問で（口頭で）報告されることが想定されているため、鑑定メモのような形で詳細な鑑定書が作成されないケースもあるようである。しかしながら鑑定書は、鑑定の内容、経過だけでなく基礎資料が何か、いかなる事実認定をしたか等鑑定を吟味する上で不可欠なものであり、口頭で報告するからといって鑑定書の作成が不要というわけではない。科学鑑定である以上第三者による事後検証に耐えうるものでなけらばならないことは言うまでもなく、きちんとした鑑定書の作成を求めていくべきである。

コメント（精神科医）

　　　　　　　　　　田口寿子　たぐち・ひさこ　　神奈川県立精神医療センター

　この事例は、犯行約1年前より精神的な不調を訴え、自殺を企てた犯行7カ月前に精神科で「アスペルガー症候群、適応障害（うつ状態）」と診断されており、以後犯行当時まで、時にカタトニア[▼2]を呈するほど精神状態が悪化する中で本件犯行に至っている。

1　司法研修所編『裁判員裁判において公判準備に困難を来たした事件に関する実証的研究』（法曹会、2018年）119頁。
2　カタトニアとは、統合失調症、発達障害、双極性障害、うつ病などで認められる精神運動性の障害で、運動活動性が低下したり（カタレプシー、蠟屈症など）、無反応となったり（昏迷、拒絶など）、反対に過剰になったり（興奮）、独特な運動活動性を呈したり（姿勢保持、常同症、反響言語など）する症状である。

起訴前鑑定（以下、Ａ鑑定）では、「アスペルガー症候群と二次性の適応障害で、精神病症状は軽度で、善悪の判断や行動制御の能力は保たれていた」と診断された。起訴後弁護人が２名の精神科医に意見書（以下、Ｂ意見書、Ｃ意見書）を求めたところ、いずれもＡ鑑定の問題点を指摘した上で、Ｂ意見書は「犯行当時は統合失調症の幻覚妄想状態、亜昏迷状態で、適応障害、アスペルガー症候群は否定的であり、事理弁別する能力が相当失われていた」、Ｃ意見書は「広汎性発達障害であるが、犯行当時は統合失調症様症状を示すなど、善悪の判断能力、行動の制御能力は著しく減退していた」と述べた。公判前整理手続で紆余曲折はあったものの、２つの意見書に基づく弁護人の再鑑定請求が認められた。再鑑定（以下、Ｄ鑑定）期間中、被鑑定人の症状が悪化して昏迷、幻覚妄想状態になり、Ｄ鑑定は統合失調症と診断した上で、本件犯行当時も同様の状態で弁識能力、制御能力が相当障害されていたと判断した。

１　起訴前鑑定（Ａ鑑定）

　Ａ鑑定には、精神科診断に関する本質的な議論以前に、「鑑定の前提条件」（最判平20・４・25）において複数の重大な問題点がある。

(1)　鑑定資料に関して

　問題点の第一は、検察官が被鑑定人の精神症状の重篤さがうかがえる資料を鑑定人に提供しなかった点である。検察官に鑑定意見を誘導しようとする意図があったかどうかは不明だが、いずれにせよ偏った情報に基づいて正しい鑑定を行うことはできないため、検察官には捜査段階で得られた資料はすべて鑑定人に提供していただきたいと思う。

　鑑定人には鑑定資料の欠落を把握することはできないが、診断する上で必要な資料を検察官に依頼して取り寄せることはできる。特に発達障害を疑うのであれば、小・中・高校時代の学籍簿などの学校関係者の情報が必要で、鑑定人はそれらを入手するよう努めるのが常である。また、犯行当時の精神状態について検討する上で、逮捕後の本人の状況を記録した留置中・拘置中の動静簿や取調状況報告書なども有用である。Ａ鑑

定はこうした情報収集を行っておらず、この点は鑑定資料の不備というよりむしろ鑑定手法の問題といえよう。

　特に弁護活動が十分に行われていない段階で実施される起訴前鑑定では、鑑定人も取調調書の内容を鵜呑みにせず、面接の中で被鑑定人に直接確認すべきである。A鑑定では事実関係の検討がなされておらず、そもそも問診記録自体が乏しいため、その点についての面接が実施されたのかどうかも明らかではない。

(2)　鑑定書に関して

　第二の問題点は、鑑定書（およびそこに表れている鑑定手法）に関してである。①被害者の祖母に殺意を抱いた時点という非常に重要な事実に関する記載が一貫していない、②証拠に基づかない事実認定によって犯行に計画性があったと述べている、③自ら本文に記載している内容と矛盾する鑑定主文を書く、④鑑定書の論理構成に一貫性がなく飛躍が見られる、など、鑑定書全体にずさんさが目立つ。さらに、犯行当時の状況を含め問診記録の記載が乏しい上、鑑定での面接記録であるとして実際には検察官による調書の内容を記載しているなど、公正性にも問題がある。また、被鑑定人にアスペルガー症候群に関する文書を見せて「勉強しましょう」と言いながら、本人に該当する症状について問診したとのことで、これは被鑑定人に先入観を与え、供述に影響を及ぼすことになるため、鑑定における問診技法としてはきわめて不適切である。

　精神医学的診断における問題点としては、❶「アスペルガー症候群で二次障害としての適応障害を合併している」と診断した根拠が、鑑定面接時の被鑑定人の供述と自閉症スペクトラム指数（AQ）の結果のみで、詳細な発達歴聴取や学籍簿の取り寄せなど客観的な情報収集をしていない、❷診断に関する考察がなされておらず、アスペルガー症候群であることを前提にした説明に終始している、❸精神障害がどのように犯行に影響していたか検討していない、❹鑑定留置入院中に不穏となり他の患者への衝動的な暴力があったと記載していながら、診断にあたってそれを考慮していない、❺この事例では必要不可欠な統合失調症との鑑別診断に関

する考察がまったくなされていない、などが挙げられる。

2 2つの意見書（B、C意見書）

このようにA鑑定には明らかに信用性に問題があり、弁護人が精神科医2名の意見書を取得して再鑑定を請求したのは妥当である。特に刑事施設に働きかけ、意見書を作成する医師が被鑑定人と十分な時間（計8時間）面接できたことは、意見書の信用性を高めるために有益だったと考えられ、評価すべき弁護活動である。弁護人から依頼される意見書作成、いわゆる当事者鑑定、私的鑑定は、責任能力が障害されていたと考える精神科医でないと引き受けないためそもそもの中立性が担保されていない、正確な精神科診断に必要な面接や検査を十分に行えない、といった限界がある。ただ、残念ながら、起訴前鑑定に明らかに問題があり再鑑定が必要な事例も少なくないため、このように被鑑定人と十分な時間面接した上で説得力のある意見書を作成できれば、再鑑定請求も認められやすくなって被鑑定人の利益になるのではないかと考える。

上述のように、B意見書、C意見書の精神科診断は異なるものの、犯行当時精神病状態で、弁識能力、制御能力が相当障害されていたという判断において一致している点が重要である。C意見書を作成した医師は発達障害臨床に詳しく、被鑑定人に自閉症スペクトラム障害の特徴が認められることを生活歴、面接時の応答から丁寧に説明しており、特に被鑑定人の発達特性と、それを理解できない周囲との「ずれ」が顕著に現れている検察官調書のやり取りを解説している部分は秀逸である。C意見書の「特定不能の広汎性発達障害をベースに、犯行当時、二次障害として統合失調症様症状が強く現われており、善悪の判断能力が減弱していたとするのが妥当である」という見解には非常に説得力がある。しかし、本件犯行前の異常行動や思考の混乱、さらに犯行動機の了解不能性は、統合失調症と発達障害のいずれに基づいても説明できるもので、少なくともこの段階では、被鑑定人が統合失調症なのか、あるいは何らかの発達障害があり、そのために社会不適応に陥ったストレス状況下で精神病状態を呈したのか、あるいはもともと発達障害があった上に統合失調症を

発症したのか、鑑別することは難しいと考える。

3　再鑑定に至るまで

　弁護人の作成した再鑑定請求書は、A鑑定の問題点について詳細かつ論理的に提示している。しかし、意見書を書いた医師2名の診断が分かれているにも関わらず、統合失調症と診断したB意見書だけに基づいて「統合失調症で心神喪失の状態であった」としている点はやや強引な印象を受け、あくまでA鑑定の信用性に重大な疑義があるとするにとどめた方がよかったのではないかと考える。

　この事例のように、弁護人の再鑑定請求が合理的で説得力がある場合、裁判所はできるだけ迅速に採用して、早期の精神科治療への導入が必要な可能性が高い被鑑定人への不利益が拡大しないよう、努めていただきたいと思う。

4　再鑑定（D鑑定）とその後の経緯

　この鑑定期間中に、被鑑定人は緊張病性昏迷を呈し、鑑定人の勤務先病院への入院中には顕著な幻覚妄想状態となった。D鑑定は統合失調症と診断しており、鑑定書の記載を読む限り、この段階では明らかに統合失調症と診断できる状態像である。なおD鑑定は、生育歴や心理検査所見の検討から発達障害を否定しているが、筆者は自閉症スペクトラム障害と統合失調症の重複事例である可能性が高いのではないかと考える。

　公判期日も決まっていたが、再鑑定終了の4カ月後、検察官は公訴取消しを申し立て、それを受けて裁判所は公訴棄却を決定した。D鑑定で統合失調症と診断されたことのほか、その時点での被鑑定人の精神状態が公判の審理や結論に影響する可能性を見越した上で、このような判断がなされたものと推測する。

　本件の被鑑定人は、公訴棄却後に医療観察法の申立てがなされ、入院処遇となった。結果的に最も適切な処遇になったとはいえ、起訴前鑑定で（診断は何であれ）犯行当時の精神状態が適切に評価されていれば、早期に治療が開始されて再鑑定時の症状悪化に至らずにすんだかもしれない。

あらためて鑑定人の負う責任の重さを痛感させられる事例である。

公訴棄却決定書（第一審）
鳥取地決平25・7・22　平成23年（わ）第15号
LEX/DB25563825

主文

　本件公訴を棄却する。

理由

　被告人は、平成23年2月21日、上記被告事件により当裁判所に公訴を提起され、同事件につき公判前整理手続が行われて、いまだ判決の言渡しを受けるに至っていなかったところ、検察官は、犯行当時の被告人の責任能力については心神喪失であったとの判断に至ったことを理由に、平成25年7月12日付け書面によって、公訴を取り消した。
　よって、刑事訴訟法339条1項3号により本件公訴を棄却することとし、主文のとおり決定する。

平成25年7月22日
鳥取地方裁判所刑事部
裁判長裁判官　野口卓志／裁判官　武林仁美／裁判官　山﨑岳志

第2部

気分障害圏

[ケース4]
殺人被告事件（診断：うつ病）
さいたま地判平22・9・6　LEX/DB25473557

私的鑑定の意見書よりも鑑定人の証言が信用された事例

報告論文

鍛治伸明　かじ・のぶあき　埼玉弁護士会

1　事案の概要

　被告人＝母親（当時61歳）が、自宅において、長女（当時25歳）に対し、その首をひもで絞めて、殺害したという事案。

　被告人は、長女と2人暮らし。

　被告人は、事件当時、うつ病を発症していた。また、被害者である長女は、統合失調症に罹患しており、事件当時、通院治療を続けていた。

　被告人は、事件の20日前くらいから、うつ病の症状がひどくなり、やがて、死にたいと考えるようになった。そして、自分が死んだ後に、長女をひとりで残すことはできないので、長女を殺して、自分も死のうと考え、本件犯行に及んだ。その後、被告人は、自殺する場所を探してさまよったが、結局、死に切れず、警察に保護された。

2　起訴前鑑定

　鑑定留置がなされ、起訴前の本鑑定を経て、起訴された。

　限定責任能力を前提にした起訴であった。

　起訴前の鑑定書が証拠調べ請求され、弁護人に開示された。

　この時点では、弁護人としても、限定責任能力でやむなし、むしろ、それで十分と考えていた。被告人には、同じ市内に住んでいる親族（母、弟）がおり、今後の生活について、親族らの協力を得ることが可能であっ

たし、被告人がこれまでに通院していた市内の病院で、引き続き治療を受ける態勢も整っていた。限定責任能力を前提に、このような更生環境等も踏まえて、執行猶予を目指すという弁護方針を考えていた。

ただ、起訴前の鑑定書を読むと、少し気になるところがあった。それは、限定責任能力と判断した理由についての次のような記載である。

　　国によっては、本件犯行は完全責任能力と見なされるかもしれないが、近松門左衛門以来の伝統もあって、本邦では市民感情も心中事件に同情的である。犯行に至る文脈が了解可能で、犯行時の精神状態も完全な例外状態とは言えないながら、明らかなうつ病者によってなされた本件のような事件は、従来、概ね限定責任能力として扱われてきた。

本当は完全責任能力でもよいのだが、これまでもこのような事案は、限定責任能力とされてきたから、本件も、限定責任能力と判断してよいということである。裁判員に対する説明として、この理由づけで大丈夫なのか？　万が一にも、完全責任能力と判断されてしまうことはないか？　という不安が生じた。

そこで、Y医師に相談することにした。

3　弁護方針決定

Y医師の見解は、おおむね次のとおり。

- 事件当時の被告人のうつ病の症状は、重症。
- 起訴前鑑定書は、長女が統合失調症を患っていることに絶望し、将来を悲観し、長女を殺害して自分も死のうとしたという動機は了解可能と述べるが、これは「みかけの了解可能」にすぎない。
- 判断能力、コントロール能力が著しく損なわれていたことは間違いない。完全に失われていた可能性もある。

弁護人としては、このようなY医師の見解をもとに、再度、事実関係

を洗い直した。その結果、事件当時の被告人の精神状態を裏づける事実、しかも、心神喪失であった可能性をうかがわせる事実が多数存することがわかった。たとえば、次のような事実である。

- 事件の約2週間前、長女がぐったりしているということで救急車を呼んだ。しかし、実際には、長女はピンピンしていた（救急車事件）。
- 事件の約1週間前の日記の記載「どうしたらいいかわからなくなっている」
- 事件2日前、母親が訪ねてきても、ただ黙ってニヤニヤしているだけ。
- 2000（平成12）年にうつ病で長期間入院。幻覚あり。
- 事件当時の長女の病状は、安定しており、被告人も長女の病状を心配している様子がない。
- 長女の首を絞めているときに、長女が「何で」と言ったにもかかわらず、まったく躊躇せずに犯行を続けた。
- 長女を殺害した後、遺体の頭と足の位置を入れ替えた。
- 事件4日後、医師の診察の際、亜混迷状態が観察された。

このような事実を指摘して、事件当時の被告人は、うつ病の影響を受けており、心神喪失の状態にあった可能性がある、という主張をするという弁護方針を決定した。

4　公判前整理手続

責任能力に関する立証をどうするかが問題となった。

弁護人としては、Y医師を証人として調べることを主張した。検察官は、起訴前の鑑定人（X医師）を証人として調べることを主張した。これに対して、裁判所は、次のような見解を述べ、複数の鑑定人が証言することは回避したいという意向を示した。

　本件の場合、検察官のほうで被告人は心神喪失ではないという立証

をしなければいけないわけです。ですから、審理においてやるべきことは、X医師の鑑定の信頼性を法廷で検証するということに尽きるのではないかと思います。したがって、X医師かY医師、どちらか1人を証人尋問すれば十分ではないかと考えています。

　その後もしばらく、裁判所は、証人はどちらか1人ということで譲歩する気配を見せず、また、検察官はX医師の証人尋問を、弁護人はY医師の証人尋問をということで双方とも譲らず、膠着状態が続いたが、最終的には、弁護人の方が折れた。証人としてはX医師を調べることで了解し、弁護人は、Y医師の証人尋問を請求せず、Y医師作成の鑑定書の取調べを請求することとした。

　弁護人がこのような方向を選択したのは、①Y医師に作成していただいた鑑定書は、弁護人の注文を踏まえて、朗読によって十分に理解できるようなわかりやすいものになっていたこと、②弁護人がX医師と事前に面談した結果、X医師の判断があまり論理的でないことが明らかになったことなどの事情を考慮すると、X医師の証人尋問VS.Y医師の鑑定書となった場合、こちらに勝機があると判断したからである。

5　弁論

　弁論では、前述した具体的事実を指摘しつつ、被告人のうつ病と本件犯行とがどのような関係にあるのかを説明するよう努めた。

- ●うつ病の症状＝犯行に強く影響を与える程度の症状であったこと
  - ・2000年入院時の症状
  - ・救急車事件
  - ・日記「どうしたらいいかわからなくなっている」
  - ・母親訪問時のニヤニヤ
  - ・事件4日後、亜混迷状態
    ⇒犯行時も2000年入院時と同程度の症状だった
- ●犯行＝うつ病そのものを原因とする絶望感に支配されていた可能性

［ケース4］殺人被告事件（診断：うつ病）

・長女の将来を悲観するような状況にないこと
　　　長女の症状は安定していた
　　　被告人の日記にも悲観的なことは書かれていない
・犯行態様
　　　「何で」と言われても、犯行を継続
　　　遺体の頭と足の位置を入れ替えた

6　判決

　判決は、次のように述べ、責任能力に関する弁護人の主張は採用できないとした。

　この点について、捜査段階で被告人の精神鑑定を実施した医師であるＸは、証人として、被告人が、本件犯行当時、重度の内因性うつ病にり患していたことを前提に、①犯行の動機は、うつ病の影響が認められるものの、幻覚や妄想に影響されたものではなく、理解できること、②〈中略〉などを指摘して、被告人がものごとの善悪を判断したり、その判断に従って行動する能力は、失われていなかったが著しく減弱していたので、心神耗弱の状態にあったと証言した。

　Ｘ証人は、専門的な知識と経験に基づき、被告人や関係者らの供述調書のほか、被告人及び長女の過去の各診療録、被告人の日記等を精査し、被告人に対する問診、心理検査・脳波検査等の結果をも踏まえて、客観的な診断基準（DSM-IV）に照らして鑑定を実施しており、その手法は合理的であると認められる。そして、関係各証拠によれば、Ｘ鑑定が指摘する上記①ないし⑤の各事情はいずれも認められるから、同鑑定の信用性は高いと考えられる。

　これに対し、弁護人は、医師Ｙの意見書を引用して、被告人はメランコリー型うつ病にり患しており、本件犯行当時、幻覚や妄想があった可能性が否定できないとした上で、被告人がうつ病自体を原因とする絶望感に支配されて本件犯行に及んだ可能性、すなわち、被告人の判断能力及びコントロール能力が完全に失われていた可能性があると主

張している。

　しかし、被告人に幻覚や妄想があった可能性については、被告人自身、本件犯行当時やその前後の時期に、幻覚や妄想はなかった旨公判廷で明確に述べている。捜査段階においても、被告人が、本件犯行当時、幻覚等があったことを供述したふしはない。また、被告人は、本件犯行当時の行動を具体的かつ詳細に覚えているのであるから、このような被告人が幻覚等があったことだけを忘れるということも考え難い。したがって、本件犯行当時、被告人に幻覚や妄想があったという可能性を否定できないとするY意見は採り得ない。

　次に、Y意見は、X鑑定にいう動機の了解可能性は、長女の本件当時の病状がその将来を心配しなければならないほど重いものではなかったことなどにも照らせば、メランコリー型うつ病においてしばしば認められる見掛けの了解可能性と考えるべきであるとするが、統合失調症にり患していた同女の病状は一進一退を繰り返していたのであるから、被告人において、これまで長女の病状に心を痛め、今後また同女の病状が悪化するかもしれないことについて悲観的な感情を抱くことは自然なことであり、長年にわたり2人きりで生活してきた両者の関係等を踏まえれば、動機の了解可能性が見掛けのものにすぎないなどとはいえない。

〈中略〉

　このように、Y意見がX鑑定を批判する点は採用できず、X鑑定はY意見を踏まえても、十分に信用できるというべきである。

7　評価

　判決は、Y医師が指摘している「みかけの了解可能」の理解を誤っている。
　たしかに、長女の統合失調症という病気は、容易に治るものではない。しかし、本件当時、長女の病状は、これまでにないくらいに安定しており、服薬量も減らしてゆく傾向にあった。長女は、過去には、異常行動をとったり、入退院を繰り返したりしており、本件当時よりもひどい状態の時期が長かった。そのようなときでも、被告人は、長女の病気を案じ、回

復を信じ、世話をしてきた。もちろん、長女と一緒に死のうなどと考えたことはなかった。それにもかかわらず、なぜ、長女の病気が今までにないほど安定しているこの時期に、長女を殺して自分も死のうとするのか。これは、理解困難である。「長女が統合失調症を患っていることに絶望し、将来を悲観し、長女を殺害して自分も死のうとした」という動機は、一見了解可能にも見えるが、やはりみかけの了解可能にすぎないのである。

また、判決は、幻覚や妄想についての判断にかなりの分量を割いている。たしかに、弁護人は、幻覚や妄想の点も主張したが、それが主要な点だとは考えていない。本件犯行当時の被告人の精神状態を裏づける多数の事実のうちのひとつとして指摘したにすぎない。幻覚や妄想がなかったからと言って、心神喪失でないというわけではないと考えている。それにもかかわらず、裁判所がこの点について相当の分量を割いて指摘しているということは、裁判所は、責任能力の判断材料として、幻覚や妄想の有無を極めて重視しているということだと考えられる。

そして、何よりも大きいと思うのは、裁判所は、あっさりとX鑑定を信用し、Y医師が鑑定書（判決で言うところの「意見書」）で述べた意見は採用できないとした点である。

法廷でのX医師の証言は、当初の弁護人の読みどおり、かなり乱暴な内容だった。たとえば、「この事件は、心神耗弱というのが落としどころだと思う」「娘を殺害したという事実を一生背負い続けるわけだから、被告人のためにも、罪を償う機会をつくってあげなくてはいけない」などと述べていた。このようなことを言うX医師の証言は、その全体が信頼されないだろうと感じた。他方、Y医師作成の鑑定書を朗読したが、非常にわかりやすいものであり、裁判官や裁判員も耳を傾けて聞いていたように思われた。

しかし、結果は、判決のとおりである。どんな内容であっても、やはり、専門家が生で話すことは、信頼されるということか。

なお、この事件の裁判員を経験された方々が、判決後の記者会見で、次のようなことを述べていたのが参考になる。

裁判員 a

　医師の鑑定を聞きましたが、医療用語は全く分からなくて……。解釈が難しいので、お医者さんに言われてしまうと、多分そのとおりなんでしょうね、と考えてしまう。

裁判員 b

（弁護側の医師が証人として出廷しなかったことについて）
　同じ土俵に立ってほしかったというのはあります。お互いに書証だけとか、お互いに証人出廷するとか、出てくるものは同じにしてほしかった。ただ、証人が 2 人になると、時間が長くなって裁判員は大変ですけど……。

コメント（弁護士）

菅野亮　すげの・あきら　千葉県弁護士会

【本事例のポイント】

① 専門家が法廷で証言した場合、意見書を朗読するよりもインパクトが強い。
② 責任能力を争うことで、量刑上有利な事情が正当に評価されにくくなることがある。

1　弁護活動の留意点

　弁護人によれば、裁判所は、「本件の場合、検察官のほうで被告人は心神喪失ではないという立証をしなければいけないわけです。ですから、審理においてやるべきことは、X 医師の鑑定の信頼性を法廷で検証するということに尽きるのではないかと思います。したがって、X 医師か Y 医師、どちらか 1 人を証人尋問すれば十分ではないかと考えています」と述べ、最終的には、X 医師の尋問だけが採用され、Y 医師の意見書を朗読することになった。

しかし、上記の裁判所の訴訟指揮は、まったく不当なものである。Y医師の意見書について証拠調べの必要性がなく却下するというなら当否はさておき理論的には理解できるが、意見書としては採用するが、証人としては採用しないという訴訟指揮は、当事者の立証活動を合理的理由なく制限するものである。

裁判員の感想に、「(弁護側の医師が証人として出廷しなかったことについて)同じ土俵に立ってほしかったというのはあります」というものがあったというが、そのとおりであろう。

今後、このような訴訟指揮が行われるとは考えにくいが(むしろ、公判前整理手続等において、複数の専門的知見のどこが異なるのか、必要性があるのかという議論はされることになると思われる。)、弁護人は、自己の主張を支える重要証人(鑑定人)については、法廷で語ってもらうことを基本としなければならない。

2　起訴前鑑定の問題

本事件の弁護人が、起訴前鑑定の内容に不安を感じた理由は十分に理解できる。

鑑定書に次のような記載があれば、この鑑定人が、可知論を基礎に、症状と本件事件の関係性を丁寧に考察したのかどうかわからず、近松門左衛門以来の慣例で結論ありきの鑑定をしたのか不信に思うことは致し方ない(そもそも、責任能力判断は、伝統・関連で決まるものでもなく、精神科医が行うものではない)。

　　近松門左衛門以来の伝統もあって、本邦では市民感情も心中事件に同情的である。犯行に至る文脈が了解可能で、犯行時の精神状態も完全な例外状態とは言えないながら、明らかなうつ病者によってなされた本件のような事件は、従来、概ね限定責任能力として扱われてきた。この慣習に内在する、責任能力判断と情状酌量の混同を批判することも可能であろうが、それはもはや、精神医学による純学問的な議論の範疇を超えていよう。被疑者の責任能力が法廷において争われるなら

ば、市民感情を体現した裁判員諸氏の判断に委ねることこそ妥当であろう。

(X医師の鑑定内容抜粋)

　弁護人が、Y医師に相談し、Y医師が、長女の病状などから本件動機の了解可能性は、あくまで「みせかけの了解可能性」に過ぎないと判断したことは、少なくとも近松門左衛門よりは論理的である。また、中谷コメントにあるとおり、そもそも本件被告人は、鑑定人面接時にはっきりした動機を述べておらず、起訴前鑑定における動機の認定は雑である(むしろ、問診等で動機を確認したり、事件当時の症状と行動の関係性を検討する作業よりも、近松門左衛門的ストーリーだと当初から思いこんでいるように思われる)。

　起訴前鑑定では、統合失調症の長女の病状等に悲観して心中したとのストーリーが認定されているが、弁護人のレポートによれば、実際の事件当時の長女の病状は、安定しており、被告人が悲観的になるような客観的状況にはなかったとのことである。

　判決では、動機について、「幻覚や妄想に影響されたものではなく、理解できる」としている。しかし、幻覚や妄想がなくとも、うつ病の症状が悪化し、その圧倒的な影響により犯行に至ることはありうる。幻覚妄想状態でないから動機が理解できるとの判断は、重症うつ病であることは争いない被告人の本件犯行動機の了解可能性を考えるアプローチとして適切なのか疑問が残る。「ストーリー」としてはわかりやすいが事実を正確に捉えていないX医師の判断をなぞっただけの判断のように思われる。

3　弁護方針決定の難しさ

　上記のとおり、起訴前鑑定には問題がある。しかし、弁護方針決定には別の難しさもある。

　弁護人も、当初は、ベースのうつ病が重症で起訴前鑑定も心神耗弱を示唆し、更生環境も整っていたために、心神耗弱を前提に、執行猶予付き判決を目指すということも検討していたようである。

心神耗弱を前提に、重症うつ病という障害の影響の大きさ、更生環境が整っており、社会内での処遇が相当であることを丁寧に立証することで執行猶予判決を目指すことは十分合理的な弁護方針である。

　むろん、本件弁護人が最終的に決断したとおり、起訴前鑑定には具体的問題がある上、弁護人の主張を裏づける専門的な意見があることからすれば、心神喪失主張を行い、無罪を目指すことも十分考えられる。

　最終的には、弁護人および依頼者が証拠関係を踏まえて判断することになると思われるが、本件判決は、懲役2年6月の実刑判決である。責任能力の争いが争点となり、法廷でのやり取りもその点がフォーカスされることで、裁判官および裁判員に対して量刑上被告人に有利に考慮されるべき事情が十分に伝わらなかった可能性はある。

　本件判決は、量刑理由で次のように判示し、「被告人の刑事責任は重大である」とした。

　しかし、ここで指摘されているような執ようかつ残虐な犯行態様は、うつ病の影響による可能性もあり、重症のうつ病の影響で心神耗弱とまで認定しておきながら、その動機を短絡的かつ身勝手だと非難するのは、「重度のうつ病にり患していたために、判断能力及びコントロール能力が著しく制約された状態」で本件犯行が行われたことを正当に評価するものとは言えないように思われる。

　そして、このような量刑判断に至ったことが、審理の中心が、心神喪失か心神耗弱かの判断となり、うつ病の影響は、量刑上も十分に考慮されなければならない事情だということが事実認定者に十分伝わらなかったことにあるとすれば、弁護方針の選択が、量刑にも影響した可能性はある。

　　犯行態様は、被害者の頚部にひも2本を巻いて締め付け、同女から「何で」と言われたにもかかわらず、10分ないし15分間も締め続けた上、いわゆる「とどめ」を刺す意図で、同女の頚部を包丁で突き刺すことまでしており、強固な殺意に基づく執ようかつ残虐な犯行である。

（判決の抜粋）

被告人が、被害者を1人残しておけないとの思いから殺害したという動機は短絡的かつ身勝手である。

(判決の抜粋)

4　精神科医に何を聞くべきか

　起訴前鑑定人のいう、動機が了解可能であるとの判断は、鑑定人のイメージが先行し、それを支える事実が十分考察されてないように思われる。

　しかし、精神科医に対し、動機が了解可能か不能かの結論を聞くこと自体が問題である。精神科医に対し、法的判断である了解可能性、不能性という結論を聞くのではなく、重症うつ病の症状等が、動機・経緯・行為等の事件全体にどのように影響したのか、あるいはしていないのか、について聞くことが本来のあり方に思われる。

　審理で問われるべきは、了解可能性に関する精神科医の結論ではなく、被告人の犯行時の精神機能、症状、病態、病理と事件の関連性であるべきである。

5　おわりに

　Y医師は、本件に関するレポートで「わかりやすいレベルで納得が得られても、それはみせかけの納得である。見かけの納得から構成される裁判にあるのは、見かけの公正さでしかない」と述べている[1]。

　常にわかりやすさが不正確さにつながるとは限らないと思うが、わかりやすいが不正確な裁判になってしまってはならない。弁護人は、専門家の意見等について、本質を見失うことなく正確に、わかりやすく、裁判官および裁判員に伝える努力をしなければならない。

1　村松太郎「事例報告④　私的鑑定の意見書よりも鑑定人の証言が信用された事例」季刊刑事弁護69号(2012年)93頁。

コメント（精神科医）

中谷陽二 なかたに・ようじ　筑波大学名誉教授

　提供された資料は起訴前の本鑑定の鑑定書（以下、「起訴前鑑定書」）およびY医師作成の鑑定書（以下、「Y鑑定書」）である。供述調書その他の原資料は閲覧できないため、事例の経過をこれら2点の鑑定書から読み取れる範囲内で考察する。

1　動機の了解可能性について

　起訴前鑑定書およびそれを踏まえた判決に関する疑問の第一は本件犯行の動機とその了解可能性についてである。この点について起訴前鑑定書では次のように明確に述べられている。

　　本件犯行は、長女を殺害した後に自分も死のうとしたが果せなかったものであり、拡大自殺未遂、つまりいわゆる無理心中未遂として捉えることができる。（鑑定書1頁）

　　統合失調症を患い、薬が手放せず、無為自閉的に日々を過ごしている長女の状態を絶望した被疑者は、将来を悲観し、長女を殺して自分も死のうと考えた。この文脈自体は了解可能であるし（……）（同1頁）

　判決が起訴前鑑定書の主張にそっていることは、「本件は、うつ病の症状に悩まされ、死にたいとの思いを抱いていた被告人が、統合失調症にり患していた長女の行く末を案じて無理心中を図り、同女を殺害したという殺人の事案である」（判決書4頁）という記述から明らかである。
　たしかに、「この文脈自体は了解可能」であるが、それが事実によって裏づけられているかは別問題である。つまり、犯行決意までの心の動きを具体的に証明するデータを示されなければ、「文脈」が真実であるかを検証することはできない。

事件後の被告人の行動や発言としては起訴前鑑定書に以下の記載がされている（11頁、下線は引用者）。
　殺害後に服を着替え、「夫や長女の後を追って死ぬつもり」で戸締りなどして自動車で出かけ、ダムからの飛び降りを果たせず、あちらこちら走り回った挙句、トイレで蹲っているところを発見され、「話し掛けられても答えなかった」ために通報された。急行した警察官に対しても「無言で通し」、保護された。警察では「寝たきりの長女の介護に疲れたと口にするだけで黙り込んで」いたが、長女の死亡確認後の事情聴取では「犯行時の状況を矛盾なく語った。しかし、事実関係の確認や世間話には応じるものの、<u>殺害の動機などに関する質問には答えようとしなかった</u>」。当初は食事を摂ろうとしなかった。医師の診察で亜昏迷状態と診断され投薬がなされた。「被疑者は、死にたかったとか、生活力のない長女を一人残して逝くことはできないと思ったなどと口にすることもあったが、<u>動機については今ひとつはっきりと語らなかった</u>」。
　次に、鑑定人との面談の内容である（同じく12頁）。
　口数は少ないながら世間話的な内容には応じる一方で、「本件犯行や長女に関わる内容に水を向けると、<u>口を閉ざして話そうとせず</u>、遠い目をして自分の世界に入ってしまったり、涙を湛えたりすることもあった」。犯行時の事実関係は語ることができるが、「<u>内面的な内容は一層言葉になり難かった</u>」とある。面談の一問一答の記載では、全般に質問に対して「……」、つまり無言ないし言いよどんだことを示す箇所が多い。「一緒に死にたかった？」の問いに「……うん、できれば……」、「やらなければよかった？　それとも仕方がなかった？」の問いに「……できれば2人で死にたかった」、「さすがに娘さんだけ置いて逝くわけにいかない？」の問いに「うーん〈頷く〉」という拡大自殺の動機をうかがわせる供述があるが、質問内容に誘導的なニュアンスが感じられる。また犯行の1週間ほど前の自殺念慮については、「なぜ死にたくなった？」という質問を繰り返されても答えていない。
　前述のように起訴前鑑定書では本件は拡大自殺未遂として理解されている。たしかに、長女を殺害し、その後に自殺を企図している事実から、

形式的、外面的には拡大自殺未遂とみて誤りではない。しかし、葛藤や自殺（心中）念慮が殺害行為に直結するとは限らない。どのようにして動機が形成され、行為へと移されたのか、その過程で精神疾患がどの程度影響したのかが明らかにされる必要がある。ところが動機の核心部分についての本人の供述は断片的で曖昧なのである。また起訴前鑑定書では「直前に思い立った犯行を衝動的に実行しており（……）」（3頁）、「犯行自体は突発的で（……）計画性は乏しい」（14頁）と行為の衝動性、突発性が認定されている。面談記録にもこれに該当する部分があり、殺そうと思ったのは朝の薬を飲んだ後かというやり取りに続いて、「その後、急に？」の問いに「……〈何回も頷く〉。そうですね」と答えている。何回も頷いたのであるから、行為の突発性に関しては本人も確信を持てたのであろう。動機面での供述の曖昧さとは好対照である。要するに、「急にやってしまったことは自分でもわかる。しかし、なぜやったかはよく分からない」というのが本人の認識なのではないか。行為の突発性と了解可能性は整合しにくい。付け加えるなら、頸部に紐2本を巻いて10分ないし15分も締め付け、さらに包丁で突き刺すという犯行様態も独特である。判決はこれを「強固な殺意に基づく執拗かつ残虐な犯行」とみなしている。見る者にとっては「残虐」かも知れないが、これほどの徹底性は冷静な判断力の現れというよりも症状の影響と考える余地がある。

　視点を変えて事件に至る経過を検討する。起訴前鑑定書とY鑑定書によれば下記のような経過であるが、あいにく筆者に提供された資料では日時にマスキングが施されており、不正確とならざるをえない。

○年○月	通院中断、このころから不眠。
○年○月○日	「娘がぐったりしている」と救急車を呼び、診察した医師から、被告人のほうが取り乱して記憶がまとまらない状態にあることを観察される。
その10日後	「どうしたらいいかわからなくなっている」の1行を最後に日記が中断。
同じころ？	継母との電話で反応が鈍く、ほとんど話をしなく

	なる。
日記中断の4日後	奇妙な一人笑いや動作が見られる（Y鑑定書）。
同じ日？	継母来訪時、ほとんど話をせず、お茶を出すのに10分近くかかる（起訴前鑑定書）。
	一人笑いが見られた2日後に事件発生（起訴前鑑定書では発生は「8時過ぎころ」「午前9時半過ぎ」と二様の記載がある）。
同日15時過ぎ	某所のトイレで蹲って、発見者に対して答えず、警察官にも無言で通す。
日時不明	医師により亜昏迷状態と診断。

　以上から確認できるのは、おそらく服薬中断が一要因となって症状が再燃し、不眠、混乱した行動、困惑、会話と動作の著しい渋滞、独語が現れた。犯行直近の状況は事件を解明する上できわめて重要である。しかし、最後に他人が見てから事件発生までの2日間について、起訴前鑑定書では言及がされていない。Y鑑定書で指摘されている「空白の2日間」である。本人は捜査段階および鑑定の問診でこの期間について問われても答えなかったのか。すでに症状悪化の徴候である奇異な言動が観察されていることから、この2日間にさらに病状が悪化した可能性は十分にある。深い昏迷に陥っており、健忘を残したために供述できなかったのではないか。また、想起が不可能であるとすると、その間の幻聴の存否も不明としか言いようがない（Y鑑定書によれば、以前の入院時には幻聴が観察されたというので、犯行前に出現していた可能性を否定しえない）。かりに2日間、昏迷の状態にあったとすると、昏迷から醒めかかる際どいステージで犯行が遂行されたことが考えられる。私見では、昏迷からの回復過程では衝動行為が発生するリスクがある。なお判決書の3頁に「本件犯行当時の行動を具体的かつ詳細に覚えている」とあるが、これは法廷での証言であろうか。筆者には資料が提供されていないため論評の仕様がない。

2　行為の人格異質性について

　この点について起訴前鑑定書には以下の記載がある。

　　被疑者は我が強く何でも自分で決めようとするが、対他配慮的で几帳面な面も持ち合わせており（……）（7頁）

　　元々、自分で何でも決める性格であることに加え（……）うつ病の影響を除外しても、母子一体化した心性が認められる。過去にも長女の頸を絞めたことがあるようであり、本件犯行の1週間ほど前にも長女との心中を考えている。鑑定時にも、長女と一緒に死にたかったと述べており、本件犯行は人格親和的であると見なさざるを得ない。（14頁）

　まず押さえておきたいのは〝人格異質性〟という場合の〝人格〟である。精神医学では、これは元来の（疾患が発生する以前あるいは疾患の治癒後の）人格特徴を意味する。本事例では過去の心中の企図は（事実であるとすれば）うつ病の影響と考えるのが自然であり、言い換えれば〝人格〟の特徴ではない。上記の「我が強く、対他配慮的で几帳面」「自分で何でも決める」「母子一体化した心性」などを元来の人格特徴とみなした場合、実子に対する殺害行為はこのような人格と親和的と言えるであろうか。両者の間に大きな落差を認めざるを得ない。つまり、元々の人格と殺害行為の間に疾患の影響を介在させなければ説明は困難であり、本件犯行は人格異質的と言うべきである。

　以上、参照できる資料は限られ、鑑定人の法廷での証言内容も知り得ない。したがって筆者は起訴前鑑定の結論の当否自体を論評できる立場にはない。しかし、起訴前鑑定書を読む限り、少なくとも動機の論証が不十分であることは指摘してよいであろう。鑑定は事実と推論を積み重ねて結論を導く作業であり、その過程は検証可能なかたちで明示されなければならない。「うつ病の母親が統合失調症を患っている長女の状態に絶望し、将来を悲観したことによる拡大自殺未遂」という結論が先行して

いる印象をぬぐえない。

判決書（第一審）
さいたま地判平22・9・6　平成21年（わ）第1785号
LEX/DB25473557

主文

被告人を懲役2年6月に処する。
未決勾留日数中300日をその刑に算入する。
訴訟費用は被告人の負担とする。

理由

（罪となるべき事実）

被告人は、平成21年6月26日、埼玉県秩父市＜以下略＞所在の自宅において、長女であるB（当時25歳）に対し、殺意をもって、同女の頚部にひも2本（平成22年押第59号の1及び2）を巻いて絞め付けるなどし、よって、そのころ、同所において、同女を頚部圧迫による窒息により死亡させて殺害した。

なお、本件犯行当時、被告人は、うつ病により心神耗弱の状態にあった。

（法令の適用）

被告人の判示所為は刑法199条に該当するところ、所定刑中有期懲役刑を選択し、判示の罪は心神耗弱者の行為であるから同法39条2項、68条3号により法律上の減軽をした刑期の範囲内で被告人を懲役2年6月に処し、同法21条を適用して未決勾留日数中300日をその刑に算入し、訴訟費用については、刑訴法181条1項本文により全部これを被告人に負担させることとする。

（弁護人の主張に対する判断）

1　被告人が、本件犯行当時、うつ病にり患していたことは当事者間に争いがなく、証拠上も明らかであるところ、弁護人は、被告人はうつ病により、心神喪失の状態にあったという可能性を否定できないから無罪であると主張する。

2　この点について、捜査段階で被告人の精神鑑定を実施した医師であるXは、証人として、被告人が、本件犯行当時、重度の内因性うつ病にり患していたことを前提に、〔1〕犯行の動機は、うつ病の影響が認められるものの、幻覚や妄想に影響されたものではなく、理解できること、〔2〕本件は突発的な犯行であること、〔3〕被告人は、犯行が悪いことだと分かっていたこと、〔4〕犯行が被告人らしい行動といえること、〔5〕犯行態様は殺害するという目的にかなっていることなどを指摘して、被告人がものごとの善悪を判断したり、その判断に従って行動する能力（以下「判断能力及びコントロール能力」という。）は、失われてはいなかったが著しく減弱していたので、心神耗弱の状態にあったと証言した（以下「X鑑定」という。）。

　X証人は、専門的な知識と経験に基づき、被告人や関係者らの供述調書のほか、被告人及びB（以下「B」という。）の過去の各診療録、被告人の日記等を精査し、被告人に対する問診、心理検査・脳波検査等の結果をも踏まえて、客観的な診断基準（DSM-〈4〉）に照らして鑑定を実施しており、その手法は合理的であると認められる。そして、関係各証拠によれば、X鑑定が指摘する上記〔1〕ないし〔5〕の各事情はいずれも認められるから、同鑑定の信用性は高いと考えられる。

3　これに対し、弁護人は、医師Yの意見書（弁32。以下「Y意見」という。）を引用して、被告人はメランコリー型うつ病にり患しており、本件犯行当時、幻覚や妄想があった可能性が否定できないとした上で、被告人がうつ病自体を原因とする絶望感に支配されて本件犯行に及んだ可能性、すなわち、被告人の判断能力及びコントロール能力が完全に失われていた可能性があると主張している。

(1)　しかし、被告人に幻覚や妄想があった可能性については、被告人自身、本件犯行当時やその前後の時期に、幻覚や妄想はなかった旨公判廷で明確に述べている。捜査段階においても、被告人が、本件犯行当時、幻覚等があったことを供述したふしはない。また、被告人は、本件犯行当時の行動を具体的かつ詳細に覚えているのであるから、このような被告人が幻覚等があったことだけを忘れるということも考え難い。したがって、

本件犯行当時、被告人に幻覚や妄想があったという可能性を否定できないとするＹ意見は採り得ない。
(2)　次に、Ｙ意見は、Ｘ鑑定にいう動機の了解可能性は、Ｂの本件当時の病状がその将来を心配しなければならないほど重いものではなかったことなどにも照らせば、メランコリー型うつ病においてしばしば認められる見掛けの了解可能性と考えるべきであるとするが、統合失調症にり患していた同女の病状は一進一退を繰り返していたのであるから、被告人において、これまでＢの病状に心を痛め、今後また同女の病状が悪化するかもしれないことについて悲観的な感情を抱くことは自然なことであり、長年にわたり２人きりで生活してきた両者の関係等を踏まえれば、動機の了解可能性が見掛けのものにすぎないなどとはいえない。
(3)　さらに、Ｙ意見は、本件は被告人の本来の人格とはかけ離れた犯行であるとするが、関係各証拠によれば、被告人は、芯が強く、何でも自分で決める性格であるところ、７年以上もＢと２人暮らしをして、同女の通院に付き添ったり日常生活の世話もしてきたため、同女との一体感が強まっていたこと、そして、我が子を大切に思う被告人であったからこそ、身の回りの世話をする自分がいなくなることで何もできなくなるＢの将来を案じて前途を悲観し、同女を１人残しておくことはできないと考えて殺害したものと認められるから、本件犯行には、被告人らしさが十分に認められる。
(4)　このように、Ｙ意見がＸ鑑定を批判する点は採用できず、Ｘ鑑定はＹ意見を踏まえても、十分に信用できるというべきである。
４　以上のとおり、Ｘ鑑定によれば、被告人は、本件犯行当時、うつ病の影響により判断能力及びコントロール能力が著しく減弱していたものの、完全には失われていなかったと認められるから、心神耗弱の状態にあったと認められる。弁護人の主張は採用できない。

（量刑の理由）
１　本件は、うつ病の症状に悩まされ、死にたいとの思いを抱いた被告人が、統合失調症にり患していた長女の行く末を案じて無理心中を図り、同女を殺害したという殺人の事案である。

2 犯行態様は、被害者の頚部にひも2本を巻いて絞め付け、同女から「何で」と言われたにもかかわらず、10分ないし15分間も絞め続けた上、いわゆる「とどめ」を刺す意図で、同女の頚部を包丁で突き刺すことまでしており、強固な殺意に基づく執ようかつ残虐な犯行である。

被害者は、統合失調症にかかっていたものの、死ぬことを考えたりはせず、被害者なりに前向きに生きようとしていた様子がうかがわれる。もとより、被害者には、何らの落ち度もなかったのであるから、信頼していた母の手によって殺害され、25歳にして人生を閉ざされてしまったことは、誠に痛ましい。

被告人が、被害者を1人残しておけないとの思いから殺害したという動機は短絡的かつ身勝手である。

以上によれば、被告人の刑事責任は重大である。

3 他方で、被告人が一貫して事実を認めて反省の態度を示し、仲の良かった一人娘を手に掛けてしまったことを後悔していること、前記のとおり、責任能力は完全には失われていなかったものの、重度のうつ病にり患していたため、判断能力及びコントロール能力が著しく制約された状態の下で本件犯行に及んだという事情は十分に考慮されるべきであること、被告人にはその治療に専念する必要性が高いこと、証人として出廷した被告人の義母及び弟が、被告人の治療や更生に協力する旨述べていること、被告人の周囲にいる友人らも被告人の身を案じていることなど、酌むべき事情も認められる。

4 以上の諸事情を総合して考えると、本件犯行は被告人が重度のうつ病にり患していなければ起こり得なかったものであり、酌むべき事情が多々あることは否定できないが、尊い生命を奪ってしまったという結果の重大性を考えると、短期間でも服役して罪を償う必要があるとの結論に達した。

よって、主文のとおり判決する。

(求刑　懲役4年)

平成22年9月6日

さいたま地方裁判所第2刑事部

裁判長裁判官　井口修／裁判官　松田俊哉／裁判官　中村和典

[ケース5]

殺人被告事件(診断：うつ病)
大阪地判平26・9・3　LEX/DB25446698

無理心中を図って子を殺めた母について、うつ病の影響で心神喪失の状態にあった疑いがあるとして無罪とされた事例

報告論文

栗林亜紀子　くりばやし・あきこ　大阪弁護士会
髙山巖　たかやま・いわお　大阪弁護士会

1　事案の概要等

(1)　本件は、重度の知的障害（発達年齢1歳4カ月）を有した長女を29年間にわたり介助し続けてきた母（当時57歳）が、長女と無理心中をしようとして、夫がたまたま家を空けていた間に長女を自宅浴室の浴槽内の湯水に沈めて殺害したという殺人被告事件の事案である。

(2)　事件に至る経緯
i　長女は、被告人と夫の2人目の子どもとして生まれた。4歳の時、重度の知的障害があると認定された。有意な言葉を発することができず、食事や入浴、トイレにも介助が必要な状態であった。それでも、被告人は、長女の育児を特別負担と感じることもなく、愛情を持って長女を養育した。
ii　長女は、養護学校の高等部を卒業後、平日は障害者作業所に通所していたが、事件の約半年前に全身性エリテマトーデスと診断され、作業所に通所できなくなった。
　全身性エリテマトーデスとは、膠原病の一種で、自分自身の体を免疫系が攻撃してしまうという原因不明の自己免疫疾患である。発熱・全身

倦怠感などの全身症状や、関節炎、発疹などの皮膚症状、腎臓や肺、中枢神経などの内臓に様々な症状が、一度に、あるいは次々と現れる難病である。

　長女は、全身性エリテマトーデスとの診断を受ける前にも、指先にしもやけのようなものができたり、湿疹が出たり、39度の熱が出たりしていた。ようやく病名がわかって治療が始まってからも、夜眠れなくて夜中に何度も起き出したり、急に興奮して怒り出したり、落ち込んで泣いたりする日が続いた。薬が体に合わず薬疹が出たり、帯状疱疹が出たりもした。

　しかし、意味のある言葉を発することができない長女は、自分の症状を伝えることができなかった。被告人は、長女に何が起きているのか理解しようと必死になって、前にも増して、長女につきっきりとなっていった。平日の数時間の作業所通所がなくなり、24時間気を張らなければならない生活の中、被告人は、うつ病を発症した。

iii　疲弊した被告人から「もう限界」と聞かされた夫は、事件の約2週間前、退職を前提として休職し、被告人とともに被害者の介助にあたる態勢を整えた。長女の病状も、実際には、一時期より落ち着き、小康状態を保っていた。事件の1週間前には、長女の作業所通所再開に向けて話し合うため、事件の翌日にあたる日に、長女の病院での診察に、作業所の職員が同行する段取りになっていた。最も苦しい事態は乗り越えつつあるように思われた。

iv　事件当日、休職中の夫は、引継ぎ業務のためにどうしても会社に行く必要があり、朝から外出した。その日は、在宅介護ヘルパーが午前11時から午後1時まで、長女の介助のために被告人方を訪問することになっていた。夫は、午前中に被告人に電話をかけたが、その時には被告人と長女に特に変わった様子はなかった。ヘルパーも、被告人と長女に特に変わった様子があるとは感じなかった。

　ヘルパーが帰った後、被告人は自宅で長女と2人きりになったが、その後の記憶がない。長女を浴槽で押さえつけたこと、その後濡れた衣服を着替えて自転車で出かけたことは断片的に思い出すことができたが、

その他の詳細についてはその後も記憶が戻ることはなかった。

キッチンには、被告人が当日午前中に作ったカレーの入った鍋が置かれ、翌日に病院に行くための準備も整えられていた。

ⅴ 仕事を終えた夫が帰宅すると、浴槽で長女が亡くなっており、被告人は家にはいなかった。被告人は、その日の夜、自宅から約3キロメートル離れた公園内の池に浮いているところを通行人に発見され、救急車で病院に運ばれた。防犯ビデオの画像等から、第三者の犯行は考えられず、被告人がなんらかの方法で長女に手をかけた後、被告人自身も自宅浴室で自殺しようとしたが死にきれず、家を出て自殺を図ったものと推測されたが、被告人の記憶は曖昧で、詳細は不明であった。搬送先の病院では、「うつ状態」と診断された。体力の回復を待って2日後に退院し、逮捕された。

(3) 争点

争点は、本件殺害行為当時の被告人の責任能力であった。本件殺害行為当時、被告人が抑うつ状態にあったことに争いはなかったが、検察官は心神耗弱状態であった旨主張し、弁護人は心神喪失であった可能性が残る旨主張した。

2 捜査段階の活動

(1) 捜査段階の弁護活動

ⅰ 逮捕後、髙山弁護士が接見した。被告人は混乱しており、事件の瞬間やその前後の記憶が抜け落ちていた。なぜ長女と一緒に死のうと思ったのか、そのきっかけも思い出せなかった。長女に手をかけてしまったという強い罪悪感に押しつぶされそうになっていた。その後弁護人複数選任の申し立てを行い、髙山と栗林の2人で弁護活動にあたることとした。

ⅱ 弁護人は、連日交代で接見に行き、取調べでは黙秘するようにアドバイスした。被告人の記憶が断片的であったためである。特に、事件直前までは一応普段通りの生活をしていた被告人が、突然無理心中を図ったのには何かきっかけになる出来事があったはずだと推測されたが、被

告人はそれも思い出せなかった。何がきっかけで殺害行為に及んだのか、ということは、量刑に一定程度影響を与える事情である。捜査官が、取調べの問答の中で、被告人の記憶の隙間を、想像で埋めさせようとすることは目に見えていた。その作業自体が、彼女の記憶そのものを変えてしまうおそれが極めて高いと思われた。弁護人は、本来の記憶とは異なる内容の供述調書が作成されてしまったり、記憶そのものが変質したりしてしまったら、後の精神鑑定にも影響を及ぼしかねないと危惧した。

　しかし、被告人は黙秘できなかった。捜査官は、「自分の娘のことなのに、分からない、覚えていないではすまない。都合がよすぎる」「娘がかわいそうだとは思わないのか」などと述べて、被告人が「覚えていない」と話すことが悪いことであるとして被告人の罪悪感をあおった。また、捜査官は、被告人が黙っていると「こんな態度の悪いやつはみたことがない。お前が黙っていても、俺が仕事を辞めてでも裁判官に訴えに行く」などと責め、被告人は黙秘すること自体にも強い罪悪感を抱いた。

　そこで、弁護人は、仮に黙秘できないとしても、最低限、供述調書への署名押印を断るよう必死で説得した。その結果、弁解録取書および身上調書以外の供述調書は作成されなかった。

(2)　起訴前鑑定について（不実施）

　本件では、起訴前には鑑定は行われていない。

　被告人は、黙秘しきれずに取調べで話をしていたうえ、検察官による取調べの状況は録画もされていた。つまり、鑑定資料は存在していた。しかし、検察官は、簡易鑑定すら行わなかった。

　弁護人からの鑑定申し入れは、迷った末、行わなかった。捜査段階で当方から鑑定を求め、予想外の結果が出た場合の対応が困難であると考えたためである。

　事後的に振り返ってみると、本件は起訴前に鑑定が行われていれば、不起訴とされた可能性もあったのではないかと考えることもある。

3 起訴後、公判期日までの活動

(1) 当初の検察官の主張等

起訴から約 1 カ月後、検察官から証明予定事実記載書と証拠調べ請求書が出された。事実関係には概ね争いはなかったが、鑑定を行っていない検察官は、完全責任能力を主張した。

(2) 弁護人の主張等

その 1 カ月後、弁護人から、予定主張記載書、証拠意見書、鑑定請求書を提出した。予定主張記載書には、被害者と被告人との関係や、被害者が全身性エリテマトーデスに罹患した後の被害者および被告人の生活状況、被告人が次第に精神的に追い詰められていった状況など、心神喪失ないし心神耗弱状態であった可能性があると思われる事情を比較的詳細に記載した。証拠意見は、可能な限り同意意見とした。早期の保釈を目指していたためである（しかし、保釈が認められたのは、起訴から約 7 カ月後、後述の鑑定書が提出された後のことであった）。

(3) 鑑定の実施決定

弁護人の鑑定請求に対し、検察官は「不必要、却下すべき」との意見を述べたが、裁判所は鑑定の必要性を認め、実施を決定した。鑑定事項は「1　被告人の本件当時における精神障害の有無及びその程度　2　被告人が本件当時精神障害を有していた場合、当該精神障害が本件犯行に与えた影響の有無及びその機序」と定められた。

(4) 鑑定書の内容

i 鑑定主文

鑑定人選任から約 3 カ月後、鑑定人から鑑定書が提出された。鑑定主文は以下のとおりであった。

1　被告人は本件犯行当時、「大うつ病性障害、単一エピソード、中等

症」に罹患しており、現在もその症状が持続している。また部分的に犯行前後の記憶が欠落しており、この期間、被告人が解離状態にあった可能性が示唆される。
2　被告人は犯行当時、重度の抑うつ状態にあり、慢性的な自殺念慮を抱いていた。被告人は、自分が死ねば長女の面倒をみられる者がいなくなると考え、拡大自殺を図ったものと推定される。しかしながら、前述のごとく犯行前後の記憶が部分的に欠落しているため、詳細は不明である。

鑑定書には心神喪失とは明記されていなかったが、弁護人は、解離状態にあった可能性がある、という点が本件のポイントとなるのではないかと考えた。

ii　障害と事件との関係

鑑定書では、被告人の本件当時の精神障害と事件との関係について以下のように説明された。

　長女が全身性エリテマトーデスに罹患したことから、被告人を取り巻く環境は一変する。長女の介護により疲弊した被告人は、次第に肉体的にも精神的にも追い詰められ、抑うつ症状を呈するようになった。犯行の直前から犯行後の自殺未遂に至るまでの期間において、被告人の記憶が部分的に欠落しているため、事件の詳細は今なお不明である。犯行当時、被告人には漠然とした希死念慮があり、さらに犯行当日、訪問したヘルパーの帰宅時の様子を見て、「もう来てくれないのではないか」「自分以外に長女の面倒をみられる者はいない」といった思いを強くしたことが、拡大自殺へと結びついたものと思われる。記憶の部分的な欠落については、入水自殺を図った際の低酸素脳症による逆行性健忘の可能性も否定しきれないが、頭部MRIの画像所見等からは、その可能性は低いと思われる。むしろ、犯行前後において被告人が解離状態にあったと解釈するほうが妥当であろう。

ⅲ　7つの着眼点

　鑑定書では、いわゆる7つの着眼点にも言及があった。その内容は以下の通りであった。
　ア　動機の了解可能性／了解不可能性
　被告人が犯行当時、慢性的に漠然と抱いていた自殺念慮が犯行の背景にある。被告人は、自分が死ねば長女を介護できる者はいないと考え、拡大自殺を図ったものと考えられる。現実的な葛藤が根源にあり、その点からは動機は了解可能である。
　しかしながら、事件の10日ほど前から夫が休職していること、事件の翌日に長女の今後の受け入れ態勢について作業所と話し合う予定になっていたことなど、客観的には被告人を取り巻く環境が改善する可能性もあったことを考慮すると、事件の起きたタイミングはあまりに突発的で、いささか不合理とも言える。抑うつ状態がこれらの状況認識を誤らせた可能性がある。
　イ　犯行の計画性、突発性、偶発性、衝動性
　事件当日も普段通りの生活を送っており、午前中にその日の夕食の準備をするなどしている。また、昼過ぎに夫が電話で被告人と会話したときも、特に変わった様子はなかったと述べている。これらのことから、実際に犯行を決意したのは犯行の直前であり、計画性はなく、衝動的かつ突発的な行動であったと考えられる。
　ウ　行為の意味・性質、反道徳性、違法性の認識
　鑑定時には事件について「取り返しのつかないことで、許されることではない」と述べており、殺人という行為の違法性や反道徳性については、一般的な知識としての認識は有していたと思われる。
　犯行の詳細が不明であるが、犯行時においては一時的に意識の狭窄した状態（解離状態）であった可能性があり、行為の違法性、反道徳性を正しく認識できない状態にあったことも考えられる。
　エ　精神障害による免責の可能性の認識
　犯行後に自殺を図っており、精神障害による免責の可能性を認識して

いたとは考えられない。
　オ　元来ないし平素の人格に対する犯行の異質性／親和性
　心理テストの所見等からは、元来、争いごとを好まない平和的な人物で、家族や友人とも良好な関係を築き、これまでの人生は大変充実したものであったことがうかがわれる。当該犯行は、被告人の平素の人格からは極めて異質なものである。
　カ　犯行の一貫性・合目的性／非一貫性・非合目的性
　長女とともに浴槽に沈むことで長女を殺害したが、自身は死ぬことができず、その後、濡れた衣服を着替えて戸外へ出て自殺を図っている。これらの一連の行動は、全体としては一貫しており、合目的的なものである。
　キ　犯行後の自己防衛・危険回避的行動
　犯行後は自らも自殺を企図しており、証拠の隠滅などの自己防衛的行動はとっていない。

⑸　カンファレンス
　公判の前に2回のカンファレンスが行われた。
ⅰ　1回目のカンファレンスでは、鑑定書の内容について、検察官および弁護人双方から質問等を行い、鑑定書に記載されている用語の意味を確認したり、鑑定人の意見を聞いたりした。被告人が事件当時のことを思い出せないという点については、嘘をついている可能性はないとの鑑定人の意見を聞くことができた。
　1回目のカンファレンスの後、検察官は、証明予定事実記載書2を提出し、責任能力に関する主張を完全責任能力から心神耗弱に変更した。
ⅱ　2回目のカンファレンスは、公判直前に行われた。ここでは、鑑定人のプレゼンテーションの内容の確認が行われた。
　7つの着眼点については、「刑事責任能力に関する精神鑑定書作成の手引き　平成18〜20年度総括版（ver.4.0）」で「推奨」から「参考」とされたことを踏まえ、プレゼンテーションでは言及しないことを弁護人から提案した。鑑定人もこれに賛成してくださり、尋問において各当事者から必

要な範囲で聞くということで合意した。弁護人としては、事実認定者に、7つの着眼点が所与のものであるかのような誤解を与えることを極力避けたいという意図があった。

(6) 責任能力説明案

　弁護人は、裁判員に対する責任能力の説明の内容が極めて重要であると考えていた。立証責任を強く意識したうえで、争う点を制御能力に絞り、「思いとどまることができなかった」かどうか、という表現を提案した。裁判所も検察官もこれを受け入れた。

　「思いとどまることができなかった」という言葉にしたのは、「目の前にいる被告人は、本来そんなことをする人ではない。本来するはずもないことをしてしまったのは、病気のせいで思いとどまることができなかったからだ。その責任を、被告人に負わせることが相応しいのか」という問いかけが、被告人に刑事責任を負わせるべきではないという弁護人の主張を理解してもらう上でわかりやすいのではないかと考えたためである。

　最終的には「検察官が主張するように、大うつ病性障害等の精神障害の影響を考えても、なお被告人は自分の意思で犯行を思いとどまることが全くできない状態にまでには至っていなかったと、常識に従って判断し、間違いないと考えられる場合に、心神耗弱」「弁護人が主張するように、被告人は、大うつ病性障害等の影響により、本件犯行を自分の意思で思いとどまることが全くできない状態にまでは至っていなかったというには疑問が残る場合には、心神喪失」という説明案とすることで合意した。裁判終了後に、裁判所や検察官と意見交換をした際、裁判所からは「『思いとどまることができなかった』という結論は正しいとしても、それが具体的にどのような状態であるのか、という中間概念、心神耗弱と心神喪失の分岐点となるものを事前に当事者との間で確認しておくべきであったかもしれない」という意見が示された。

4 公判期日での活動

(1) 鑑定人尋問

鑑定人がパワーポイントを用いて30分間程度結果の報告をし、その後、検察官、弁護人の順にそれぞれ30分程度尋問を行った。

(2) 弁護側の立証

弁護人は、鑑定人尋問以外でも、「彼女がもともとそんなことをするような人とは思えない」と事実認定者に実感してもらうため、いくつかの証拠の取調べを請求した。

被告人が、市販品では体に合わない長女のために一から手作りしていたズボン。家族で旅行や、公園に遊びに行ったときの写真。誕生日ケーキを前にした笑顔の被告人と長女の写真。被告人の家には、長女が赤ちゃんのときから全身性エリテマトーデスで体調を崩す直前までの家族写真がたくさん保管されていた。

夫や長男のほか、作業所の職員の方にも証人となっていただき、被告人の日々の介助の状況などを証言していただいた。

この事件は、知的障害を有した長女の長年の介護に疲れた末の犯行ではない。「長女が全身性エリテマトーデスになるまでは、幸せだった。障害はあったが、そのことを特別負担に思ったこともなかった」という被告人の言葉を、実感を持って事実認定者に感じてほしいと考えていた。

(3) 検察官論告

検察官は、心神喪失にまでは至っていなかったことを示す事情として、①被告人は重度の抑うつ状態にあったとはいえ、寝たきりなどの重度の症状ではなく、犯行直前まで、夕食の下ごしらえや昼食の準備、ヘルパーとの会話など、普段と変わらない生活を送っていた、②被告人を取り巻く環境が改善しつつあったとは言えないこと、全身性エリテマトーデスが原因不明の難病で治療法がないことなどの当時の状況からすれば、無理心中という選択をしたこと（動機）は不合理ではなく了解可能である（動

機の了解可能性)、③断片的ながらも犯行前後の記憶があり、違法性の意識も持っている（行為の意味・性質、違法性の認識がある）、④犯行後、池で自殺を図るという一連の行動は、無理心中として一貫性があり、合目的的である（犯行の一貫性・合目的性）、と、おおむね7つの着眼点に沿った主張を行った。そのうえで、被告人に対し懲役4年を求刑した。

(4) 最終弁論

弁論では、もっぱら「思いとどまることができなかった」ことに焦点を当てた。

なぜ彼女が、自らブレーキをかけることがまったくできない状態にあったといえるのか、という説明として、以下のような主張を行った。

① 動機自体がうつ病の影響によるものであること
「うつがなければそこまで強く死にたいと思わなかった」との鑑定人の証言を引用
② 計画性がなく、突発的、衝動的な事件であること
夫が休職し、一緒に長女を介助する環境が確保されていたこと、事件の翌日の長女の診察に、作業所の職員が同行予定だったこと、被告人自身の心療内科の予約も入れていたこと、事件当日の被告人の様子に大きな異変がなかったこと
③ 普段の被告人からは考えられない行動であること
家族の証言や家族写真をレビュー、重度の障害をもった長女を出産後も、「特別に負担に感じることはなく、幸せだった」という彼女の性格からは、今回の事件は想像しがたい出来事である
④ 解離状態にあったこと
被告人は抑うつ状態にあっただけではなく、解離状態にもあったため、状況を正しく認識することができず、ほかにいくらでも進むことができる道があったのに、たった一つの道しか見えなくなってしまっていた

そのうえで、そのような状態にある人に、無理心中をするという道を進むことを思いとどまることを期待することはできず、進んでしまったことを非難できないこと、責任能力という概念が、事案に応じたふさわしい結論を導くための道具のようなものであることを説明し、無罪を言い渡すべきであると主張した。

(5) 判決

裁判所は、本件殺害行為時の被告人が置かれた状況は、被告人が無理心中を決意するほど絶望的な状況ではなく、他に被告人が無理心中を決意するような事情も認められないから、被告人が抑うつ状態から状況を悲観的に捉え、突発的に無理心中を決意して本件殺害行為に及んだものと考えられ、それまで被害者に愛情を注いで養育してきた被告人が本件殺害行為に及んだのは被告人の元々の人格に基づく判断によるものではなく、うつ病の影響のみによる疑いがある、すなわち、被告人が本件殺害行為当時心神喪失の状態にあった疑いがあると判断し、無罪を言い渡した。検察官は控訴せず、一審の判決が確定した。

5　今振り返ってみて思うこと

今振り返れば、本件は、事実認定者の同情を買いやすい事件であったと思う。被告人を厳罰に処し、刑務所に入れなければならないと考える事実認定者は、そもそも最初から少なかったのかもしれない。

しかし他方で、判決後に報道等でこの判決を知った複数の弁護士から、「被告人本人にとっては、強い罪悪感の整理をつけるためにも、短期の実刑あるいは執行猶予付き有罪判決のほうがよかったのではないか」という趣旨の感想を聞き、私たちはとまどった。それでも、判決後、次第に生気を取り戻していく彼女の表情を見たり、被害者遺族でもある夫らの話を聴いたりするうちに、やはり無罪判決を受けたことは間違いではなかったと思えるようになった。彼女は、判決の内容がどうであれ、自ら長女に手をかけてしまったことを一生背負って、彼女なりのけじめのつけ方を模索していくに違いないと思った。

彼女は、この原稿執筆中の2015（平成27）年末に、病気のため帰らぬ人となった。長女さんと彼女に、心よりご冥福をお祈り申し上げます。

コメント（弁護士）

田岡直博　たおか・なおひろ　香川県弁護士会

1　うつ病者の責任能力

　本事例は、「うつ病」者の拡大自殺（無理心中）の事案である。「うつ病」は気分障害圏の精神疾患である。「うつ」は馴染みのある言葉であるだけに誤解されがちであるが、「うつ病」（疾病診断）と「抑うつ症状」（精神症状）、「抑うつ状態」（精神状態）は次元の異なる概念であり、日常用語の「うつ」は、必ずしも「うつ病」を意味するとは限らない。パーソナリティ障害等であっても、「抑うつ症状」を呈する場合はある。「うつ病」と診断された場合には、その基礎に疾病性があるということになる。

　伝統的診断では、病因論に基づき、内因性（メランコリー型）、心因性（反応性、神経症性）などの分類が用いられ、内因性であれば重症であるが、心因性（反応性）であれば軽症であるなどと評価されることが多い（たとえば、横浜地判平25・10・18では、起訴前鑑定の医師は「ストレス反応性のうつ病」であり「その程度は軽（い）」、主治医は「罪業妄想を伴う重度の内因性うつ病」であると主張したようである）。しかし、現在では、操作的診断基準を用いることが一般的であり、ICD-10では（病因を問うことなく）「うつ病エピソード」、DSM-Ⅴでは「大うつ病性障害」などと診断されることになる（なお、「大うつ病」とはMajor Depressive Disorderの訳語であり、必ずしも重症を意味しない）。ICD-10およびDSM-Ⅴでは重症度の評価（軽症、中等症、重症）を行うこととされており、重症の場合には責任能力の減免が認められることが多い。本事例では、DSM-Ⅳに基づき「大うつ病性障害、単一エピソード、中等症」と診断されている。

　もっとも、重症度のみで決まるわけではなく、精神症状が犯行に与えた影響の機序が考慮される。「うつ病」の症状には、抑うつ気分、不眠、

不安・焦燥、罪責感などがあり、中等症ないし重症の場合には、意識野の狭窄、認知機能障害（認知の歪み）、希死念慮などが生じる。また、重症の場合には、妄想（罪業妄想、心気妄想、貧困妄想等）を呈する場合がある。責任能力の減免が認められた事例では、意識野の狭窄、認知機能障害（認知の歪み）、希死念慮、妄想などの影響が考慮されている（神戸地判平21・12・3［心神耗弱］、千葉地判平22・5・27［心神耗弱］、さいたま地判平22・9・6［心神耗弱・事例4］、大阪地判平22・12・14［心神耗弱］、前橋地判平23・6・16［心神耗弱］、千葉地判平24・9・28［心神耗弱］、神戸地姫路支判平25・3・27［心神喪失・事例6］、福岡地判平25・9・30［心神耗弱］、奈良地判平24・11・1［心神耗弱］、津地判平25・12・18［心神耗弱］、奈良地判平28・11・30［心神喪失］、岡山地判平成29・11・10［心神喪失］）[1][2][3][4]。

なお、元来の人格を考慮する裁判例が多いが、几帳面、真面目、責任感といった性格が「うつ病」の発症に寄与しているとしても、犯行に直接的な影響がない場合には、責任能力を肯定する根拠になるかは疑問である（たとえば、飲酒酩酊者が粗暴行為に及んだ事案では、飲酒酩酊は抑制を低下させたに過ぎず、犯行は平素の人格の発露であると評価できる場合があるが、うつ病者の拡大自殺の事案は「うつ病」にならなければ拡大自殺を決意するとは思えず、元来の人格が犯行に直接的に結びつかない場合が多いように思われる）。静岡地判平成22・10・21は「被告人は、精神科への通院歴もなく、被害者を慈しみ育てながら、日常生活に支障を来すこともなかったのであって〈中略〉突然、被害者を殺害したという本件犯行は、平素の被告人の人格から考えると異質なものであるというべきである」、松江地判平23・7・7は「被告人は、日頃は真面目で、暴力や迷惑行為とは無縁の人物であり、本件のような衝動的な犯行は、被告人本来の人格とは異質な

---

[1] 日本弁護士連合会刑事弁護センター編『責任能力弁護の手引き』（現代人文社、2015年）24頁、39頁。
[2] 拙稿「裁判員裁判における責任能力判断──日弁連での判決分析から」季刊刑事弁護69号（2012年）57頁。
[3] 拙稿「裁判員裁判における責任能力判断の変化(2)──判決一覧表の分析」季刊刑事弁護96号（2018年）112頁。
[4] 皐月宏彰「大うつ病性障害による心神喪失として無罪となった事件」季刊刑事弁護93号（2018年）83頁

ものと認められる」などと評価している。

2　弁護活動のポイント

　「うつ病」者の拡大自殺の事案は、情状としては考慮されても、心神喪失が認められることは稀である。本事例は、起訴前に正式鑑定（本鑑定）はもとより、簡易鑑定すら実施されておらず、検察官の起訴判断には看過できない問題がある。もっとも、起訴後の鑑定でも、責任能力の有無・程度に言及はなく、精神障害が犯行に与えた影響の機序は「拡大自殺を図ったものと推定される」が、「詳細は不明である」という限度にとどまっていたから、心神耗弱と心神喪失のいずれの判断もありえた。心神喪失が認められたのは、栗林弁護士および髙山弁護士の活動活動の成果といえる。ここでは、弁護活動の参考になるポイントを二点指摘したい。

　一点目は、責任能力の説明概念を提案していることである。本事例では、弁護人は、公判前整理手続において、責任能力の説明概念を提案し、裁判所および検察官との間で「責任能力説明案」を合意させている。それには「検察官の主張も弁護人の主張も、本件犯行が、大うつ病性障害等の精神障害の著しい影響を受けて行ったものであるという点では共通しています」とした上で、「検察官が主張するように、大うつ病性障害等の精神障害の影響を考えても、なお被告人は自分の意思で犯行を思いとどまることが全くできない状態にまでは至っていなかったと、常識に従って判断し、間違いないと考えられる場合に、心神耗弱として、被告人を処罰することになります」「逆に、弁護人が主張するように、被告人は、大うつ病性障害等の精神障害の影響により、本件犯行を自分の意思で思いとどまることが全くできない状態にまでは至っていなかったというには疑問が残る場合には、心神喪失として、無罪とすることになります」と記載されている。まず、制御能力を「行動を制御する能力」「行動をコントロールする能力」ではなく、「思いとどまる能力」と言い換えている点が重要である。制御能力とは、自分の意思に基づいて行動する一般的能力（行為能力ないし行為性）をいうのではなく、（違法と弁識された）具体的な行為を思いとどまる能力をいうのである。もう一つには、立証責任の所在が意

識されている点が重要である。「制御能力が失われていた」ことを弁護人が立証するのではなく、「思いとどまる能力があった」ことを検察官が立証しなければならない。そして、常識に従って、証拠を検討し、間違いないといえなければ有罪にすることはできず、疑問が残るときは、無罪にしなければならないのである。判決では、「責任能力説明案」どおりの表現が用いられており、この説明概念を採用させたことが、評議を通じて、判決結果にも影響を与えたと思われる。

　二点目は、「７つの着眼点」を排斥し、精神障害と犯行との関連性に重点を当てた主張立証を行ったことである。もともと、鑑定書には「犯行と精神障害の関係の整理のための着眼点」（７つの着眼点）が添付されており、そこには「現実的な葛藤が根源にあり、その点からは動機の了解は可能である」「これらの一連の行動は、全体としては一貫しており、合目的的なものである」など、一見すると不利に働くおそれのある記載もあった。また、カンファレンスにおいて配布されたプレゼン資料にも、同様の記載があった。弁護人は、これらの記載をプレゼン資料から削除させている。本来、「７つの着眼点」は「法律家の視点から法廷で問われる可能性の高い質問などを経験的に列挙したもの」に過ぎず、責任能力判断の「基準」ではない。▼5 ▼6 もちろん、動機が了解不能である場合や行動に一貫性・合目的性がない場合には、精神疾患を疑うべきであるが、動機が了解不能であるからと言って、その原因が精神疾患であるとは限らない。逆に、一見すると動機が了解可能であるように見えても、精神疾患の影響がないとはいえず、これらは、いわば素人的な着眼点に過ぎないというべきである。ところが、検察官は、法廷で、鑑定人に「７つの着眼点」は「一般的な事件で確認していく視点」であるとして、動機は了解できるか、行動は合目的的かなどと逐一質問している。他方で、弁護人は、うつ病の重

5　平成18〜20年度厚生労働科学研究費補助金（こころの健康科学研究事業）他害行為を行った者の責任能力鑑定に関する研究班編『刑事責任能力に関する精神鑑定書作成の手引き　平成18〜20年度総括班（ver.4.0）』5頁、20頁。
6　平成18〜20年度厚生労働科学研究費補助金（こころの健康科学研究事業）他害行為を行った者の責任能力鑑定に関する研究班編『刑事責任能力に関する精神鑑定書作成の手引き　追補（ver.1.1）』6頁。

症度や具体的な症状を踏まえ、うつ病が犯行と「どのように関連しているか」と、端的に尋ねている。弁護人の尋問は鑑定人に聞くべきポイントを正しく理解したものであり、これらの的確な主張立証が裁判員の納得を得ることに繋がったものと思われる。

コメント(精神科医)

安藤久美子　あんどう・くみこ　聖マリアンナ医科大学

1　うつ病者による殺人

うつ病に関わる責任能力の問題を検討する際に、その代表例として必ずあげられるのは、母親による子殺し事例（filicide）であろう。子殺しといっても、嬰児殺や新生児殺のように、被害児の年齢がより低いものから、本ケースのように〝子ども〟の年齢がすでに成人年齢を超えているものまで幅広く、被害者の年齢によって、犯行の背景にある動機にも差異があるようにみえる。

とくに新生児殺（neonaticide）については、未婚の母親が望まない妊娠をした結果、その対処を講じないまま出産に至り、世間体への懸念や道徳倫理観の欠如などを理由に殺害する「アノミー（無規範）型」と、すでに多数の子どもがいる既婚者が経済的困窮などを理由に子どもを殺害する「間引き型」に分類されているが、加害者である母親にうつ病や精神病圏[7]の精神障害が認められる率は低く、世間体の維持や育児放棄といった母[8]親側のより自己中心的な理由で殺害に至っていることが多いとされている[9]。

一方で、被害者の年齢が乳児期〜学童期になると、いわゆる虐待ケー

7　作田勉「嬰児殺の研究──現状、分類、対策、母性心理、ほか」犯罪学雑誌46巻（1980年）37〜48頁。
8　Friedman SH1, Cavney J, Resnick PJ:Mothers who kill: evolutionary underpinnings and infanticide law. Behav Sci Law. 30(5):585-97. 2012
9　田口寿子「わが国におけるMaternal Filicideの現状と防止対策──96例の分析から」精神神經學雜誌109巻2号（2007年）110〜127頁。

スを除けば、自験例で比較してみても、加害者にはより病的な色彩が強く認められ、とくにうつ病に罹患しているものが多い印象がある。ただし、単純にうつ病といってもこのなかには、典型的なメランコリー型のうつ病者もいれば、反応性に抑うつ状態を呈している者もいる。また、表出される症状も抑うつ気分から、不安や焦燥感が極度に強い激越状態、あるいはまた、心気妄想、貧困妄想、罪業妄想といった微小妄想まで、その病理も幅広い。したがって、責任能力との関係を考えるうえでは、操作的な診断名と同時にその重症度を適切に把握し、本件犯行時の状態像について正確に捉えることが重要となってくる。

さらに新生児殺の場合と異なり、被害者側の因子として身体的あるいは精神的な障害を抱えていることも少なくない。そのため、母親は養育に対する不安や困難さを募らせて絶望感を抱いたり、あるいはまた、障害をもつ子どもの将来を悲観して殺害に至るケースもある。その点でいえば、拡大自殺（extended suicide）という視点での検討も必須であろうし、被介護者の障害が重度で介護が長期化しているようなケースであれば、近年、増加傾向にあるような介護に関わる家族内殺人とも共通した部分がある。

2 うつ病の診断について

(1) 状況因と誘因

本件の被害者は、被告人と夫との間に第2子として出生した29歳の長女である。長女は4歳時に重度の知的障害と認定され、その後も有意な言葉を発することができず、食事や入浴、排泄にも介助が必要な状態であった。しかし、被告人は、こうした長女に対する育児／介護について、特段、負担に感じることもなく、愛情を持って養育してきたという。この状況が一転したのは、事件から約半年前に、長女が全身性エリテマトーデスと診断されたときである。長女はそれまで通っていた作業所への通所ができなくなり、被告人は24時間、ほぼつきっきりでの介護生活となった。また、長女は全身性エリテマトーデスのために発熱や湿疹などの身体症状を繰り返し呈するようになっただけでなく、おそらくステロイド

治療による副作用であると思われる夜間の不眠や情動の易変性も出現させるようになった。

　一般的に介護生活が長期化するにしたがって、大切な人を介護し続けたいという気持ちと、それにより自分の人生が阻害されてしまったという葛藤を抱くことは稀ではない。本ケースではそうした葛藤は完全に内在化されており、むしろ介護者としての役割意識のほうが上回っていたと考えられるものの、50代後半となった被告人にとって24時間にわたる介護は、肉体的にも精神的にも過剰な負担となっていたことは十分に推測され、これらがうつ病を発症する誘因となったと考えることはごく自然であろう。

(2)　病前性格と症候

　被告人には、本件犯行当時、抑うつ気分や食欲低下、不眠、焦燥感、易疲労感、全身倦怠感、希死念慮といった、DSM-5のうつ病の診断基準[10]を満たす諸症状が確認されている。そして病前性格としては、「元来、明るい性格の人物」と評されており、これまでの介護の様子からは真面目で几帳面、役割をきちんとこなすようなタイプであったと考えられることから、被告人はメランコリー親和型と循環気質を持ち合わせた性格傾向であると推察される。さらに被告人の家族歴をみると、実父母とも精神的な疾患を背景に自死しており、抑うつ障害群（DSM-5）に該当する疾患の明確な遺伝負因がある。これらの所見をあわせて検討すると、単に困難な状況に対して反応性に生じたうつ状態ではなく、従来診断でいう典型的な内因性うつ病の範疇にあると判断できる。

(3)　重症度の判断に関して

　鑑定人は、うつ病の重症度について「比較的重度に近い中等症」であると評価している。鑑定人による重症度の判断根拠は明らかではないが、

---

10 American Psychiatric Association(日本精神神経学会監、高橋三郎ほか訳)『DMS-5　精神疾患の診断・統計マニュアル』(医学書院、2014年)。

抑うつ状態等の症状は非常に強い一方で、夫らの供述から、犯行直前まで特段変わった様子はなかったということを前提に、精神運動抑制や微小妄想等による病的発言が明らかでなかったこと、また、切迫した希死念慮が認められなかったことなどがその評価に影響しているのかもしれない。

　通常、重症度の判断には、客観的にも抑うつ症状が強く、本人の苦痛が大きいことのほか、精神病症状の存在、社会的機能の著しい障害などの所見を確認することが多い。たしかに現実と乖離した微小妄想、たとえば軽度な頭痛でも脳腫瘍などの重大な病気に罹患しているにちがいないと考えてしまう心気妄想、十分な貯蓄があるにも関わらず、将来は自己破産するしかないなどと過剰に心配するような貧困妄想、些細なミスでも会社に重大な迷惑をかけたなどと考えて自責的になる罪業妄想などが認められれば、患者自身が周囲の状況を正しく認識できておらず、また自身の行動の結果も理解できていない可能性が極めて高いと判断され、障害の重症度を高める方向に作用するであろう。また、こうした妄想は、弁識能力の判断にも直接、結びつけやすい所見であるため、裁判員裁判においても比較的説明しやすく、裁判員からも理解を得られやすい症状である。

　一方で、DSMを代表とする操作的診断からは少し離れるが、不安や焦燥感が極度に高まり、まとまらない行動をとる激越型うつ病と呼ばれる状態がある。また、これと類似して、易刺激性（irritability）や怒り発作（anger attack）を特徴とし、同時に、頻脈や発汗などの自立神経症状を呈するようなうつ病の亜型もある▼11▼12。これらの状態では、たとえ、明らかな妄想などは認められていなくても、突発的に攻撃性を高め、自殺や暴力などの他害行為に至ることがあるため、うつ病の病態としては重症と判断されうる。本件においても、殺害の動機が明確でないことなどから、焦燥感の高まりや怒り発作ゆえの突発的な攻撃的行動であった可能性も

11　Fava M:Depression with anger attacks. J Clin Psychiatry 59(suppl 18), 18-22, 1998,
12　Resnick P: Filicide in the United States. Indian J Psychiatry 58(suppl 2), 203-209, 2016.

一考する必要があるであろう。

3　本件犯行に至る経過の検討

　子殺しについて検討する際に、加害者自身の自殺の有無も重要な視点となる。典型的な子殺し事例では、はじめに自殺を決意し、その後、子どもを道連れにするパターンが多いため、事件前の自殺未遂のエピソードは、その後の子殺しの予防という観点でも留意すべきである。

　本件では、事前の行動化は認められていなかったものの自殺念慮は一定程度高まっている状態であった。そして、事件当日に「ヘルパーさんが怒っているのではないかと感じた」ことで、「もうヘルパーが来てくれないのではないか」「自分以外に長女の面倒をみられる者はいない」という不安が急激に高まり、思考抑制（思考の狭窄）によって短絡的に一緒に死ぬしかないといった結論につながったものと考えられ、計画性のない、衝動的な犯行といえる。

　こうした子どもを思うがゆえの愛他的殺人は拡大自殺の多くを占めており、受け入れやすい理由のひとつとなっていると思われるが、これに対して、被害者と自己とを過剰に同一視し、被害者にとっても〝死んだほうがよいに違いない〟と考えるのは加害者側の自己親和的な解釈にすぎないとする見方もある[13]。本件についても、夫が会社を退職し、介護に専念する体制を整えつつあり、長女も作業所への通所を再開する見通しがたっていたという好転的な環境要因とは反対に、事態を悲観的に考え、死を選んだ被告人について、「こうした結論への飛躍があるからこそ、うつ病による影響を考えなくては了解できない」という考え方がある一方で、過剰な役割意識のために、「自分が最期まで看取ることを全うしようとした」という捉え方もある。後者はややもすれば、自己愛的で自己支配的な心性としても解釈されかねず、両者の区別には①現実における葛藤の強弱、②パーソナリティの適切な評価、③面接による犯行前後の精神状態に関する深い洞察が必要となるであろう。

---

[13] Harder T: The psychopathology of infanticide. Acta Psychiat Scand 43, 196-245, 1967.

4 解離症状について

　本件被告人は、一貫して、犯行前後の様子についての記憶がないと述べている。これについて鑑定人は、犯行時に意識野の狭窄があった可能性を指摘しているが、このように犯行前後について島状の健忘を残すようなケースは稀ではない。▼14▼15 そして、その多くは心因性健忘（解離性健忘）として理解できる。▼16▼17

　解離性健忘とは、自分にとって極度にストレスフルな状況、あるいは葛藤状態にあるときに、その問題を直視することを回避するために、無意識下において記憶の想起を困難にする状態である。言い換えれば、思い出したくないことを思い出さないようにする自己防衛機能といえる。本件についても、長女を亡くした悲哀感や強い罪悪感から、記憶を想起できないということは大いにありうる。逆に、もしも長女を浴槽内に沈めているときの長女の苦しむ表情などを鮮明に覚えていれば、本件の被告人であれば、自らの行為の重大さや愚かさを省みて、自分だけが生き残り生活していくことはできないかもしれない。

　したがって、ここで重要なことは記憶を思い出させることではなく、なぜ健忘という症状が表出されたのかを明らかにすることにある。記憶がない（思い出せない）ということと、責任能力の減損にパラレルな関係はない。明らかに犯罪行為を行っており、犯意や動機に連続性が認められれば責任能力への影響はないであろうし、その逆、すなわち、鮮明な記憶があっても病的症状の影響が明らかであれば、責任能力について熟考すべきことは当然である。どのような事件であっても、被告人の精神障害、あるいは表出されている精神症状と、その背景事情、そして犯罪行為に至るまでの心理的葛藤や変遷を細かく追究していくことにより、

---

14 安藤久美子『精神鑑定への誘い』（星和書店、2016年）。
15 中谷陽二「うつ病者の破壊的行動――子殺し再考」.臨床精神医学28巻7号（1999年）833〜832頁。
16 安藤久美子「解離性障害」五十嵐禎人・岡田幸之編『刑事精神鑑定ハンドブック』（中山書店、2019年）196〜205頁。
17 日下部康明・山岡正規・根岸達夫「子殺しの3症例」北関東医学29巻（1979年）105〜113頁。

自ずと責任能力判断は導かれうる。7つの着眼点についても、そうした文脈のなかで適切に利用することは、法曹側にとっても有用であると思われる。

判決書（第一審）
大阪地判平26・9・3　平成25年（わ）第4935号
LEX/DB25446698

主文

被告人は無罪。

理由

第1　本件公訴事実

　本件公訴事実は、「被告人は、知的障害を有し、全身性エリテマトーデスに罹患していた長女のA（当時29歳）を介護していたものであるが、自己及び長女らの将来を悲観するなどし、同人と無理心中することを決意し、平成25年10月8日午後1時頃から同日午後4時47分頃までの間に、大阪府吹田市●●●被告人方風呂場において、長女に対し、殺意をもって、同人を浴槽内の湯水に沈め、よって、その頃、同所において、同人を溺水による窒息により死亡させて殺害した」というものである。
　関係証拠によれば、被告人が、長女（以下「被害者」という）と無理心中することを決意し、前記日時場所において、被害者を浴槽内の湯水に沈め、被害者を殺害したことが認められる（以下、この行為を「本件殺害行為」という）。

第2　争点

1　本件の争点は、本件殺害行為時の被告人の責任能力である。
　この点、検察官は、被告人は、本件殺害行為時うつ病にかかっており、それが本件殺害行為に大きく影響していたが、当時の状況から無理心中を選択したことは了解可能であるなどとして、本件殺害行為を自分の意思で思いとどまることが全くできない状態に至っておらず、心神耗弱の状態にあった旨主張している。弁護人は、被告人は、本件殺害行為時う

つ病にかかっており、抑うつ状態の強い影響を受け、あるいは解離状態にあったため、本件殺害行為を自分の意思で思いとどまることができず、心神喪失であった可能性が残る旨主張している。

当裁判所は、本件殺害行為当時の被告人が置かれた状況は、被告人が無理心中を決意するほど絶望的な状況ではなく、他に被告人が無理心中を決意するような事情も認められないから、被告人が抑うつ状態から状況を悲観的に捉え、突発的に無理心中を決意して本件殺害行為に及んだものと考えられ、それまで被害者に愛情を注いで養育してきた被告人が本件殺害行為に及んだのは、被告人の元々の人格に基づく判断によるものでなく、うつ病の影響のみによる疑いがある、すなわち、被告人が本件殺害行為当時心神喪失の状態にあった疑いがあると判断した。以下、説明する。

2　本件殺害行為に至る経緯について

重度の知的障害を有していた被害者は、平日は障害者作業所（以下「作業所」という）に通所していたが、平成25年4月下旬以降、全身性エリテマトーデスのために作業所に通所できなくなった。被告人は、被害者の介護の負担が増す中で、うつ病を発症した。

同年9月中旬、被告人が、夫に「もう限界」と述べたことから、夫が同月27日から退職を前提に休職し、被告人と共に被害者の介護に当たるようになった。

同年10月2日夜に、被害者が大声を出して暴れ、被告人が「Aちゃんやめて」などと言って被害者を抱きしめることがあったことから、夫が作業所の職員に相談し、被害者の作業所通所再開について話し合うため、同月9日の被害者の通院に作業所の職員も同行することとなった。

同月8日朝、夫は所用のために出社し、作業所を運営する社会福祉法人の在宅介護ヘルパーが午前11時から午後1時まで被害者の介護のため被告人方を訪問した。夫は同日午前中に被告人に電話をかけたが、その時、被告人と被害者に変わった様子はなかった。また、上記ヘルパーによれば、被害者は昼食時に遊び食べの状況があったものの特に異常な状態はなく、被告人にも変わった様子はなかった。

ヘルパーが帰った後、被告人方には被告人と被害者しかいなかった。被告人は、ヘルパーが帰った後、被害者を浴槽で押さえつけて殺害した記憶はあるが、その他殺害の詳細な態様等に関する記憶は欠落している。
　同日夕刻、夫が帰宅して、浴槽で亡くなっている被害者を発見した。被告人は、入水自殺を図り池の中に浮いていたところを救助された。

3　本件殺害行為時における被告人の精神障害が本件殺害行為に与えた影響について

　鑑定人B医師の公判供述（以下「本件精神鑑定」という）によれば、被告人は、本件殺害行為時、大うつ病性障害にかかっており、その程度は比較的重度に近い中等症であったこと、その影響により重度の抑うつ状態にあり、物事を悲観的に捉える状況にあったほか、解離状態にあり、被告人の意識が狭くなっていた状態であったこと、そのために本件殺害行為時の記憶が一部欠落していることが認められる。

　また、本件精神鑑定によれば、被告人は元来明るい性格の人物であって、被告人の本来的な人格のみに基づいて、長期間にわたり愛情を注いできた我が子と無理心中を図るようなことは考えにくいから、被告人が被害者との無理心中を決意した過程には、被告人がかかっていた前記の大うつ病性障害が大きく影響していたと認めることができる。

4　被告人の責任能力について

(1)　検察官は、被告人が心神耗弱であった、すなわち、本件殺害行為を思いとどまることが全くできない状態に至っていなかったと認める根拠として、〔1〕本件殺害行為直前まで普段と変わらない生活を送っていた、〔2〕無理心中を図るという動機は当時の状況から了解可能である、〔3〕本件殺害行為前後の記憶も断片的に残っており、違法性の意識も持っている、〔4〕本件殺害行為後の行動も無理心中として一貫性があり、合目的的であることを挙げている。

(2)　動機の了解可能性について

ア　検察官は、本件殺害行為当時の被告人を取り巻く状況、すなわち、被害者を介護することによる負担の増大や被害者の病状を悲観して、被告人が被害者との無理心中を決意することは不合理ではなく、本件殺害

行為の動機として了解可能である旨主張する。しかし、当裁判所は、本件殺害行為当時の被告人を取り巻く客観的な状況は、依然として被告人にとって厳しいものではあったものの、将来を悲観しなければならないほどのものではなく、知的障害のある被害者に長期間にわたり愛情を注いできた被告人が、被害者と無理心中しようと決意する理由としては合理性を欠くものと考えた。

イ 被告人の介護負担について

被告人は、従来は作業所に通所していた被害者を平成25年4月下旬頃から自宅で介護しており、その結果、知的能力が1歳4か月程度で、かつ、全身性エリテマトーデスにかかっていた被害者の面倒を被告人が常に見ることになり、本件殺害行為に至るまでの過程において、これが被告人にとって大きな負担となっていたことは言うまでもない。

しかし、被告人の夫は、同年9月27日から退職を前提に休職し、被告人と共に自宅で被害者の介護に当たるようになっていた。また、本件殺害行為翌日である同年10月9日には、作業所の職員が被害者の通院に同行した上、被害者の作業所への通所を再開することについて話し合うことが予定されていた。

このように、自宅で常時被害者を介護することが被告人にとって負担が大きかったとはいえ、本件殺害行為直前の頃には、その負担が軽減される可能性がある客観的状況にあったのであるから、この点から被告人が被害者と無理心中を図ろうと決意したことが合理的であると考えることは難しい。

ウ 被害者の病状について

被害者が、完治が難しいとされる全身性エリテマトーデスにかかり、その症状や投薬治療の副作用などにより被害者に大きな負担がかかっているのを目の当たりにし、被告人が被害者の将来に不安を感じていたことは想像に難くない。しかし、被害者の主治医によれば、本件殺害行為当時、被害者の病状は徐々に良くなっており、投薬量が徐々に減っていたほか、一時は減少していた被害者の体重も全身性エリテマトーデスにかかる直前頃の体重まで戻っていた。

そうすると、全身性エリテマトーデスが完治が難しい病気であったとはいえ、本件殺害行為当時、その病状は徐々に良くなっていたことを考えると、被害者の病状は将来を悲観しなければならないような状況にあったとはいえず、この点からも、被告人が被害者と無理心中を図ろうと決意したことを合理的に説明することは難しい。

エ　以上のとおり、本件殺害行為当時の被告人を取り巻く客観的状況をみると、このような状況を悲観したことが、被告人が本件殺害行為に至る動機として合理的なものとはいえず、動機が了解可能であるとの検察官の前記〔2〕の主張は認めることができない。

　なお、検察官は、被告人が、本件殺害行為の直後に「今まであんなことをしたことないのに。」「そんなことする子じゃなかったのに。」などと述べていた事実を根拠として、本件殺害行為の直前に被告人が本件殺害行為を決意せざるを得ない何らかの出来事があったと考えられる旨主張しているが、前記被告人の発言を聞いたソーシャルワーカーの供述を前提としても、前記発言が何を意味するものかは一義的に定めることができないから、前記発言が、被告人が本件殺害行為を決意せざるを得ない何らかの出来事を示すものとまでは認定できない。

(3)　その他検察官は、本件殺害行為前後の被告人の行動に異常な点がない旨主張する。検察官が主張するように、被告人は、本件殺害行為後に濡れた衣服を着替えて玄関の鍵を施錠し、入水自殺を図った公園まで自転車で移動することができているが、終始愛情を持って養育していた被害者を、殺害後全裸のまま浴槽に放置して外出していることは、日頃の被告人からはかえって不可解とも思える。このように、検察官が主張する〔2〕の動機が了解可能であること以外の事情をもってしても、被告人が自分の意思で思いとどまることが全くできない状態に至っていなかったとは認められない。

5　以上のとおり、検察官が、被告人が本件殺害行為を思いとどまることが全くできない状態に至っていなかったと認める根拠として主張する点はいずれも採用することはできない。

　そして、証拠上、被告人がどのような出来事を直接的な動機として本

件殺害行為に及んだかは必ずしも判明せず、夫やヘルパーが認識している本件殺害行為当日の被告人の様子に自殺に至るような事情もうかがえず、被告人は突発的に無理心中を決意したと考えられ、それまで被害者に愛情を注いで養育してきた被告人が本件殺害行為を行った原因としては、大うつ病性障害の影響以外には考えることができない。したがって、被告人は大うつ病性障害の影響のみにより本件殺害行為に及んだ可能性を排斥できず、自分の意思で思いとどまることが全くできない状態に至っていなかったというには、合理的な疑いが残るとの判断に至った。

第3 よって、被告人の本件殺害行為は、心神喪失者の行為として罪とならないから、刑事訴訟法336条前段により無罪の言渡しをする。

　裁判員6名とともに審理し、評議を尽くした結論は以上のとおりである。
（求刑　懲役4年）
大阪地方裁判所第8刑事部
裁判長裁判官　田口直樹／裁判官　小松本卓／裁判官　横井裕美

[ケース6]

現住建造物等放火被告事件(診断：うつ病)
神戸地姫路支判平25・3・27　LEX/DB25563823

うつ病に罹患していた被告人が妄想に基づき自宅に放火した事例

報告論文

古市敏彰　ふるいち・としあき　兵庫県弁護士会

1　事案の概要

　精神症状を伴う重症うつ病エピソードおよび混合性パーソナリティ障害に罹患した42歳の男性が、実父母とともに居住していた自宅に放火することを決意し、灯油を同家屋内の押入内の寝具等に散布し、これにライターで点火して、放火し、押入の木製壁面、天井等約15.5平方メートルを焼損したという現住建造物放火事件である。

　本件被告人は、事件の3カ月ほど前から、病状が悪化し、家の近くに駐車している見知らぬ車を見て、「自分をチェックしている」「やくざが見張っている」「嫌いな蛾を部屋に入れようとしている」といった注察・被害妄想が出現するようになっていた。

　そして、犯行当日、①自分の性格上の問題があるのではないかということ、②仕事上の悩み、③やくざが自室に蛾を入れようとしてくるのではないかということについて考え込んでいたところ、特に、③について、強い不安、恐怖に襲われ、このように考えることを振り払うために、本件犯行に及んだというものである。

　なお、被告人は、本件犯行の動機として、死にたいという気持ちもあったと捜査段階では供述をしていたが、後述するように、公判廷での供述では、それが直接の原因ではないと供述することになった。

2　起訴前本鑑定について

　この事案については、起訴前本鑑定がなされていた。
　鑑定結果は、精神症状については、被告人は本件犯行時、「精神症状を伴う重症うつ病エピソードおよび混合性パーソナリティ障害」であり、責任能力については、「犯行当時における善悪の判断能力及びその判断に従って行動する能力は著しく低下していた」というものであった。つまり、心神耗弱とされていた。
　しかし、この結論には3つの疑問があった。つまり、①本件犯行が妄想に基づいているものであること、②うつ病の症状が重症であること、③心神耗弱に止まる理由が不明確であること、の3点である。

(1) 本件犯行が妄想に基づいているものであること

　すでに述べたように、被告人は、「やくざに見張られている」「やくざが蛾を家の中に入れようとしている」という被害妄想にとらわれていた。そして、その考えを振り払いたいというのが本件の主たる動機であった。このような妄想に支配されており、そのことが犯行の直接の原因なのであれば、心神喪失の可能性があるのではないかと考えた。

(2) うつ病の症状が重症であること

　被告人の症状が、うつ病の中でも「重症」であるということは、心神喪失の可能性もあるのではないかと考えた。

(3) 心神耗弱に止まるとの理由が不明確であったこと

　そもそもこの鑑定書を読んだだけでは、なぜ心神喪失でなくて、心神耗弱に止まるのかよくわからなかった。
　鑑定が、心神耗弱にとどまることの根拠としているのは、「動機が一部了解可能」「合目的的行為をしていること」の主に2つから、正常な心理状態でも理解しうる部分が残っているからということのようであった。

ⅰ　動機について

　まず、動機については、①希死念慮、②妄想、③願望欲求充足（この「願望欲求充足」というのは、鑑定医は、「妄想にとらわれていたり、仕事が上手くいかず、通常の生活ができないこの現状を変えたいという感じ」のようにとらえていた）の３つがあるとのことであった。そして、①希死念慮、②妄想は病気によるものだが、③の願望欲求充足というのは病気によるものではないということであった。この「願望欲求充足」ということの意味について、後日、直接面談をした際に、鑑定医から「いらいらしたから、物にあたった、気持ちを切り替えるというような感じ」との説明を補足で受けたが、この「願望欲求充足」の意味は、直接説明を受けても、やはり理解はできずにいた。

　ⅱ　合目的的行為をしていること

　次に、「合目的的行為をしていること」についてであるが、これは、被告人が放火のための灯油を用意したり、押し入れに火をつけるときに、空気がよく通って、燃えやすいように、押し入れの天井板をずらしている、このことを言っていた。

　ただ、この合目的的行為をしているという点については、「合目的性を過剰にはかりすぎることは避けなければならない」という注意則があるうえ、また、うつ病よりも、思考の障害があると言われる統合失調症についての裁判例でも、合目的行動をとっていることを重視しすぎていて、思いとどまれる可能性が認められるかどうかについてきちんと検討ができていないとして、第一審を破棄した福岡高判平23・10・18もあった。

(4)　以上、３点の疑問があったので、責任能力を争うことにした。

3　責任能力の争い方

　責任能力を争うことにはしたが、どのように責任能力を争うかを検討しなければならない。

　責任能力の争い方としては、①鑑定書を不同意にし鑑定人を証人尋問で弾劾をするという方法、②再鑑定を請求するという方法、③私的鑑定

人を、弁護側で請求するという方法があると思われる。

本件では、上記のうち、①の方法を採った。

理由は以下のような事情から、裁判を長期化させることができなかったからという点と、起訴前本鑑定を活かしつつ心神喪失という評価をしてもらうことも可能ではないかと考えたからであった。

(1) 裁判を長期化できない事情

以下の2点の事情があることから、本件では、裁判（公判前整理手続）を長期化することは避けなければならなかった。そこで、裁判が長期化する可能性がある再鑑定の請求や私的鑑定人を依頼するという方法を採らなかった。

i 執行猶予の可能性が高い事案であること

本件は、自宅を放火して、自宅の一部を焼損したという放火事案である。もちろん所有者である父親は、被告人を宥恕している。被告人は、7年前に起訴猶予になった窃盗の前歴があるだけだった。鑑定書は、心神耗弱の判断を下している。

鑑定医が判断したとおりの、心神耗弱との判断を裁判所がしたとしても、本件では執行猶予の可能性が高い事案だと思われた。

ii 保釈を請求できなかったこと

被告人には精神疾患があったことから、きちんとした治療環境が整っていない状態で、保釈をして自宅に戻すと、再犯の可能性もあると思われた。そこで、被告人および被告人の親族とも話し合って、保釈を請求することはしなかった。

(2) 起訴前本鑑定を活かしつつ心神喪失との評価も可能であること

上記第2で述べたとおり、鑑定書に書かれている内容を前提にしても、本件で心神喪失の判断をすることも可能であると考えた。ただ、被告人を直接診断し鑑定をした鑑定医が、「責任能力がある」と明言をすると、裁判官や裁判員に対する影響が強いように思った。そこで、鑑定医の責任能力に対する意見を、裁判官・裁判員に聞かせずに、鑑定医のその他

の診断内容だけを聞かせることができれば、裁判官・裁判員に心神喪失と評価してもらうことができるのではないかと考えた。

(3) 結語

　本件では責任無能力を主張せず、鑑定どおりの結論となっても、執行猶予となる可能性のある事案であった。また、保釈もできない状態であったので、裁判が長期化し、長期間の身体拘束が続かないようにしなければならないという要請があった。

　他方、鑑定書の内容としては、責任能力に関する結論を除けば、こちらに有利に援用できる内容が多いように考えられた。

　そこで、裁判が長期化する可能性のある再鑑定請求や私的鑑定人への依頼という方法ではなく、鑑定人を尋問で弾劾するという方法を採ることにした。

4　公判前整理手続での工夫

(1) 鑑定医の責任能力に関する意見を言わせないようにした

　さきほども述べたとおり、本件鑑定書の内容は、責任能力に関する結論を除いてはこちらに有利に援用できると考えていた。つまり、責任能力に関する鑑定医の結論さえ、裁判官・裁判員が聞かなければ、責任無能力との判断がされる可能性があると考えていた。

　ただ、責任能力という言葉を鑑定医が使わなくても、鑑定医が責任能力についての自らの意見を示唆するような発言をすれば、同じことになってしまうように思った。この点、以前に裁判員裁判で責任能力を争ったときに、失敗をした経験があった。それは統合失調症の事案だったが、心神喪失という概念の裁判員への説明として、次のようなものを用いた。それは、「統合失調症の影響を著しく受けているが、なお、もともとの人格に基づく判断によって犯したといえる部分も残っていると評価できるか否か」というものを用いた。そして、責任能力についての鑑定医の結論の明示はしないということをとりきめ、鑑定医に対しては、「症状が本件犯行に与えた影響の程度と、もとの人格に基づく判断があったかどうか

という点について言及するにとどめ、責任能力の有無については触れず、心神喪失又は心神耗弱といった文言も用いてはいけない」とはされた。しかし、心神喪失や心神耗弱という言葉自体を用いなくても、心神喪失か否かについて「統合失調症の影響を著しく受けているが、もともとの人格に基づく判断によって犯したといえる部分も残っていると評価できるか否か」という判断基準を用い、かつ、公判にて、鑑定医に「症状が本件犯行に与えた影響の程度」の他に、「もとの人格に基づく判断があったかどうかという点」について言及してもいいとすると、ほぼ、責任能力に関する鑑定医の意見を公判で証言しているのと同じことになってしまう。

　今回は、その失敗を踏まえ、心神喪失の説明概念としては次のようなものとすることを取り決めた。

　つまり、心神喪失とは、

　　① 　精神の障害によって
　　②－1　「自分のしようとしていること」がしてよいことか、いけないことかを判断することがおよそできない場合
　または
　　②－2　その判断にしたがって、「自分がしようとしていること」を思いとどまることがおよそできない場合

とした。そして、公判にて、①「『自分のしようとしていること』がしてよいことか、いけないことかを判断することがおよそできない場合か」などや、②判断にしたがって、「自分がしようとしていること」を思いとどまることがおよそできない場合かどうか、について鑑定医に言及しないようにと取り決めた。

⑵　弁識能力と行動制御能力説明概念について

　上述のように、統合失調症の事案で、以前に、責任能力を争ったときの説明概念は、「統合失調症の影響を著しく受けているが、もともとの人格に基づく判断によって犯したといえる部分も残っていると評価できる

か否か」というものであった。このような説明概念では、「もともとの人格に基づく判断によって犯したと言える部分も残っているか否か」が問題になり、弁識能力と行動制御能力に分けて議論がされないような気がしていた。

　本件は、妄想があり、弁識能力も損なわれていたとは思うが、やはりメインは、行動制御能力の問題だと思われた。つまり、火をつけることが悪いことということがおよそわからなかったわけではないが、火をつけることを止められない状態だったという事案だと思われた。

　そこで、弁識能力と行動制御能力を明確に分けて検討してもらえる説明概念にしてもらえるように、上記のような説明概念に取り決めた。

(3)　挙証責任について裁判員に説明をするようにした

　以前に責任能力を争ったことがあったときには、裁判員の中に、弁護側に、責任無能力であることの挙証責任があるかのように誤解をされていると思われる方もいた。そこで、一般的な挙証責任の説明のほかに、責任能力判断における挙証責任の説明を具体的にしてもらうことを取り決めた。つまり、「責任能力がないとは言えないこと」の挙証責任が検察官にあること、具体的には、「疑いが残れば、責任無能力」であることを、裁判官から説明をしてもらうように取り決めた。

(4)　責任無能力についての説明概念について

　弁識能力が「ない」、行動制御能力が「ない」と言うと、弁識能力や行動制御能力が「ゼロ」でないと心神喪失にならないと思われる裁判員もおられると思ったため、上記説明概念にあるように、「およそ」できない場合というように説明することを取り決めた。

5　公判での工夫

(1)　妄想の本件への影響

　本件被告人は、前述のように、「蛾を部屋に入れられる」という妄想を振り払おうとしたのが本件の直接の原因であった。この妄想がいかに本

件につながっているかを、裁判官・裁判員に理解してもらうかが本件裁判の重要なポイントになると考えていた。

　被告人から接見時に話を聞いたところ、被告人にとって「蛾」に対する恐怖は、我々が感じているものとは違い特別なものがあった。とくに、その恐怖が大きくなってきた犯行直前はパニックに陥っていたとのことであった。

　このあたりの被告人の感じ方を具体的に公判では供述してもらうように工夫をした。

(2) 被告人の病状について

　被告人のうつ病の病状は重症であった。そして、それは、事件の3カ月前から特に悪化をし、事件の2日前に主治医のもとを訪れていたときには被害妄想の訴えを初めてした。加えて、事件当日も、家族に対して「布団から出るのも怖い」との訴えをしていた。このように犯行直前、急激に悪化をし、それが重篤であるということは、本件の被告人の責任能力判断において重要だと考えた。

　そこで、事実経過に従い、被告人の病状が急激に悪化していく様子を、被告人質問や家族の証言、主治医のカルテなどで、具体的に立証するように努めた。

(3) 動機の了解可能性について

　被告人のうつ病の根底には、仕事での悩みがあった。うつ病ではない人も、仕事上の悩みから自殺をする人もいる。また、被告人が抱えていた蛾を入れられるという被害妄想についても、なんらかの被害を受けるかもしれない不安・心配は、うつ病ではない人でも感じる人もいる。

　このように、うつ病の方の心理状態は、正常心理の延長として理解されてしまいがちであるが、その問題点について、鑑定医に確認をし、裁判員に理解をしてもらえるように努めた。

　また、精神症状としての妄想と、単なる不安・心配との違いも、鑑定医に確認をし、裁判員に理解を求めた。

(4) 合目的的な行為をとっていることを強調することの問題点を指摘

　本件では、被告人が灯油を準備していることや、ある程度一貫して合目的的な行為をしていることは、責任能力が被告人に残っていたと思われる点であると思った。

　そこで、本件被告人の責任能力を検討するに当たって、被告人が合目的的行為を採っているように見えることを重視することは妥当ではないというのを、わかりやすく説明をすることが重要であると考えていた。

　安田拓人教授が、以前に、車のエンジンとブレーキを例にして説明をされていることを思い出し、車のイラストを用いたり、車のたとえ話をしたりした。

　つまり、「壊れた車はそもそも走れない。合目的的な行為を一切行いえないのであれば、犯行自体が犯せない。本件は、車でたとえると、ブレーキが壊れていたかどうかの問題である。エンジン自体が壊れていれば、そもそも車は動かない。エンジンは壊れていないので、アクセルを踏めば前に進んだ。それを止めるブレーキが壊れていたかどうかを検討する必要がある」と説明をした。

　また、先ほども述べた「うつ病よりも、思考の障害があると言われる統合失調症についての裁判例でも、合目的行動をとっていることを重視しすぎていて、思いとどまれる可能性が認められるかどうかについてはきちんと検討ができていない」として、第一審を破棄した福岡高判平23・10・18の説明もした。

(5) 「願望欲求充足」という概念について

　前述したように、鑑定医は、「被告人の本件犯行動機には了解可能な部分がある」というのが、心神耗弱に止まるとの判断の理由であった。つまり、その鑑定医は、被告人の動機には、「願望欲求充足」という部分があり、それは、動機が了解可能で、病気によらない部分であるとされていた。

　しかし、この「願望」には「妄想にとらわれている現状を変えたい」という願望が含まれており、そうであれば、やはり、この部分も病気によるものといえるのではないかと考えた。単に「願望欲求充足」という言葉で

説明されてしまいそうなところを、その中身の具体的な説明を求めるようにした。

6　公判でのアクシデント

被告人が、本件犯行の動機として、自殺をしたかったという部分もあることを公判で供述をしなくなってしまった。

被告人はもともとから、本件犯行の動機のメインを、「蛾を部屋に投げ入れられるという妄想を振り払いたかったから」と語ってはいた。それよりも、占める割合は下がるとしても、自殺をしたいという気持ちもあるということを、公判までは語ってはいたが、公判で時間をおいて話を聞いていくと、そのときのことが思い出されたのか、本件犯行直前は「蛾を部屋に入れられる」という恐怖だけが心を占めていたというような趣旨のことを語るようになった。このことは、被告人にとって不利な内容なわけではないが、公判以前の供述との変遷を指摘されることを恐れた私は、被告人に対して、本件の犯行動機に、希死念慮が含まれることを誘導しようと試みた。しかし、結果は、失敗に終わった。

ただ、この弁護人の誘導にも揺るがない被告人の対応が、結果的に、本件に犯行の動機としての妄想の占める割合の大きさを、裁判官・裁判員に印象づけることとなったようである。

7　判決

判決は、本件犯行時、被告人が心神喪失状態だった疑いが残るとして、無罪となった。

判決内容は、鑑定人の信用性を肯定した上で、なおかつ、被告人を心神喪失であったと認定した。鑑定人の責任能力に対する意見を、裁判員・裁判官に知られないようにしたことが効を奏したと思われる。

コメント（弁護士）

金岡繁裕　かなおか・しげひろ　愛知県弁護士会

　本件は、重症うつ病および混合性人格障害に罹患していた被告人が、「現状を突破したい」「死にたい」「やくざに蛾を部屋に投げ込まれるのが怖い」等との考えに囚われ、そこから逃れるために、自宅に火を付けたという事案である。放火後は、しばらくして消火活動にも加わっており、一見して脈絡がなく奇異な経過である。

　心神耗弱止まりとする起訴前鑑定が出され、これに対する弁護方針から、鑑定内容は活かしつつ、鑑定結果を封じるという作戦が立案され、実行に移され、無罪判決に結実している。担当弁護人の報告を徴しても、捜査段階のことはよくわからず、もっぱら、公判段階の方針決定とその遂行に焦点が当てられているので、本コメントも、その限りとなることをあらかじめお断りする。

1　起訴前鑑定の評価

(1)　起訴前鑑定は心神耗弱止まりであったが、①動機の了解可能性については、被害妄想を了解不可能とし、「乏しい」としていること、②計画性に乏しいこと、③犯行手順にある程度の一貫性はあるが衝動的側面が強いこと、等から、事案の特徴に必要な判断要素を取り出すと、なるほど担当弁護人が言うとおり、なぜ「著しい減弱」止まりと判断されたのか、理解に苦しむ内容である。

　当たり前であるが、鑑定書は主文に目を奪われるのではなく、前提となる事実認定は適切かどうか、事実から導かれる精神医学的評価は適切かどうか、精神医学的評価の総合的判断としての結論は適切かどうかが、順を追って検討されなければならず、担当弁護人が、結論さえ口にさせなければ心神喪失見込みはあると判断したことは、丁寧な鑑定書の読み込みの上に初めて成り立っているものと言える。余談であるが、一般の弁護士には、鑑定書の読み込み自体が荷が重かろうときもある。そのよ

うな場合は、別医に読んでもらい、感想をもらうところから始めてみればよいだろう。

(2)　希死念慮を代表とする重症うつ病の事案では、その特有の思考から強い動機が形成されてしまうと、もはや本人には制御不可能に陥る経過が見られる。この場合、当該思考（たとえば「もう死にたい」「逃れたい」）が病的に強力に形成されれば、最早、制御不可能と見るべきであり、そのような強力な思考と、結果に進む方法の選択との結び付きが合理的であるかどうかは、重視されるべきではない（結果に進む方法がまともに選択できないとすると、思考が解体していると言わざるをえなくなる）。

　鑑定医は、「犯行手順にはある程度の一貫性はある」として、ある程度の合目的性に引きずられてしまったのではないかと読めるが、これは、鑑定医が、責任能力判断に習熟していないからであり、そのような誤りは、法律家が、適切な判断枠組みを提供することで是正しうる（したがって、担当弁護人のように、内容は活かしつつ、結論は封じるという戦略が登場するのである）。

2　担当弁護人の方針の合理性

(1)　担当弁護人は、方針として、鑑定医が「責任能力に関する意見を言わないよう」にしたこと、および、判断枠組みとしては行動制御能力に重点を置き、「およそ思いとどまれないか」を判断基準として採用させている。

(2)　今でこそ、鑑定医に責任能力に関する意見を言わせないことは、裁判所側が強く意識していることではある。たしかに、生物学的診断、心理学的要素の判断、法律的評価と進んでいく責任能力の検討においては、後二者の境界はしばしば曖昧になり、どこまでを鑑定に説明してもらい、どこからは法律家側で引き取り議論すべきかは、見極めが難しい。

　担当弁護人が、この点を意識したことはもっともである。

(3)　また、判断枠組み自体にも工夫が見られる。

報告中にもあるとおり、「人格に基づく判断」かどうかという基準は、重症うつ病の事案においては不向きである場合もある（他方で、双極性障害のような場合を想定し、平時は明らかに異なる人格であることが立証できそうなら別論である）。急性期で平素とかけ離れた粗暴行為に出る場合、慢性化して荒廃した人格が説明できる場合などと異なるので、使い分けが不可欠である。

3　反対尋問

(1)　担当弁護人は、合目的性の位置付けについて、7つの着眼点に関する手引きを引用した弾劾を試み、「合目的性」を「過剰に図りすぎることは避けなければならない」と言う点で、「はい」という証言を医師から引き出している。

前記の通りの鑑定内容からは、この点を克服することが重要であり、（カンファレンスを実施して予定調和だったのか、それとも不意打ち的に咎めようとしたのかはわからないが）端的である。

(2)　また、担当弁護人は、「刑事精神鑑定のすべて」に基づき、うつ病の特質として、正常心理の延長として誤解されやすく、犯行への影響が過小評価される危険性がある、と言う点も、反対尋問で指摘している。

こちらについては、鑑定医は、過大評価の場合も過小評価の場合もあると応戦しているが、いずれにせよ、正常心理との見極めが難しいことを言いたい弁護人としては、狙いを達成したということができるだろう。

(3)　いずれも定評ある文献であり、これを示すことに公判での支障が生じるとは思われない。あとは、書証で出すのか、裁判員の前で強調できる機会とするのか（他方で手厳しい反論を受けることは考えておく必要がある）は、弁護人の戦略である。

4　判決について

判決は、事実認定上の問題として、自殺目的の放火を否定し、その結果、

「蛾」の件のみを放火目的と捉え、まったく了解できないとした。この点は、弁護人の弁論も、「逃れるためには死ぬしかない」という事実関係を前提としていたため、証拠裁判主義の限界と言うべきか、少々、摘まみ食い的な事実認定の感が否めない。

とは言え、それ以外の部分では、部分的に手段としての合目的性があるとする検察官の主張を端的に排斥する等、弁護人の狙い通りに判断されていると評価できる。

5 終わりに

冒頭で断ったとおり、本件の捜査段階がどのようであったかはよくわからない。

検察官請求証拠を見る限り、不利益自白をとられているようではなく、また、被告人質問も相当量（尋問調書で70頁弱）実施されている。言いたいことを言わせ、署名押印も拒否できなかったのかと想像されるが、それに対し弁護人がどのように対処したのか、どの程度、取調べが録画されていたのか等も不明である。ともあれ、記録を検討する限り、鑑定医の聴取りが中心的に事実認定されており、しかるべき記録さえ残されているなら、それも1つのあり方であろうとは思わされた。

コメント（精神科医）

大澤達哉　おおさわ・たつや　東京都立松沢病院

1　事例の概要

40代男性が自宅に放火した事例である。逮捕後、被告人は起訴前に簡易鑑定を受け、その後起訴前本鑑定を受けた。

簡易鑑定では、犯行当時、広汎性発達障害の疑いまたは他の非器質性精神病性障害と診断され、広汎性発達障害の診断にはさらに発達上の情報や心理テストが必要で、それで否定的であれば後者の診断となるとされた。また、犯行前のアルコールや向精神薬の乱用と犯行当時の若干の

酩酊も影響しているとの指摘もあったが、特に説明なく「鑑定では重視しなくてよい」とされている。

起訴前本鑑定では、犯行当時、精神病症状を伴う重症うつ病エピソードおよび混合性パーソナリティ障害と診断され、その精神障害は本件犯行に重大な影響を与え、犯行当時の善悪の判断能力およびその判断に従って行動する能力は著しく低下していたとされた。

2　起訴前本鑑定

(1)　診断について

起訴前本鑑定では、被告人の青年期からの対人コミュニケーションの問題（恋愛問題・繰り返す職場での同僚との軋轢・ストレス）を指摘し、特定のパーソナリティ障害の基準を満たさないものの、パーソナリティに偏りがあり、混合性パーソナリティ障害と診断できるとしている。そして、本件以前にも対人ストレスを契機に繰り返し適応障害[1]を呈していたと推測されている。その上で、本件犯行約2カ月前には、以前にも呈したことのある活動性の減退、興味関心の喪失などの抑うつ症状に加えて、希死念慮、思考抑制、罪責感、悲観的思考などを呈するようになり、さらに「やくざが見張っている」「やくざが嫌いな蛾を部屋に入れようとしている」などの注察・被害妄想も認められるようになったため、本件犯行当時は精神病症状を伴う重症うつ病エピソードであったと診断された。そして、本件犯行は希死念慮と被害妄想に基づいて行われたと考察されている。

たしかに、操作的診断基準に当てはめれば、犯行当時は精神病症状を伴う重症うつ病エピソードとなるかもしれない。しかし、鑑定人自身が指摘しているように、被告人にパーソナリティの偏りがあるにもかかわらず、それと犯行当時の抑うつ状態との関連は考察されていない。パーソナリティはうつ病と、適応障害などの反応性の抑うつ状態の鑑別に大きな意味があるため、その関係性の検討が必要である。また、そのパー

1　適応障害：心因に基づく抑うつ状態。

ソナリティの偏りは対人関係での生きづらさを示すもので、簡易鑑定でも指摘された発達障害に関する検討も必要と考えられるが、生活歴などについても簡易鑑定と同等程度の記載しかなく、ほとんど検討もされていない。そして、犯行約1カ月前から、被告人は大量の飲酒（1日にウイスキーボトル半分、焼酎5合、ビール2リットル）をする状態になり、アルコール依存症かもしれないと危惧した家族に連れられて犯行当日に精神科を受診したり、犯行当日朝にも飲酒してさらに睡眠薬も同時に服用したりしているなど、アルコールや睡眠薬についての評価は必須と考えられるのに、特別な考察することなく「本件犯行に直接影響を与えるほどの酩酊ではなかったと考えられる」と記載している。さらに、一般的にうつ病で認められる妄想は罪業妄想や微小妄想と言われるものが多いが、被告人のように反社会的勢力との特別接点のない人生でやくざに関する妄想が出現したり、被告人が元来苦手なものとはいえ蛾に関する妄想が出現したりすることは、うつ病の妄想としては唐突で不自然である（鑑定人も、鑑定書で被害妄想は荒唐無稽な内容と評価し、後の証人尋問で被害妄想というのは統合失調症などに多いと証言しているが、いずれも詳しい説明はなかった）。これは精神医学的に特記すべき所見であり、純粋なうつ病によるものなのか他の精神障害によるものなのかを鑑別するために詳細な検討をしなければならない。たとえば、被告人の訴えは蛾が見えるのではなく蛾に関する観念ではあるものの、アルコールを多飲していることから、「虫が見える」という幻視が認められることの多いアルコール関連精神障害の検討が必要と考えられる。また、発達障害は社会不適応を起こすと妄想様の訴えがみられたり、それにとらわれたりすることもあるから、その不適応反応の可能性も考慮しなくてはならない。

　このように被告人のパーソナリティ、発達傾向、アルコールと睡眠薬の使用はいずれも、診断および本件犯行へ影響を評価するために検討しなければならないと考えられるが、本件精神鑑定の考察は不十分と言わざるをえない。

　なお、操作的診断基準は明確な基準が示されており、法曹に理解されやすい利点もあるが、原因論が排除されており、司法場面での取り扱い

に関する注意書きもあるなど、その取扱いには注意が必要である。抑うつ状態を呈する精神障害は多数あり、その鑑別のためには、性格・人格、発達傾向などの評価が必要なことに留意し、その考察が不十分な精神鑑定に遭遇することがあれば、事前のカンファレンスや証人尋問で、鑑定人に説明を求めることが必要である。

(2) 善悪の判断能力およびその判断に従って行動する能力の評価について

本件精神鑑定では、上記について7つの着眼点からの評価がされている。鑑定書には、①犯行動機の了解可能性について、希死念慮のため放火したことは一見合目的的にみえるが病的プロセスによるものであり、被害妄想は荒唐無稽な内容であり、動機の了解可能性は乏しいと評価されている。②計画性については、衝動的なものであったので乏しく、③違法性の認識については、急激な希死念慮や妄想のため違法性を認識できる状態になく、④免責可能性については特に考察なく、なかったとされ、⑤普段はおとなしいタイプであることから、明らかに平素の人格と異なっており、⑥希死念慮や妄想に支配されているため、実際の犯行手順には一貫性はある程度認められるものの衝動的な側面が強く、⑦犯行直後呆然と佇み、自らも消火活動にあたっていたことから自己防衛的および危機回避的行動は認められないと判断されている。そして、「被疑者の刑事責任能力（判断能力および制御能力）は著しく障害されていたと考えるのが妥当と思われる」と記載されている。

前項で指摘した診断の疑問点を考慮しないで、鑑定人が診断した精神病症状を伴う重症うつ病エピソードという診断を前提とすると、本件鑑定の弁識能力・制御能力の判断は概ね整合性があると考えられる。また、最近はあまりみられない心神耗弱を示す表現が用いられているが、今より数年前以上の事例であるためと考えられる。

3 証人尋問および判決

証人尋問では、鑑定人が13枚のスライドを示して鑑定の説明が行われた。鑑定人のスライドは、うつ病の診断基準に被告人のエピソードを当てはめていき、その後、前項で示した7つの着眼点を項目ごとに説明し

ている。実際の鑑定人の説明では、補足の説明が多く、証言自体は論点が散漫になっている印象がある。なお、7つの着眼点の動機部分については、鑑定書には記載のなかった「現状を打破したいといった願望充足型の理解可能な側面もある」とスライドに追記されているが、「犯行動機は精神障害による理解不可能な面が強い」とされている。また、スライドの結論では「重症うつ病は本件犯行に重大な影響を与えている」と記載され、鑑定人が責任能力に言及はしてはいない。証人尋問は、主に動機にかかわる希死念慮と、蛾に関する妄想の内容・程度に関するものを中心に展開した。

　検察官および弁護人は自殺することが主な目的であることを前提にし、弁護人は証人尋問で、「見せかけの了解可能性（病的な心理状態にあるにもかかわらず、正常心理の延長と理解されやすいこと）」を指摘するなどした。しかし、裁判所は犯行当時の被告人の行動等から自殺を主たる目的と認めず、「やくざが自室に蛾を入れようとしている被害妄想に直接影響されて本件犯行を決意し、……、常識に照らして了解し難いといわざるを得ない」とし、他の犯行状況も検討したうえで、心神喪失として無罪とした。希死念慮よりも「了解できない」被害妄想の存在が責任能力判断に大きな影響を与えたことがわかる。これは本件鑑定の結論を前提とすれば、理解できるものである。

4　おわりに

　証人尋問において、本論で指摘した本件鑑定の診断そのものの問題点は、法曹三者から指摘されることはなかった。しかし、裁判員がアルコールや薬物使用に関する質問をしていた。それに対する鑑定人の証言は十分とはいえず、残念ながら本件では議論は深まらなかったようである。しかし、もし診断の問題点が明らかになるようであれば、判決に影響を与えたかもしれない。筆者が常々感じていることであるが、裁判員裁判では裁判員が法律家以上に鋭い質問をしてくることがある。法律家には法廷戦略があるのは承知しているが、市民が感じる疑問点を想像して尋問をすることは、精神鑑定の問題点を明らかにするために有意義なこと

であり、重要なことと考えられる。

判決書（第一審）
神戸地姫路支判平25・3・27　平成24年（わ）第314号
LEX/DB25563823

主文

被告人は無罪。

理由

1　公訴事実と争点

本件公訴事実は、「被告人は、兵庫県朝来市●●●に所在する実父の●●●方の住居（木造瓦葺2階建家屋、床面積合計約190.38平方メートル）に、実父母と共に居住していたものであるが、同家屋に放火することを決意し、平成24年3月29日午後2時20分頃、同家屋2階の南西側和室において、灯油を同室押入内の寝具等に散布し、これにライターで点火して放火し、その火を寝具から押入の木製壁面、柱等に燃え移らせ、よって、同押入の木製壁面、天井等約15.5平方メートルを焼損し、もって現に人が住居に使用する建造物を焼損した」というものである（以下「本件犯行」という）。

弁護人は、被告人が本件犯行に及んだことは間違いないとしつつ、被告人は、本件犯行当時、重症うつ病の影響により、是非弁別（自分のしようとしていることがしてよいことかいけないことかの判断をすること）がおよそできず、又は行動制御（その判断に従って自分のしようとしていることを思い止まること）がおよそできない心神喪失の状態にあったから、被告人は無罪であると主張し、検察官は、被告人は、是非弁別又は行動制御が著しく困難であったが、いずれの能力も失われていなかったから、心神耗弱の状態にとどまっていたと主張する。

したがって、本件の争点は、被告人の責任能力の有無及び程度である。

2　争点に対する判断
(1)　被告人の精神の障害について

被告人の精神鑑定を実施した医師●●は、公判廷において、「被告人は、本件犯行当時、Ⓐ抑うつ気分、Ⓑ興味と喜びの喪失、Ⓒ活動性の減退による易疲労感の増大や活動性の減少という３症状が存在するとともに、①集中力と注意力の減退、②自己評価と自信の低下、③罪責感と無価値感、④将来に対する希望のない悲観的な見方、⑤自傷あるいは自殺の観念や行為、⑥睡眠障害、⑦食欲不振の七つの症状のうち、四つ以上である①から⑥の各症状が存在しており、ICD-10による重症うつ病エピソードの診断基準を満たしている上、「やくざが自分の大嫌いな蛾を部屋に投げ込む」といった被害妄想という精神症状を伴っている、このような被告人の精神の障害は、本件犯行に重大な影響を与えている、仮に、被告人が本件犯行により自殺することを現実的に考えていなかったとしても、本件犯行が被告人の精神の障害に基づかないものとはいえない」旨証言している。

　●●医師は、長年にわたる精神科医としての臨床経験に加えて、刑事事件の精神鑑定についても多くの経験を有しており、捜査資料をはじめ、４回にわたる被告人との面会、その両親からの事情聴取の結果等、十分な資料に基づき、上記のとおり判定しており、その証言は、基本的な信頼性を有しているといえる。さらに、判定の内容は、被告人が、理学療法士の資格取得後、約９年間にわたり、職場における人間関係になじめず、もがき苦しみながら、勤務先を替えつつ仕事を続けていた中で、人のことを考えず話をするなど、自分に性格上の問題があるのではないか、不適切な処置をしたためにリハビリ中の患者を再骨折させてしまったのではないかなどと考え込むようになり、やがて余り活動せず、横になることが増え、平成24年１月頃からは、死にたいと思い始めるとともに、仕事をしなくなり、同年３月頃からは、やくざが、自分を見張っている、機械で低周波を送り自分の睡眠を妨害している、大嫌いな蛾を自室に入れて居場所をなくそうとしていると感じるようになったといった、被告人の供述等から認められる経緯とよく整合している。

　以上によれば、被告人の精神の障害についての医師の証言は十分尊重に値するものであり、被告人は、本件犯行当時、精神症状を伴う重症う

つ病エピソードに罹患していたと認めるのが相当である。
(2) 被告人の是非弁別能力及び行動制御能力について

　本件犯行の動機について、検察官及び弁護人の主張は、自殺をすることが主たる目的であることを前提としているものと解される。しかし、上記のとおり、被告人は、平成24年1月頃から自殺願望を持っていたとはいえ、本件犯行の態様は、身体に灯油を浴びて火を付ける、自身の周辺に灯油をまいて火から逃れられないようにした上で火を付けるといった自殺の方法と比べると、明らかに確実性が劣ることや、本件犯行直後、熱かったからその場を離れた旨を述べているところ、本当に自殺することが主たる目的であればそのような行動に出るというのは到底考え難いことなどからすると、被告人が自殺を現実的なものとして想定し、これを主たる目的として本件犯行に及んだと認めることは困難である。

　むしろ、本件犯行の動機は、被告人が、質問者から誘導されることなく述べたとおり、①自分の性格上の問題があるのではないかということ、②患者を再骨折させてしまったのではないかということ、③やくざが自室に蛾を入れようとしてくるのではないかということについて考え込んでいたところ、特に、③について、強い不安、恐怖に襲われ、このように考えることを振り払うために、本件犯行に及んだものとみるべきである。

　なお、被告人は、本件犯行の動機として、死にたいという気持ちもあったと供述しているようにもみえる。しかし、この供述は、これと異なる内容の上記供述をした後に、質問者から誘導されたものであることに加えて、上記のとおり、被告人は平成24年1月頃から自殺願望を持っていたことからすると、誘導されるまま、その当時の心境を本件犯行の動機として供述した可能性がある。また、被告人は、本件犯行後、母から叱責されて放火の理由を聞かれた際に、「死ねるかと思った」旨述べたと認められるが、上記のとおり、被告人はその当時自殺願望を有していたこと、やくざに関することは、父母には信じてもらえないと思っていたので父母に伝えていなかったと認められ、本件犯行後も同様の心境であったと考えられることからすると、母に対する上記発言は、やはり、本件犯行の動機として述べたものではなく、本当の動機を話しても信じてもらえ

ないと考えていた被告人が、その当時有していた自殺願望と結び付けて理解しやすい動機として述べたものとみる余地もある。したがって、これらの供述や発言があるからといって、被告人が自殺を主たる目的として本件犯行に及んだと認めることはできない。

そうすると、被告人は、主に、やくざが自室に蛾を入れようとしているという被害妄想に直接に影響され本件犯行を決意したものといえる。そして、そのように考えることを振り払うという目的を達成するために、自室の押入れに放火するというのは、手段として全く適切でないから、本件犯行の動機は、被害妄想を前提としても、常識に照らして了解し難いといわざるを得ない。

さらに、本件犯行は、両親と共に診察を受けに行った精神科の病院からの帰宅後、事前の予定もさしたる直接的なきっかけもなく唐突に行われたものであり、衝動的なものである。

被告人は、上記のように考えることを振り払うために、唐突に本件犯行に及ぶ決意をし、実際に放火行為に出たと認められるところ、自分のしようとしていること（放火行為）を思い止まることがおよそできなかったからこそ、放火行為に出たと考えるのが自然であるように思われ、少なくとも、本件犯行当時の被告人には、放火行為を思い止まることができなかった可能性を否定することはできないというべきである。したがって、被告人は、本件犯行当時、精神症状を伴う重症うつ病エピソードに罹患していて、その重大な影響を受けており、少なくとも、被告人には行動制御能力がなかった可能性があるというべきである。

なお、検察官は、①被告人は、以前から灯油をまいて放火することを考え、当日朝にもストーブの給油タンクに灯油を満タンにしており、本件犯行には計画的側面があること、②被告人は、本件犯行の際、給油タンクを逆さにしても灯油が出なかったことから、逆止弁を押さえて灯油が出るようにし、天井の点検口を棒で動かし、空気が流れるようにするなどしており、本件犯行には合目的性があること、③被告人は、本件犯行後、消火に協力するなどの危険回避的な行動を取っていたことから、本件犯行当時、被告人には行動制御能力も残っていたと主張する。

しかし、①については、被告人は、押入れに灯油をまいて火をつけるという着想を有していたようではあるが、上記のとおり、いつ本件犯行に及ぶかを予め考えてはおらず、本件犯行は衝動的に行われたものというほかないのであり、しかも、検察官は給油行為が犯行計画の一環であることまでは立証していない（被告人がたまたまその日給油したという可能性は否定できない）から、それが犯行の計画性を基礎付けるとはいえない。また、②については、上記のとおり、本件犯行の動機は、被告人の被害妄想を前提としても了解困難なものである以上、本件犯行は、そもそも確たる目的を有しない不合理なものというほかない。被告人が押入れに火をつけるという行為に向けて一貫して合理的に行動しているからといって、その行為全体が合理性を備えることにはならない。行為の一部を全体から切り離し、切り離された一部の行為の合目的性を評価することにさしたる意味があるとはいえないのである。さらに、③については、被告人は本件犯行直後、直ちに消火活動に着手するのでなく、かえって自室の外でしばらく呆然と立っていたと認められるなど、その当時の被告人の様子からは、精神の障害により、本件犯行の危険性、消火の必要性を十分理解できていなかったとうかがえる状況もある上、その後の消火活動についても、目の前で父母や近隣住民が消火活動を行っていたところへ、水を汲むなどして加わったものに過ぎず、必ずしも消火の必要性を認識した上で行動していたとは言い切れない。

　以上によれば、検察官の上記各主張は理由がなく、その他、検察官が指摘する事情を考慮しても、上記判断に影響しない。

3　結論

　以上検討したとおり、被告人は、本件犯行当時、自分のしようとしていることがしてよいことかいけないことかについて判断し、その判断に従って、自分のしようとしていることを思い止まることがおよそできなかった可能性があり、心神喪失の状態であったと認められる。

　よって、本件公訴事実については、犯罪の証明がないことになるから、刑事訴訟法336条により、被告人に対し無罪の言渡しをする。

（求刑・懲役4年）

平成25年3月27日
神戸地方裁判所姫路支部刑事部
裁判長裁判官　溝國禎久／裁判官　炭村啓／裁判官　宮崎陽介

[ケース7]
強盗傷人被告事件（診断：躁うつ病→非定型精神病）
東京地立川支判平23・11・7　LEX/DB25563822
東京高判平24・10・3　LEX/DB25506042

控訴審において新たに行った当事者鑑定に依拠し、第一審とは異なる精神障害が認定された事例

報告論文

久保有希子　くぼ・ゆきこ　第二東京弁護士会

1　事案の概要

(1)　公訴事実

　被告人が、被害男性（74歳。以下「V」という）から金品を奪取しようと考え、路上で背後から背中を両手で強く押し、転倒させた上、立ち上がった同人の胸部等を持っていたアイスピックで少なくとも6回突き刺す暴行を加え、その反抗を抑圧し、同人がもっていた手提げバッグ1個等7点（時価合計約1000円相当）を強取し、暴行により、全治約1カ月間を要する胸背部刺創、肺損傷、頭蓋骨骨折、外傷性くも膜下出血、脳挫傷の傷害を負わせたとして、強盗傷人罪で起訴された事案。

(2)　事件の流れ

　被告人は、事件の約15年前から定職に就かず、母から小遣いをもらう、消費者金融から借金をするなどしていた。また、事件の1年前から生活保護を受給していた。事件の2年前から精神科に通院し、「うつ病、不眠症」であると診断されていた。

　事件の数日前に、生活保護費により借金を返済しており、事件当日の所持金は2000円であった。事件当日は、車で外出し、通行人から現金を

奪い取ることを思いつき、自宅敷地内に車を止めて、徒歩で事件現場に向かった。そして、初対面のVに対し上記公訴事実のとおりの暴行を行った。事件現場は、Vの自宅前であり、騒ぎを聞き、Vの妻が自宅から出てきた。被告人が100メートルほど逃走したところで引き返してきたため、その場でVにより現行犯逮捕された。なお、犯行時、被告人はパーカーのフードをかぶっていた。

(3) 争点
① 被告人の捜査段階の供述に任意性が認められるか（後述のとおり、公判において「被告人には事件時の記憶がない」と主張していたが、捜査段階で、事件の流れが書かれた供述調書が複数作成されていた）。
② 被告人が本件犯行当時、完全責任能力を有していたか否か。

(4) 判決
第一審および控訴審のいずれも任意性、完全責任能力を肯定。第一審は懲役6年、控訴審は、第一審判決を破棄し、懲役5年6月の判決。その後、上告棄却。なお、第一審と控訴審では、精神疾患名につき、異なる認定がなされた。詳細は後述のとおり。

2 裁判の経緯

(1) 捜査段階——公判前整理手続
当職および田岡直博弁護士は、控訴審段階から私選弁護人として受任した。第一審では国選弁護人2名が選任されていた。したがって、第一審判決までの経緯については、記録上から明らかとなっている事実や第一審弁護人から聴取した内容をもとにしている。
まず、捜査段階では、検察官から嘱託を受けたA医師による精神鑑定が実施された。
ただし、検察官が、精神障害を有する被告人の取調べに配慮した形跡は窺われず、取調べの全過程の録音・録画を怠っていた（一部は録音・録画あり）。

その上で、第一審の公判前整理手続きの際に、裁判所は、弁護人から前提事実の誤認を指摘され、いったんはA鑑定に疑問があると判断して再鑑定を採用し、B医師に正式鑑定を命じた（以下「B鑑定」という）。B鑑定は、同僚医師と共同して家族から聴き取りを行い、被告人は「うつ病、有機性溶剤使用に伴う器質性精神障害、抗うつ薬パキシルの中断症候群、その他の薬剤の離脱症状」等であり、A鑑定は誤りであると判断した。
　また、供述の任意性については、以下のように争点整理されている。

（検察官の主張）
　被告人は捜査段階における取調べの時点で重度のうつ病に罹患しておらず、かつ、取調べは適正に行われており、被告人の捜査段階における供述には任意性がある。
（弁護人の主張）
　被告人は、上記器質性精神障害に伴い知能が低い上、捜査段階における取調べ当時、重いうつ病に罹患していた。被告人はそのような病状下において警察官及び検察官から威嚇、誘導されながら供述したもので、その供述には任意性は認められない。

　さらに、検察官の責任能力に関する主張の概要は以下のとおりであった。

① 動機が存在し、その動機が了解できる（生活保護費を家賃、パチンコ代などに使い、金に困っての犯行で、動機が存在し、十分理解できる）。
② 被告人自身が、自分の行為の意味と行為が悪いと分かっていること（犯行時、パーカーのフードをかぶって顔を隠したり、犯行後、現場から逃走したりするなど、自分の行為の意味と行為が悪いことをわかっていた）。
③ 衝動的な犯行とはいえないこと（アイスピックを持ち、抵抗力の弱い一人歩きの高齢者を探し、被害者に狙いを付けるなど、計画性さえうかがわれ、衝動的犯行とはいえない）。
④ 犯行に際して、目的に合った合理的行動をとっていること（アイス

ピックを持ち、パーカーのフードで顔を隠して高齢者を探し、Vを見つけて手提げバッグを狙い、背後から強く押して転倒させたが立ち上がったので、アイスピックで何度も刺し、手提げバッグを奪ったもので、金品を奪う目的に合った合理的行動をとっている）。

それに対する、第一審の弁護人の責任能力に関する主張は以下のとおりであった。

抗うつ薬等の服用を中断した影響および有機溶剤を使用したことによる器質性精神障害の影響で、心神耗弱状態にあった。その根拠は以下のとおりである。
① 被告人には事件を起こすまでの記憶がない
② 供述調書が信用できない
③ A鑑定は家族からの聴き取りが不十分など、信用できない
④ その他（被告人は自ら戻ってVに取り押さえられたこと、自宅の近くで犯行していること、親戚からお小遣いをもらっていたことなど）。

(2) 第一審（東京地立川支判平23・11・7）

第一審判決は、まず、①検察官調書の信用性につき、「本件犯行に至る経緯、本件犯行の態様、本件犯行後、逃走して取り押さえられるまでの状況等につき具体的で自然かつ詳細な内容であって、Vの負傷状況や同人が当時着用していた衣服の損傷状況等の客観的な証拠並びにV及び犯行直後の状況を目撃した同人の妻の供述とも整合していることに照らせば、その信用性についても十分認めることができる」と判断し、信用性を肯定した。

その上で、②A医師の鑑定（以下、鑑定書と同人の公判廷における証言の内容をあわせて「A鑑定」という）の信用性につき、「A医師は、頭部CT検査、脳波検査、心理検査、被告人との面接（合計40回位）、事件記録の検討等を行って鑑定資料を収集し、その鑑定資料を前提として、国際的に広く用いられている診断基準を用いて、精神鑑定を実施しており、その鑑定手

法や判断課程は合理的なものであり、A鑑定の信用性は高い」と判断し、A鑑定の信用性を肯定した。そして、A鑑定に依拠し、被告人の精神障害は「境界性パーソナリティ障害」であると認定した。

他方で、「B鑑定は、その主要な部分について、前提とすべき事実を考慮せず、あるいは、十分な根拠をもたないものであるから、採用することはできない」として、その信用性を否定した。

そして、検察官調書を引用しながら、③責任能力を検討する上で着目すべき事情として、㋐犯行動機の了解可能性、㋑違法性の意識および㋒行動の合理性の3点を検討し、㋐「被告人は、本件犯行当時、生活保護を受給していたが、本件犯行の3日前である平成○年△月×日に支給された△月分の生活保護費を数日でほとんど使い果たし、生活費に窮して本件犯行に及んだものであり、その動機は十分に了解可能である」、㋑「被告人は、本件犯行当時、顔を見られにくくするために着ていたパーカーのフードやマスクで顔を隠したり、犯行直後、現場から逃走していることなどから、被告人が本件犯行当時、自己の行為の意味や違法性について十分な認識を持っていたと認められる」、㋒「手提げバッグを持って一人で歩いている高齢のVを見つけ、顔を見られにくくするために着ていたパーカーのフードを頭に被り、背後からVに近づいてその背中を両手で強く押して転倒させたが、Vがすぐに立ち上がり、抵抗してきたため、アイスピックでVを突き刺して抵抗を封じ、手提げバッグを奪って逃走したという一連の被告人の行動は、通行人から金品の入ったバッグを強奪するための合理的な行動と認められる」と判示した上で、「A鑑定及びアないしウ記載の事情を総合すれば、被告人は、本件犯行当時、自己の行為の是非善悪を正しく判断する能力及びその判断に従って自己の行為を制御する能力を十分に有していたと認めることができる」と判断し、弁護人の心神耗弱の主張を排斥した。

(3) 控訴審
ⅰ 証拠収集
　控訴審では、第三者であるC医師に私的鑑定を依頼した。その前提と

して、以下のような証拠を収集した。

- 被告人の家族から聴取り
- 犯行現場付近のコンビニエンスストアの店員から聴取り
- 逮捕直後に診察を受けたK病院の診療録を取り寄せ

その上で、C医師からは、A鑑定とB鑑定の両方に問題点があり、「非典型的な気分障害ないし非定型精神病」が強く考えられ、本件犯行時も「急性精神病状態」であった可能性がある旨の意見書を得た（以下「C意見」という）。

また、第一審判決において、鑑定を実施したB医師と面会し、第一審判決においてB鑑定の信用性を否定する根拠として指摘された点について、補充する意見書を得た。

A鑑定とC意見の対比は、表1のとおりである。A鑑定がいわゆる「7つの着眼点」に沿った鑑定を行っていたことから、以下ではそれに対応する部分のみを記述しておくこととする。

表1　A鑑定とC意見の対比

	A鑑定	C意見
精神障害	境界性パーソナリティ障害、軽度精神遅滞	急性精神病症状（錯乱状態ないし夢幻様状態）を呈する非典型的な気分障害ないし非定型精神病
病的体験と犯行の関係	本件犯行当時は、精神病状態にはなく、境界性パーソナリティ障害の性格傾向が強まった状態で犯行に及んだ。	本件犯行当時も、急性精神病状態であった可能性があり（例えば中等度の錯乱状態であったと考えることは可能である）、目的に向けてまとまった行動を行うことができない精神状態であったために本件犯行に及んだ。
元来の人格との異質性	本件以前から時折、苛々して過激な粗暴行為があり、本件犯行に通ずる。平素と異なる人格異質性はない。	暴力はないわけではないが、その傾向は社会生活を不可能にするほどのものではなかった。これらの暴力傾向が生じた時期は急性精神病状態であった可能性がある。

	A鑑定	C意見
動機の了解可能性	自分の要求を満たすための自己中心的な暴力行為に出ただけで、犯行動機には一定の了解可能性がある。	金銭目的でバッグを取ったのだとすれば再度被害者を襲いに行くのは理由がない。この時点での被告人は、目的に向けてまとまった行動を行うことができない精神状態であった可能性がある。
行動の合理性	経済的困窮状態で窃盗を思いつき、抵抗されたことで、目的を達成するために無我夢中で相手に粗暴行為を働いた。犯罪であることを認識しており、それを現認されたことで逃走したが、ハッと我に返り良心の呵責を覚え現場に戻った。犯行手順には一貫性・合目的性が認められる。	正常に見える一連の流れの行動も、まとまりのない行動のつながりである可能性がある。全体として見ると何か腑に落ちない。
違法性の意識	犯行前後を通して、強盗傷害という行為の違法性・反道徳性を一般的な常識の範囲内では認識していたと思われる。	どこかでまとまりのない行動をしながらでも意思がまったくないわけではなくて、たとえば金を取るという意思、それは場合によってはあった可能性がある。しかし、夢幻様状態の中で特に大きな意味もなくそういうことをされたのかもしれないし、この辺りは何とも言えない。

ii　公判

控訴審での弁護人の主張は以下の3点である。

① 訴訟手続の法令違反（任意性）
② 事実誤認（責任能力）
③ 量刑不当

ただし、これらの問題は相互に関連していた。責任能力判断は、被告人の捜査段階における供述の任意性および信用性を前提としており、量刑判断は、責任能力判断を前提としている。主張の概要は以下のとおりである。

被告人は、本件犯行当時、「うつ病、有機性溶剤使用に伴う器質性精神障害、抗うつ薬パキシルの中断症候群、その他の薬剤の離脱症状」あるいは「非典型的な気分障害ないし非定型精神病」による「急性精神病状態」にあり、弁識能力及び制御能力が著しく障害されており、心神耗弱の状態にあった疑いがある。第一審判決は、信用性に疑問のあるA

鑑定及び検察官調書に基づき、「境界性パーソナリティ障害、軽度精神遅滞」ではあるが、完全責任能力であったと認定しており、事実認定を誤っている。

　本件犯行動機は一見すると了解可能に見えるが、よくよく突き詰めて考えると不合理であり、了解不能である。被告人は本来は温厚な人格であり、数か月前に弟に暴力を振るった事件があるに過ぎないから、本件犯行は被告人の本来の人格とは著しい乖離がある。

　被告人が行為の意味や違法性の認識を持っていた可能性はあるが、逆に十分ではなかった可能性もある。また、犯行前後の行動は一見合理的に見えるが、犯行現場から立ち去った後に反転して被害者に向かっていくなど不合理な面もあり、「まとまりのない行動のつながりである可能性」も否定できない。

　了解可能性や違法性の認識、犯行前後の行動の一貫性等の判断はいかにも表面的であり、真の意味で、精神症状の多様性やその影響の深さが理解されているとは思えない。一見すると了解可能に見える動機の中に真実は病的体験の影響を見い出したり、一見すると合理的に見える行動の裏側に不合理な面を見い出すことが専門家である精神科医の役割であり、その知見は（前提条件に問題がない限り）尊重されるべきである。

　結局、複数の精神科医の見解のうち、いずれが正しいかを判断することができないときは、疑わしきは被告人の利益に、の原則に従い、最も被告人に有利に判断するほかない。そして、B鑑定とC意見のいずれも、精神病及び薬剤が本件犯行に影響を及ぼしたことを認めており、その程度は一義的に明らかにされてはいないものの、弁識能力及び制御能力が著しく障害されていた可能性を否定しないものである。そうだとすれば、少なくとも、本件犯行当時、弁識能力及び制御能力は著しく障害されており、心神耗弱の状態にあったと認めるのが相当である。

　なお、公判の前に、控訴審の担当裁判官に面会に行った。そして、C

医師の証人としての必要性を口頭で伝えた。裁判官はC医師の意見書の内容には強い関心を示しており、その後、C医師の証人尋問が採用された。

ⅲ　控訴審判決

控訴審判決は、「A鑑定の前提となる事実の捉え方には疑問が残る」「被告人が境界性パーソナリティ障害であることを前提に本件犯行当時の被告人の精神状態を判断するのは誤りである旨の所論には傾聴すべきものがある」と判示してA鑑定の信用性を否定した。そして、C意見に依拠し、「被告人が、時に急性精神病状態を精神状態の変動を生じさせる、非典型的な気分障害ないし非定型精神病に罹患している可能性があることを前提に、本件犯行時の責任能力を検討するのが相当である」と認定した。

しかし、被告人の精神障害の名前を「境界性パーソナリティ障害」（A鑑定）から「時に急性精神病状態を疑わせる精神状態の変動を生じさせる、非典型的な気分障害ないし非定型精神病」（C意見）に差し替えただけで、前記精神障害が犯行に与えた影響の有無および程度を検討し直すことなく（責任能力判断に際しては、単に、第一審判決で認定された事実を前提とする、と言及したのみであった）、第一審判決の責任能力判断及び量刑判断を是認し、弁護人の事実誤認および量刑不当の控訴趣意を排斥した（表2参照）。

ただし、第一審判決後の追加被害弁償5万円があったことを主たる理由として、懲役6年の第一審判決を破棄し、懲役5年6月とした。

表2　第一審判決と控訴審判決の判示の対比

	第一審判決	控訴審判決
精神障害	パーソナリティ障害（A鑑定）	時に急性精神病状態を疑わせる精神状態の変動を生じさせる、非典型的な気分障害ないし非定型精神病（C意見） ※　第一審判決の認定を変更
判断要素 （着眼点）	①動機の了解可能性、②違法性の意識、③行動の合理性	同左 ※　第一審判決の認定を維持
弁識能力 制御能力	弁識能力・制御能力を十分に有していた	弁識能力・制御能力が一定程度減弱していた可能性はあるが、これらが著しく減弱するまでには至っていなかった ※　第一審判決の認定を維持

3　雑感

　本件の特殊性は、第一審において、再鑑定が実施されたにもかかわらず、第一審自ら、その再鑑定の信用性を否定し、当初の起訴前鑑定の信用性を肯定した点である。

　しかし、捜査段階に実施されたＡ医師の鑑定は、家族や第三者から裏づけを取らず、被告人の供述を鵜呑みにしたため、前提事実を誤認した極めて杜撰なものであった。また、Ａ鑑定は本来中立的に言及されることを想定していた７つの着眼点の要素について、法律的な判断を先取りする内容となっており、かつ、第一審判決はその影響を大きく受けた判断内容となっていた。７つの着眼点の弊害が如実に表れていた鑑定であるように思う。

　責任能力が争われる事件は、精神医学的知見を理解することが不可欠であり、通常でも難しい判断が求められる。特に、本件は３人の精神科医が三者三様の診断を付けており、難解な事件である。裁判員制度は、国民の健全な社会常識を刑事裁判に反映させることを目的としたものであり、その意義は大きいものがある。しかし、裁判員といえども、知的障害や精神障害に対する理解を有しているとは限らない。法曹三者も精神医学に関しては素人であり、専門家の判断を尊重する謙虚な態度が求められる。そして、３人の精神科医の意見のいずれが正当であるかの判断ができないときは、疑わしきは被告人の利益に、の原則に従うべきである。

　本件のような精神障害者の犯罪が問題となる場面においては、素人的な考えから誤った判断をしがちであり、厳罰傾向に傾く危険性がないではない。本来、それを防ぐのは法曹三者の役割であるが、本件の第一審においては十分にその役割を果たせていなかったように思う。

　たとえ第一審が裁判員裁判であっても、その判断に誤りがあれば、控訴審において改めて証拠を検討し、責任能力判断をし直すべきである。それは、何ら裁判員裁判の意義を否定するものではない。

コメント（弁護士）

菅野亮 すげの・あきら　千葉県弁護士会

【本事例のポイント】

① 複数の鑑定があり、異なる診断名が出た場合でも、診断部分だけでなく、被告人の精神症状が弁識能力・制御能力および本件事件にどのように影響したかについて説得的な主張・立証が求められる。

② 鑑定を検討する際、当該鑑定が前提とした、あるいは前提としなかった事実に着目してその信用性を検討する必要がある。特に、自閉症スペクトラム障害、知的障害およびパーソナリティ障害等については、幼少期の発達に関する客観的資料が検討される必要がある。

③ 捜査段階において、了解可能な動機が記載された供述調書が誘導等により作成されてしまう可能性がある。弁護人は、取調べの全過程の可視化を求めるだけでなく、弁護人においても接見時の被疑者の言動等を証拠化しておく必要がある。

1　弁護活動の留意点

　原審弁護人は、起訴前鑑定（以下「A鑑定」という）の疑問点を提起し（ただし、その具体的内容等は、記録からは不明である）、公判前整理手続において、いわゆる50条鑑定（以下「B鑑定」という）が実施されることとなった。

　しかし、原審では、何らかの問題があると考えられて再鑑定となったにも関わらず、起訴前のA鑑定の信用性が肯定され、B鑑定の信用性が否定された。

　控訴審弁護人は、控訴審段階で、C医師の意見書（いわゆる私的鑑定、以下「C意見」という）を証拠請求し、控訴審では、C意見の診断が採用されている。

　しかし、控訴審では、C意見の診断が採用されたものの、責任能力に関する判断に関しては、原審の判断が是認されている。

控訴審は、次のように指摘し、責任能力を認めた原審の判断を是認した。
弁護人としても診断の正しさが認められたとしても、当該疾病の症状がどのように責任能力判断に影響を及ぼすのかという点に関して説得的な主張・立証ができなければ有利な結論を得ることはできない。

本件犯行動機が十分了解可能であること、被告人が本件当時自己の行為の意味や違法性について十分な認識を持っていたと認められること及び本件犯行前後の被告人の一連の行動が合理的なものと認められることから、A鑑定とこれらの事情を総合すれば、被告人は、本件犯行当時、自己の行為の是非善悪を正しく判断する能力を十分有していたと認めることができる。
原審記録を調査し、これに当審の事実取調べの結果を踏まえて検討しても、原判決の上記結論に誤りは認められない。

(控訴審判決・抜粋)

2 本件における判断の分岐点

(1) 控訴審弁護人は、原審が認定した被告人の精神障害の診断が誤っていることを前提に、次の点を指摘し、心神耗弱を主張した。

① 供述調書に記載された被告人供述は信用できず、これを前提に被告人の一連の行動が合理的と判断することは誤りである。
② 動機は了解不能である。
③ 逃走できる状況であるにもかかわらず、現場に戻って来た被告人の行動は、了解不能であり、行為の意味や違法性の認識も十分でなかった。

(2) 弁護人は、原審の責任能力判断を覆すために必要なポイントを的確に指摘している。しかし、弁護側主張を支える証拠が弱いのは事実である。
①の点については控訴審では「あれこれ思い悩んだ心理状況をも踏まえた自然な内容の供述をしており、これが被告人の記憶と無縁なものとは

[ケース7] 強盗傷人被告事件（診断：躁うつ病→非定型精神病）

到底解し難い」とされている。

　上記認定を覆すためには、捜査段階のこれと異なる被告人供述等を証拠化しておくなどの活動が考えられるが、本件事件でそれが可能であったかは不明である（あるいは不利な証拠を提供しないという観点から黙秘するという選択もあり得る）。

　②の点についても、被告人が生活保護受給者であり、お金のない被告人が強盗するという裁判所にとってわかりやすいストーリーを覆すことは通常は困難だと思われる。そのためには、単なる利欲的な動機以外に、何らかの精神症状の影響があったことを具体的に示すことが必要だと思われるが、本件ではそのような証拠もない（C意見では、犯行時に急性精神病状態であったとしているが、田口コメントにあるようにこのような状態像だとする論拠は乏しいように思われる）。

　③の点は、控訴審でも、それなりに共感をもって受け止められている点ではあるが、結局「被告人は、原審乙2号証において、被害者が死んでしまうのではないかと怖くなり、被害者の方に戻った旨供述していて、生活費に窮し、追い込まれた気持ちにもなって、遂に本件犯行に及び、被害者から手提げバッグを奪って逃げたものの、そこで事の重大さに気付き、被害者のことが心配になったという心理の経過は、決してあり得ないことではない」として、被告人の行動が責任能力判断に強い影響を与える事情になるとは考えられないとした。

　供述調書に、わかりやすく、了解可能なストーリーを作られてしまった点が判断の分岐点になってしまったように思われる。

(3)　検討

　原審および控訴審が重視しているのは、動機の了解可能性および行動の合理性である。

　強盗に向けた行動の合理性は否定しがたい点もあるが、精神障害の影響が大きい場合でも、外形的には犯罪は実行できるわけであり、しかも本件では上記③のとおり、不合理にも思える行動もあるため、この点は決定的な事情とはならない。

やはり、生活保護受給者で金銭に困窮している状況と本件事件が財産犯であり、了解可能な動機が記載された供述調書の存在が責任能力を肯定する大きな事情になったかと思われる。

　本件では、取調べ状況の一部について録音録画がされていたようであるが、一部の録画では、わかりやすい動機・経緯等が捜査官の誘導で、あるいは捜査官と被疑者の協同作業で作られていく過程が検証できない。被疑者段階の弁護人としては、わかりやすい動機が記載された供述調書が作成されないように黙秘させたり、接見時の被疑者の言動等を保全する対応策が求められる。

3　鑑定の信用性判断　客観的資料の重要性

(1)　鑑定を検討する一つの視点

　精神鑑定は、精神医学の専門家が作成するものであり、我々のような精神医学の素人にはその信用性を漠然と吟味することは難しい。

　しかし、まず、鑑定では、被告人の精神機能・症状に関する情報が的確に収集されていなければならない。情報収集がきちんと行われているか、あるいは事実に反するエピソードが鑑定の前提にされていないかという観点からの検討は、比較的容易である。

　特に、診断基準上、症状の発現時期が重視されている精神障害（たとえば、自閉症スペクトラム障害、知的能力障害群）に関しては、幼少期の発達に関するエピソード、学校に残存する指導要録、通知表等の資料、本人が作成した作文等が貴重な資料となる。

　それらの資料を前提にしていない起訴前鑑定が存在した場合、まずは、弁護人において弁護士会照会制度や家族の協力を得た上でそれらの資料収集を行い、起訴前鑑定の信用性を慎重に吟味することになる。

【自閉スペクトラム症／自閉症スペクトラム障害】
　C　症状は発達早期に存在していなければならない（しかし社会的要求が能力の限界を超えるまでは症状は完全に明らかにならないかもしれないし、その後の生活で学んだ対応の仕方によって隠されている場合もある）。

【知的能力障害群】
　　C　知的及び適応の欠陥は、発達期の間に発症する。

DSM-5（診断基準部分の抜粋）

(2)　原審が信用性を認めた起訴前鑑定の検討

　原審は、50条鑑定であるB鑑定の信用性を否定し、起訴前鑑定であるA鑑定の信用性を認めた。A鑑定の診断名は、「境界性パーソナリティ障害の特徴を有し、軽度精神遅滞の状態」とされる。

　しかし、A鑑定には、田口コメントにあるように鑑定人の評価を裏づける客観的な情報が乏しい点や犯行についてすべてパーソナリティ障害を前提に説明している等の問題がある。

　控訴審は、C意見の指摘どおり、被告人の粗暴癖に関するエピソードが家族から否定されていることや被告人の生活歴等から境界性パーソナリティ障害だとするA鑑定には「前提となる事実の捉え方」に疑問が残るとした。

　また、控訴審の判決文では指摘されていないが、C意見では、A鑑定では前提とされていなかった幼少期の記録に基づき、「先天性ないし早期からの知能障害である精神遅滞は否定的であり、むしろいったん獲得された知能が低下したものと考える方が自然である」とされた。この点も、A鑑定よりも、豊富な資料を前提にした合理的判断であり、C意見の診断部分の信用性を高めることになっている。

　控訴審では、診断については、A鑑定よりもC意見が信用されたが、それは、C意見がA鑑定よりも豊富な資料を参考にし、被告人の供述だけではなく、関係者から得られた被告人に関するエピソードや生活歴等を前提に慎重な検討しているからだと思われる。そのような前提資料の質および量が、疾病診断の信用性に大きく影響することになる。

　弁護人が主張の核とする鑑定の信用性を高めるためには、弁護人が、質及び量ともに豊富な客観的資料を収集し、必要に応じて鑑定人に提供しなければならない。

コメント(精神科医)

田口寿子 たぐち・ひさこ　神奈川県立精神医療センター

　この事例は、精神科通院歴があったことに加え、強盗目的で外出したわけではないのに、偶然出会った男性に対し唐突に犯行に及んだ点、犯行後にわざわざ現場に戻り逮捕された点などが不可解であったため、衝動的な犯行態様が精神医学的な異常によるものかどうか、明らかにするために精神鑑定が依頼されたと考えられる。

1　起訴前鑑定

　起訴前鑑定(以下、A鑑定)時、被鑑定人には横柄な態度、情動不安定、誇大的で一貫しない供述、他患への過干渉などが認められていた。A鑑定は、主として鑑定時の精神状態をもとに「境界性パーソナリティ障害」と診断し、犯行も本来のパーソナリティによるものとした。また知能水準の低下(IQ66)について、面接所見と「小学校の成績が悪かった」という本人の話から、「軽度精神遅滞」と診断した。

　A鑑定は、鑑定人の評価を裏づける客観的な情報が乏しい点、犯行についてすべてパーソナリティ障害を前提に説明している点が問題である。パーソナリティ障害、精神遅滞いずれの診断にあたっても、幼少期・青年期の発達や生活の状況、学校生活、家庭環境について詳細に把握することが不可欠である。しかし、A鑑定人は家族と短時間電話で話しただけで「供述が信用できず、面接をする必要がない」と速断し、家族から直接本人歴を聴取していない。そもそも供述の信用性を評価するためにも十分な時間をかけて面接する必要があるし、同時に成績表や家族以外の証言など客観的な情報を可能な限り入手するよう努めるべきであろう。また、パーソナリティ障害の診断で重要となる性格検査の評価も十分であるとは言えない。

　A鑑定時の被鑑定人の言動・行動からは、当時軽躁状態だった可能性が強く疑われる。本人の話の内容(たとえば、本人の語るような複数の暴力

行為があったら逮捕歴も多いはずだが、そのような事実はない)を家族や通院先の担当医などに確認すれば、気分障害が背景にあることを推測するのはさほど困難ではないように思われる。気分高揚のため誇大的で不遜な態度になると、軽躁状態の患者は初対面の医師にパーソナリティ障害を疑われることがあるが、A鑑定人は、気分障害を見落とした上に「境界性パーソナリティ障害だから嘘つきだ」という二重の誤った思い込みにとらわれている。そのために生活歴、現病歴など、精神疾患の診断にあたって重要な縦断的な情報収集がおざなりになり、その結果、横断面(現在症)と状況面(犯行当時の経済的困窮)だけに焦点を当てるしかなくなって、精神科診断や犯行時の精神状態に関する判断を誤ったという印象を強く受ける。

2　公判前の再鑑定

公判前の再鑑定(以下、B鑑定)は、「社交不安障害、うつ病、薬物乱用、有機溶剤使用に伴う器質性精神障害、抗うつ剤の中断症候群、その他の薬剤の離脱症状」と診断し、「有機溶剤使用による器質性精神障害に伴う知的機能の障害に加え、薬物の中断という急激な外因性の変化により、不安焦燥、衝動性が亢進し、特に衝動を制御する能力は減弱していた」と判断した。

B鑑定では、家族との面接も実施され、中学の指導要録も取り寄せられて、生活歴、現病歴の情報はA鑑定から大幅に修正されている。また鑑定入院中、本人の同意を得て犯行前に中断した薬物のうちパキシルだけ当時の用量を服用させ、その後中止して精神状態の変化を観察しており、中止後いらいら感が増強することを確認している。知能検査では境界知能の水準(IQ75)で、知的機能の低下についてB鑑定は、①私立中学時代での成績から生来の知的障害とは言えない、②17歳時より約20年間塗装業に従事していた間、マスクを着用せず大量に有機溶剤を吸引し、不眠、頭痛、幻視など中毒症状が早期より出現している、③脳波で全般的な脳機能低下を示す所見(徐波化)が認められる、などを理由に、精神遅滞ではなく有機溶剤使用による器質性精神障害と診断した。これらを

総合して、上記の結論となった。

　鑑定書、鑑定人尋問調書を読む限り、B鑑定でも診断の根拠となった事実は明確ではなく、診断に至る論証も推測の域を出ないものが多い。中断症候群（離脱症状）であると主張するなら、その前に服用していた薬物の種類と量、中断後の被鑑定人の精神状態に関する情報をより詳細に把握しておく必要がある。また、薬物の影響を検討するのであれば、鑑定期間中に薬物投与をすべて中止して経過をみるべきではなかったか、脳波異常を根拠に器質性の精神障害を疑うのであれば、再検査や睡眠脳波検査など繰り返し行ってみるべきではなかったか、など、鑑定手法にも検討の余地がある。

　B鑑定で最も注意を引くのは、被鑑定人の精神状態がA鑑定時とまったく異なっている点である。緊張感は強いが「対応は終始穏やかで、スタッフの指示や誘導に素直に応じ、礼節も保たれていた」という記載を読むと、A鑑定時と同じ人物と思えないほどで、B鑑定はパーソナリティ障害を否定している。しかしB鑑定人は、鑑定書でも尋問でも2つの鑑定の間の被鑑定人の精神状態の違い、あるいは変化した可能性について何も説明していない。同様に、逮捕後から再鑑定までの間で供述の変遷が認められるのに、それについての検討もしていない。このような相違、変遷は精神医学的には重要な所見であり、もし着目していなかったとするなら、鑑定の前提事実の把握が不十分だったと言える。

　再鑑定で初回鑑定と異なる結論を出す場合、特にそれが責任能力判断を変える可能性がある場合には、なぜ診断が異なっているのか、鑑定人自ら検討しておくべきであろう。それによって、自身の鑑定を検証し、より説得力のある説明ができるだけでなく、法曹関係者や裁判員にも精神科診断が分かれた理由が理解しやすくなると考える。

3　控訴審に提出された意見書

　第一審判決は、B鑑定を採用せず、A鑑定の「境界性パーソナリティ障害」という診断のみを採用して、完全責任能力と認定した。A鑑定の信用性に疑問があるとして再鑑定を命じたはずなのに、なぜ裁判所がA鑑定

の「鑑定手法や判断過程は合理的で信用性は高い」と判断したのか、判決文を読んでもよくわからない。裁判員裁判では、判決文も従来のように詳しいものを作成しないため、判決に至ったプロセスがわかりにくいのだろうか。

控訴審で弁護人が依頼した第3の精神科医師による意見書（以下、C意見書）は、2つの鑑定の問題として、本人歴に関する情報不足という点を指摘し、それを補うため犯行前の通院先の診療録を丁寧に分析している。そこから、①初診以降気分の波があって、パキシル内服で抑うつが改善し、気分高揚時には衝動性が高まって対人トラブルになることもあった、②知能低下は後天的なものである、③境界性パーソナリティ障害としては非典型的である、と述べ、薬物中断症候群の可能性については、中断後10日を経ていることから「かなり疑問が残る」としている。多面的な検討の結果、C意見書は「非典型的な気分障害ないし非定型精神病」と、2つの鑑定いずれとも異なる診断をし、犯行時の行動のまとまりのなさ、記憶の部分欠損（意識障害の可能性）などから、犯行時は、後天的な精神機能の低下、経済的困窮、服薬中断など複数の要因が関わって急性精神病状態にあった可能性があるとしている。

C意見書では2つの鑑定の判断が分かれた理由についても検討されており、全体にA、B両鑑定よりも説明が合理的でわかりやすい。控訴審判決がC意見書の「非典型的な気分障害ないし非定型精神病」という診断を採択したのも、おそらく最も説得力があったからであろう。しかし筆者は、3人のベテラン精神科医の診断が分かれた最も大きな理由は、薬物中断や気分変動の影響があったとはいえ、当時の被鑑定人が特定の診断を満たしうる明らかな異常を呈していなかった（筆者はC意見書の「急性精神病状態」という見立てに関しては疑問をもっている）ためではないか、そして控訴審判決が、精神医学的な判断については3つの異なる意見の中から最も合理的なものを採択しつつも、責任能力判断については司法の立場から完全責任能力と認定したことは妥当だったのではないか、と考える。

4 鑑定書の簡略化の弊害

　この事例であらためて感じたのは、鑑定書の簡略化の弊害である。裁判員裁判対象事件の鑑定では、検察官や裁判官から「メモ程度の鑑定書を提出するだけでいい、あとは法廷で説明してほしい」と言われることがある。それでも収集した情報をすべて記載し丁寧な考察をして従来どおりの鑑定書を作成する鑑定人がいる一方で、メモ程度の鑑定書でいいなら、と、情報収集や問診など基本的な鑑定の作業も十分に行わない鑑定人が増えている。本件の2つの鑑定でも10ページ程度の書面が提出されているが、いずれも本人歴や犯行前後の精神状態などの記載が短く、鑑定時の問診記録もないため、診断の根拠になっている情報が何なのか、そもそも必要な情報収集がなされたのかどうかさえ確認ができない。公判の証人尋問によって補われる部分があるとはいえ、やはり情報不足は否めず、何をどのような根拠で信用すべき情報として採用し、どのような診断過程で判断したのか、ということがわかりにくいのである。

　裁判員裁判対象事件であっても、やはり従来どおりの詳細な鑑定書を作成することが必要であると感じる。鑑定人は鑑定書を書く作業を通して、収集した情報を整理し、診断過程の論理を組み立て、自己検証しながら診断を明確にしていくものであり、その過程を疎かにすると、やはり質の高い鑑定はできない。最近は、法曹関係者にも同様の認識が共有されつつと感じており、軌道修正されていくのではないかと期待している。

判決書（第一審）
東京地立川支判平23・11・7　平成22年（わ）第1335号
LEX/DB25563822

主文

　被告人を懲役6年に処する。
　未決勾留日数中280日をその刑に算入する。
　押収してあるアイスピック1本（平成23年押第39号の1）を没収する。

理由

(罪となるべき事実)

　被告人は、V（当時74歳）から金品を強取しようと考え、平成22年6月6日午後11時10分ごろ、東京都八王子市●●●付近路上において、同人の背後からいきなりその背中を両手で強く押し、同人をその場に転倒させた上、立ち上がった同人の胸部等を持っていたアイスピック（平成23年押第39号の1）で少なくとも6回突き刺す暴行を加え、その反抗を抑圧して、同人が持っていた手提げバッグ1個等7点（時価合計約1000円相当）を強取し、その際、前記暴行により、同人に全治約1か月間を要する胸背部刺創、肺損傷、頭蓋骨骨折、外傷性くも膜下出血、脳挫傷の傷害を負わせたものである。

(争点に対する判断)

1　本件の争点は、①被告人の捜査段階における供述（乙2号証及び乙3号証）に任意性が認められるか否か、②被告人が本件犯行当時、完全責任能力を有していたか否かである。

2　争点①（被告人の捜査段階における供述の任意性）について

〈略〉

3　争点②（本件犯行当時の被告人の資任能力）について

　弁護人は、被告人は、本件犯行当時、それ以前から服用していた抗うつ薬等の服用を中断した影響および有機溶剤を使用したことによる器質性精神障害の影響で、自己の行為の是非善悪を弁識する能力又はこれに従い行動を制御する能力が著しく減退した状態にあり、心神耗弱状態であったと主張するので、以下、検討する。

⑴　被告人について、捜査段階において、医師A（以下「A医師」という。）による精神鑑定が行われ（以下、その作成に係る鑑定書（甲16）及び当公判廷における証言の内容を併せて「A鑑定」という。）、次いで、公判前整理手続において、鑑定人B（以下「B鑑定人」という。）、による精神鑑定が行われた（以下「B鑑定」という。）。

　A鑑定の要旨は「被告人は、本件犯行当時、境界性パーソナリティ障害の特徴を有し、軽度精神遅滞の状態であった。本件犯行時は、境界性パー

ソナリティ障害の特徴を有する性格傾向が強まった状態で犯行に及んだが人格異質性は認められず、自己の行為の是非善悪を正しく判断する能力は保たれており、その判断に基づいて自己の行為を制御する能力は著しく障害されていなかった」というものである。

B鑑定の要旨は「被告人は、本件犯行当時、有機溶剤使用による器質性精神障害、抗うつ薬パキシルの中断症候群、その他の薬剤の離脱症状、うつ病等に罹患していた。被告人は、有機溶剤使用による器質性精神障害に伴う知的障害などの症状に加え、薬物の中断という急激な変化により自らの衝動を制御する能力は減弱していたと考えられる」というものである。

(2) そこで、検討すると、A医師は、頭部CT検査、脳波検査、心理検査、被告人との面接（合計40回位）、事件記録の検討等を行って鑑定資料を収集し、その鑑定資料を前提として、国際的に広く用いられている診断基準を用いて、精神鑑定を実施しており、その鑑定手法や判断過程は合理的なものであり、A鑑定の信用性は高い。

これに対し、B鑑定人は、有機溶剤使用による器質性精神障害の診断根拠の1つに挙げる脳機能低下を疑わせる徐波を所見した際、これを生じさせる可能性がある薬物を被告人に処方していた事実を考慮していない。また、同鑑定人は、被告人にパキシルの中断症候群がみられるとしているが、パキシルは服薬後5日間で身体から消失するところ、本件犯行時の被告人は、その供述によっても、パキシルの服薬を中断してから10日が経過しており、その時点で突如として中断症状が生じることの根拠が不明確であることに加え、パキシルの中断症候群として被告人にどのような身体症状の発現が認められたかについても明確にしていない。このように、B鑑定は、その主要な部分について、前提とすべき事実を考慮せず、あるいは、十分な根拠を持たないものであるから、採用することはできない。

(3) 本件犯行時における被告人の責任能力を検討する上で着目すべき事情として、以下の事情が認められる。

ア 被告人は、本件犯行当時、生活保護を受けて生活していたが、本件

犯行の3日前である平成22年6月3日に支給された1月分の生活保護費を数日でほとんど使い果たし、生活費に窮して本件犯行に及んだものであり（甲36、乙2）、その動機は十分に了解可能である。

イ　被告人は、本件犯行当時、顔を見られにくくするために着ていたパーカーのフードやマスクで顔を隠したり、犯行直後、現場から逃走していることなどから（甲7、8、乙2、3）、被告人が本件犯行当時、自己の行為の意味や違法性について十分な認識を持っていたと認められる。

ウ　手提げバッグを持って一人で歩いている高齢のVを見つけ、顔を見られにくくするために着ていたパーカーのフードを頭に被り、背後からVに近づいてその背中を両手で強く押して転倒させたが、Vがすぐに立ち上がり、抵抗してきたため、アイスピックでVを突き刺して抵抗を封じ、手提げバッグを奪って逃走した（甲7、8、乙2、3）という一連の被告人の行動は、通行人から金品の入ったバッグを強奪するための合理的な行動と認められる。

(4)　A鑑定及び(3)アないしウ記載の事情を総合すれば、被告人は、本件犯行当時、自己の行為の是非善悪を正しく判断する能力及びその判断に従って自己の行為を制御する能力を十分に有していたと認めることができる。

　以上の次第で、被告人には完全責任能力が認められ、弁護人の心神耗弱の主張は採用できない。

（法令の適用）
＜略＞

（量刑の理由）
＜略＞

（求刑　懲役8年、アイスピック1本の没収）
平成23年11月7日
東京地方裁判所立川支部刑事第3部
裁判長裁判官　深見玲子／裁判官　香川礼子／裁判官　内山裕史

判決書(控訴審)
東京高判平24・10・3　平成23年(う)第2259号
LEX/DB25506042

主文

原判決を破棄する。

被告人を懲役5年6月に処する。

原審における未決勾留日数中280日をその刑に算入する。

押収してあるアイスピック1本(当庁平成23年押第223号の1)を没収する。

理由

1　本件控訴の趣意は、弁護人田岡直博(主任)及び同久保有希子共同作成名義の控訴趣意書(弁論要旨を含む。)に記載されたとおりであるから、これを引用する。論旨は、訴訟手続の法令違反、事実誤認及び量刑不当の主張である。

2　訴訟手続の法令違反の主張について

〈略〉

3　事実誤認の主張について

(1)　論旨は、被告人は、本件犯行当時、うつ病、有機溶剤使用による器質性精神障害、抗うつ薬パキシルの中断症候群、その他の薬剤の離脱症状又は非典型的な気分障害若しくは非定型精神病による急性精神病の状態にあり、是非弁識能力及び行動制御能力が著しく障害されており、心神耗弱の状態にあったにもかかわらず、原判決は、被告人は、本件犯行当時完全責任能力を備えていたと認めており、原判決には判決に影響を及ぼすことが明らかな事実の誤認がある、というのである。

(2)　原判決は、捜査段階で検察官から嘱託を受けた医師Aにより行われた精神鑑定と、起訴後公判前整理手続の段階で鑑定人Bにより行われた精神鑑定に関し、本件犯行当時、被告人は境界性パーソナリティ障害の特徴を有し、軽度精神遅滞の状態にあったが、人格異質性は認められず、自己の行為の是非善悪を正しく判断する能力は保たれており、その判断に基づいて自己の行為を制御する能力は著しく障害されていなかったと

するＡ鑑定は、その鑑定手法や判断過程が合理的なもので、その信用性は高いのに対し、Ｂ鑑定は、被告人の精神障害を診断する際の前提とすべき事実を考慮せず、あるいは診断の根拠が不明確であるなどの問題があるとした上、本件犯行動機が十分了解可能であること、被告人が本件犯行当時自己の行為の意味や違法性について十分な認識を持っていたと認められること及び本件犯行前後の被告人の一連の行動が合理的なものと認められることから、Ａ鑑定とこれらの事情を総合すれば、被告人は、本件犯行当時、自己の行為の是非善悪を正しく判断する能力及びその判断に従って自己の行動を制御する能力を十分有していたと認めることができる、と判示している。

原審記録を調査し、これに当審の事実取調べの結果を踏まえて検討しても、原判決の上記結論に誤りは認められない。

⑶　もっとも、原判決は、被告人の責任能力を判断するに際して、上記のとおり、Ａ鑑定の信用性を肯定し、これを前提にしている。

しかしながら、Ａ鑑定において、被告人を境界性パーソナリティ障害と診断する際に、その診断基準を満たすとしている被告人の生活歴における粗暴な行動等は、主に被告人が鑑定留置中にＡ医師に述べたものであって、被告人の弟や母親がそのような粗暴行動があったことを否定していることとも対比すると、ただちにこれをそのまま信用できるとはいい難いし、被告人は、これまでに、業務上過失傷害による罰金前科１犯以外に前科前歴はなく、17歳頃から40歳頃まで塗装関係の仕事を自営し、また、結果的には離婚しているものの、18歳頃に婚姻して２子をもうけてもいるところ、被告人が述べるような行動傾向があるとすれば、このような生活は送れなかったはずであるとの医師Ｃの当審公判供述及び同人作成の意見書（当審弁１号証。以下両者を併せて、「Ｃ意見」という。）における指摘も、もっともと思われることからすると、Ａ鑑定の前提となる事実の捉え方には疑問が残るところである。Ｃ意見が、境界性パーソナリティ障害は特定の人の前だけで異常な言動を出すのが特徴である旨のＡ医師の原審公判供述について、DSM-IV-TRが提示する診断基準に明らかに反するとしていることなどにもかんがみると、被告人が境界性パーソ

ナリティ障害であることを前提に本件犯行当時の被告人の精神状態を判断するのは誤りである旨の所論には傾聴すべきものがあるといえる。
(4)　他方、本件犯行に影響を与えた主たる精神障害として、有機溶剤使用に伴う器質性精神障害と抗うつ薬パキシルの中断症候群を挙げるB鑑定をそのまま採用し難いことは、原判決が説示するとおりであり、C意見も、前者については、その存在を示す明らかな証拠がないことから、その診断名を付すことは控えるとし、後者についても、典型的な中断症候群であるというにはかなり疑問が残るとしている。

　そして、C意見は、被告人には、青年期以降の能力の低下、感情の障害を疑わせる精神状態の変動があり、時に急性精神病状態を疑わせる暴力傾向が生じることもあるといった精神医学的特徴が見られ、これをより説得的に説明するものとして、非典型的な気分障害ないし非定型精神病が考えられるとしている。当審公判供述等によると、C意見は、A鑑定及びB鑑定を含めた原審記録の検討と小1時間程度の被告人との面接の結果に基づくものであるが、このように情報の内容に限界があることを踏まえて、専門家としての知見と経験に基づき、慎重に考察を進めた経過がうかがわれるところであって、被告人に上記のとおりの精神障害が存在する可能性があるという指摘は、尊重してもよいものと考えられる。
(5)　そうすると、被告人が、時に急性精神病状態を疑わせる精神状態の変動を生じさせる、非典型的な気分障害ないし非定型精神病に罹患している可能性があることを前提に、本件犯行時の責任能力を検討するのが相当というべきであるが、本件においては、他方で、原判決が摘示する前記(2)記載の事情が認められることなども考慮すると、本件犯行当時、被告人が自己の行為の是非善悪を正しく判断する能力及びその判断に従って自己の行動を制御する能力が一定程度減弱していた可能性があることは否定できないとしても、これらが著しく減弱するまでには至っていなかったと認めるのが相当である。被告人が完全責任能力を備えているものと認めた原判決の結論に誤りがあるとは認められない。
(6)　所論は、①原判決は、本件犯行動機は十分に了解可能であり、被告

人が自己の行為の違法性について十分な認識を持っており、本件犯行前後の被告人の一連の行動は合理的なものである旨説示するが、これらの点に関する被告人の検察官調書（原審乙２、３号証）の内容は、それまでに作成された警察官調書や勾留質問調書には現れていないものであり、また、それまでの供述内容にも変遷があり、いずれにしても被告人の真の記憶に基づいて供述されたものとは考えられず、信用できない、②原判決は、生活費に窮したことが本件犯行の動機であるとしているが、生活費に窮していたと認識していたのであれば、生活保護費の支給を受けて間もなく２か月分の家賃をまとめて支払ったり、支払う必要がない元妻の借金を支払ったり、長男に１万円を渡したりすることは考えられず、また、金に困ったのであれば、本件以前もしていたように、母親や伯母に援助を求めることもできたのであって、生活費に窮していたことが本件犯行の動機形成に影響を与えているとは考え難く、本件犯行の動機は了解不能というべきである、③原判決は、被告人が本件犯行直後に現場から立ち去ったことを「逃走」と評価し、そのような行動に出ている被告人は、自己の行為の意味や違法性について十分認識していたとしているが、被告人は、逃走しようと思えば容易に逃走しきれたにもかかわらず、途中で反転して本件犯行現場に向かい、結局被害者とその妻に組み伏せられて逮捕されているのであって、この被告人の行動は全く了解不能であり、Ｃ意見が指摘するとおり、この当時、被告人は急性精神病状態にあり、行為の意味や違法性の認識も十分でなかった可能性が十分にある、と主張する。

　しかしながら、①については、原審乙２号証を見ると、本件犯行当日所持金が約2000円になった状況で車で外出した際に、たまたまダッシュボードの中にアイスピックがあるのを見て、これを使って通行人から金員を脅し取ろうと考えるに至った経緯について、その際あれこれ思い悩んだ心理状況をも踏まえた自然な内容の供述をしており、これが被告人の記憶と無縁なものとは到底解し難い。また、原審乙３号証を見ると、同調書が作成されたのは本件犯行から３か月以上経過していて、記憶が薄れていることを前提に、その時点でなお記憶にある内容を供述してい

るものと認められる。これら検察官調書以前に作成された警察官調書等（原審乙8ないし10号証）には、所論がいうように、これと異なる供述をしているようにうかがわれる部分もあるが、それらは事件直後であることから記憶が十分に喚起されないまま供述をしたか、あるいは、自己の責任を軽減しようとして殊更曖昧な供述をしたものとも理解でき、これらの供述調書等の存在が原審乙2、3号証の信用性に影響を与えるものとは考えられない。

　②については、元妻の借金を代わりに支払ったことに関し、本件犯行の約2週間前に体調がとても悪かった時に、元妻が食事を作るなどの面倒をみてくれたことがあり、感謝の気持ちで今回だけ払ってあげようと思った旨の被告人の原審公判供述からすると、生活費に窮することになることが分かりながらも不要な出費をするということは決して不可解なことではなく、その結果実際に生活費がわずかしか残らなくなったことから、何とか金を手に入れたいと考えるに至るのは自然であり、生活費に窮したことが本件犯行動機であるとした原判決の認定に誤りがあるとは認められない。

　③については、確かに、被告人が本件犯行後本件犯行現場からいったん立ち去りながら、再び戻った行動は一見不可解であって、Ｃ意見も、「この時点での被告人は、目的に向けてまとまった行動を行うことができない精神状態であったのではないかと感じる。」としている。しかしながら、被告人は、原審乙2号証において、被害者が死んでしまうのではないかと怖くなり、被害者の方に戻った旨供述していて、生活費に窮し、追い込まれた気持ちにもなって、遂に本件犯行に及び、被害者から手提げバッグを奪って逃げたものの、そこで事の重大さに気付き、被害者のことが心配になったという心理の経過は、決してあり得ないことではない。そして、Ｃ意見も、本件犯行当時、病的体験があったことを積極的に示す証拠はなく、バッグを奪う、アイスピックで刺す、一旦逃げる、戻るといった行為1つ1つはそれなりに行えているのであるから、目的に向けてまとまった行動を行うことができない精神状態が少なくとも重度のものとは考え難い、としていることにも照らすと、所論の指摘する行動をした

ことが被告人の責任能力の判断に強い影響を与える事情になるとは考えられない。

所論は、その他被告人の資任能力に関し縷々主張するが、被告人に完全責任能力を認めた原判決の判断に影響を与えるものではなく、いずれも採用できない。

(7) 論旨は理由がない。

4　量刑不当の主張について

〈略〉

平成24年10月3日
東京高等裁判所第11刑事部
裁判長裁判官　若原正樹／裁判官　菊池則明／裁判官　阿部浩巳

物質関連障害・飲酒酩酊

[ケース8]
傷害致死被告事件
（診断：精神作用物質による精神病性障害）
福岡地判平26・10・20　LEX/DB25563826

いわゆる「7つの着眼点」に基づいて争点整理がされ公判が行われた事例

報告論文

村山崇　むらやま・たかし　福岡県弁護士会

1　事案の概要

(1)　公訴事実

　被告人は、被告人方において、実母に対し、その胸部を多数回殴打するなどの暴行を加え、同人に多発肋骨骨折等の傷害を負わせ、よって、同人を前記傷害による外傷性ショックにより死亡させたとして傷害致死罪で起訴された事案。

(2)　争点

　本件犯行当時における被告人が、心神耗弱状態か心神喪失状態か。

(3)　判決

　「本件犯行当時、被告人の事理弁識能力・行動制御能力は、著しく減退という程度に止まらず、全くないか、ないに等しい状態（心神喪失）であったと判断し」、無罪。

2　事件の経緯

　被告人は、高校に入学したころからシンナーを吸引し、その後覚せい剤を使い始め、2005（平成17）年ころまで使用していた。被告人は、1997

（平成9）年末ころから、やくざに殺される等の妄想を抱くようになり、1998（平成10）年に妄想や幻聴のため精神科を初診し、以後、精神科に10回ほど入院していた。2009（平成21）年から情緒不安定、不眠の症状が出るようになっていた。

　本件当時、被告人の住所地の敷地内には2棟の家屋があり、被告人と実母がそれぞれ1棟を使用し、生活保護を受けながら、実母が食事、被告人が洗濯、風呂など分担して生活していた。実母は、理解力や判断量が低下しており、被告人は、実母が何日も食器を洗わないまま放置したときに、平手で頭部を叩くことがあったが、被告人が手に付けていた指輪が当たって出血した時以外は、実母に怪我をさせるような暴行を加えたことはなかった。本件当時、被告人と実母の仲は、冗談を言い合うなど基本的に良好であり、知人宅を訪れて泊まった際も、実母が独りでいるのを案じて、予定より早く帰宅したりしている。本件当日も口喧嘩したなどの事情はみられない。

　本件事件の数日前、被告人宅のコンセントが抜かれていたことなどから、「不特定多数の覚せい剤中毒者が、自分の不在の間に被告人宅を訪れたり、実母に覚せい剤を打って、強姦したりした」という妄想を抱くようになった。

　事件当日、被告人と実母が被告人宅で一緒に弁当を食べた後、実母が帰宅しようとしたところ、被告人は、右手指4本に腕時計を巻き付けた上、右手拳で実母の額を1回殴打した。被告人は、居間に戻った実母にティッシュを渡して額の出血を拭きとらせたが、血が止まって再び帰宅しようとした実母から、玄関で「足元を見ろ」と言われたと思い、突然激高して、同日午後6時30分頃、約3分間にわたり、両手の拳で実母の胸、腹を叩き、背中をひじ打ちし、うつ伏せの状態で延髄を踏むなどの暴行を加え、これにより実母は、多発肋骨骨折等の傷害を負った。

　本件暴行後、実母はうつぶせの状態で動かなくなったが、被告人は、10分間ほどかけて、実母の両手の指を背中に回した上で紐で縛り、実母の目や口の部分を覆うように頭や顔にクラフトテープをぐるぐる巻きにし、スマートフォンで実母の写真を撮影した後、実母の体からテープや

紐を外した。その後、被告人は、尿を失禁していた実母を廊下から居間に移動させたが、睡眠導入剤と水を口に含ませて飲ませた後、居間でパソコンやスマートフォンを見たりしていた。その間の午後10時頃、実母は前記傷害により死亡した。

　被告人は翌日午前３時10分頃に至って、実母のふくらはぎに触り、冷たく父が死亡したときと同じだと感じて実母の死に気づき、すぐ110番通報した。被告人は、対応した警察官に対して、「母親を殴った」「母親は死体となっている」と申し立てる一方で、「私はアマテラスオオミカミだ」などと意味不明な言動もしていた。被告人宅に到着した警察官らに対しても、被告人は、「母親の後頭部を叩いたり、蹴ったりした」「母親が動かなくなった」と状況を説明する一方、「アマテラスオオミカミがいる」「アマテラスオオミカミが見ている。隠れないと」「アマテラスオオミカミ、自分はツキガミである」「家に監視カメラがある」のほか、日本語ではあるが意味不明で聞き取れない言動をしていた。被告人によれば、天照大神と会話していたという。

　被告人は、公判現在では、実母の覚せい剤使用や強姦については妄想だったと理解していたが、自分に犯行をさせたのは天照大神だと信じていた。

（判決より一部筆者除加筆）

３　公判前の弁護活動

　大きな争点として心神喪失か心神耗弱の二択であることを確認した。
　また、弁護側から鑑定申立はせず、検察側の起訴前鑑定書について結論部分について一部不同意としたうえでその余の部分について同意、また、争点整理に関し、いわゆる「７つの着眼点」に基づいて整理をすることを裁判所から提案され、弁護側も了承。

(1)　鑑定申立の有無
　i　検察側の起訴前鑑定書の内容
　　犯行時の精神状態について

(1) 犯行当時の被疑者の診断は、覚せい剤による精神病性障害である。
(2) 本件犯行時における是非分別能力及びその是非弁別能力に従って行動する能力は、かなりの程度障害されていたが、全く失われてはいなかったと考えられる。

との鑑定主文であった（一部抜粋）。
ii　弁護側の検討
　検察側の起訴前鑑定書について、後述の７つの着眼点に添って記載されており、７項目中５項目で心神喪失の方向の事実が記載されており、鑑定主文さえ除けば、読む人によっては心神喪失と判断するのではないかと思える内容であった。
　また、心神耗弱の方向の事実が記載されていた２項目についても、鑑定の資料となった記録を前提にすると同様の関係結果が出るだけの可能性があり、資料とされた事実の有無を争えば十分であると考えた。
　そこで、鑑定書について、責任能力の有無に直接言及するような表現についてはすべて不同意としたものの、その余の部分は同意し、かつ、弁護側から再鑑定は請求しないこととした。
　なお、判決後の検討会では、裁判所から弁護側の主張を前提とした鑑定もさせておくべきだったのではないかとの意見があった（鑑定人質問において裁判所から鑑定人に対し、弁護側の主張を前提にするとどのような鑑定結果になるかとの質問があった）。

(2)　争点設定
i　心神喪失か心神耗弱か
　少なくとも心神耗弱であったという点では争いはない。
ii　７つの着眼点
　前提事実として、被告人は、覚せい剤による精神病性障害に罹患し、「被害者は、覚せい剤を使ったり、強姦の被害に遭っている」という妄想を抱いていた点で争いなし。

表1　7つの着眼点

	検察官	弁護人
①動機の了解可能性・不能性	被告人は、被害者に「足元を見ろ」と言われ、馬鹿にされたと思い、プライドを傷つけられて逆上した。→了解可能。	「足元を見ろ」というのは、被告人の妄想→了解不能。
②計画性・突発性・偶発性・衝動性	突発的で衝動的という点で争いなし。	
③反道徳性・違法性の認識の有無	被害者が動かないのを見て少しやりすぎたと思い、後からひもなどを外した。被害者の死亡に気付いた際、自らの暴行が被害者の死亡を招いたことに気付き、暴行について、「大変なことをした」「よくない悪いことをした」と思った。自首した方が罪が軽くなるかなと考え、自ら通報した。→認識あり。	暴行後、うつ伏せの状態で動かなくなった被害者をひもやクラフトテープで縛った。被害者に謝罪するなどの反省の行動及び被害者の死を悲しむなどの悔悟の行動をしていない。通報時には「私はアマテラスオオミカミ」などの発言をしていた。→認識なし。
④精神障害による免責可能性の認識	被告人が精神障害を装って刑罰を逃れようとしていたとは考えにくいという点で争いなし。	
⑤犯行の人格異質性	犯行は、被告人の人格になじまないという点で争いなし。	
⑥犯行の一貫性・合目的性	なしという点で争いなし。	
⑦犯行後の自己防御行動	なしという点で争いなし。	

ⅲ　各争点について

　表1のとおり7つの着眼点において争点は①動機の了解可能性・不能性と③反道徳性・違法性の認識の有無の2つということになった。

　　ア　動機の了解可能性・不能性について

　具体的には本件犯行の契機となった実母が被告人に対して「足元を見ろ」と言ったという事実が現実にあったか否かである。

　被告人は、被告人の供述調書のみならず、被告人と弁護人との接見でも、「足元を見ろ」という言葉を聞いたと供述していた（ただし、弁護人から「本当に聞いたのですか」と念を押して聞くと「自信はない」と答えていた）。

　しかし、接見において、被告人に対して「足元を見ろ」という言葉を聞いた状況について細かに尋ねてみても、実母との会話において同言葉を発するような会話の流れはなく、また、実母が言葉を発するのを被告人

が見ていたわけではなかった。

また、被告人は、従前から被害妄想があり、幻聴などの症状がみられたといった事情もあった。

そこで、弁護側としては、検察官が「被害者に『足元を見ろ』と言われ、馬鹿にされたと思い、プライドを傷つけられて逆上した」との主張に対し、そもそも「足元を見ろ」という言葉が幻聴であるという主張をすることとした。

立証活動としては、被告人質問において、被告人が「足元を見ろ」との言葉を聞いたときの状況を質問することによって、いかに唐突にその言葉が出てきたかを浮き彫りにさせることを予定した。

イ 反道徳性・違法性の認識の有無について

表1のとおり、検察官、弁護人ともに互いに有利な事情を挙げて評価しており、弁護人としても被告人が捜査段階において「大変なことをした」「よくない悪いことをしたと思った」「自首した方が罪が軽くなるかなと考え、自ら通報した」などと供述したこと（いずれも調書化されている）については争わなかった。

しかし、「私はアマテラスオオミカミ」などと110番通報時にも意味不明な言動をしている被告人が、自首した方が罪が軽くなるかなと考えて自ら通報したことは結びつかないこと、また、接見した際の感覚として、被告人が誘導に乗りやすかったことから、調書記載の被告人の供述には信用性がないとして争うこととした。

なお、被告人の供述調書については、本件に関連性がなく予断を抱かせる可能性のある部分を除いて同意した。これは、心神喪失方向の事情も多数記載されていたことや仮に不同意にして被告人質問後に刑事訴訟法322条1項で証拠請求されるのであれば、そのときになって任意性を争うより同意しておいて被告人質問の段階から信用性を争った方が争いやすいと考えたからである。

立証活動としては、本件犯行後被告人が警察に通報した際の内容や警察が被告人宅を訪ねた際の状況が記載されている書面を証拠開示で取得して証拠調べ請求し、被告人質問において、供述調書の作成経緯等を質

問することによって誘導がなされたことを明らかにさせることを予定した。

4　公判での弁護活動

(1) 冒頭陳述

　冒頭陳述では、検察官と弁護側で被告人の行為や結果といった客観的事実については争いがなかったことから、客観的事実の部分については検察官の冒頭陳述を引用したうえで、「足元を見ろ」という言葉を聞いたことについて弁護側は幻聴であると考えていること、通報時でさえ「私はアマテラスオオミカミ」などの意味不明な言動をしているということを強調し、本件犯行当時被告人が心神喪失であったことを訴えた。

　ただし、「足元を見ろ」という言葉が幻聴と認定されるかについて自信がなかったため、動機の点について、妄想に支配され実母を守るために暴行を振るったものである（すなわち、実母が実母宅に戻ると覚せい剤を打たれたり強姦されたりしてしまうので、被告人宅に留まらせようとした）とも主張した。

(2) 弁護側の証拠

　弁護側書証としては、本件犯行後の状況において被告人が「私はアマテラスオオミカミ」などの発言をしていたことを証するため、「110番・急訴等受理状況に関する報告書」「現場到着時の状況に関する報告書」（両書面とも警察官作成）の調べがなされた。

(3) 被告人質問

　被告人質問において、被告人が「足元を見ろ」という言葉を聞いた際の具体的状況や実母との関係性などを質問し、また、調書の作成過程なども質問した。

　調書の作成過程についての被告人の証言としては、調書を作成する際に選択肢を提示されて質問されて回答したというもので、誘導や示唆を疑わせるものであった。

(4) 鑑定人質問

　鑑定人質問において、弁護人からは被告人の障害について尋ねるとともに、「足元を見ろ」という言葉が幻聴である可能性がないかを尋問した。

　鑑定人の証言は、幻聴か否かについては否定的であったが、可能性はないとはいえないというものであった。

　なお、裁判所から幻聴である場合に鑑定結果に影響を及ぼすかといった質問がなされ、影響があるとの証言がなされた。

(5) 弁論

　弁論においては、争点部分のみではなく、7つの着眼点のすべてにおいて心神喪失方向の事実を挙げて説明し、総合的に考慮して判断すべきことを念押しした。

　争点部分を強調するために争点となっている着眼点のみを弁論で詳しく述べるという方法も考えたが、仮に弁護側主張が認められなかったとしても、争点になっていない着眼点はすべて心神喪失方向の結論であるため、総合して考慮してもらえれば心神喪失の判断が出る可能性が高いと考えたため、最後に改めて争点化されていない着眼点部分を印象づけさせることを考えた。

5　判決について

(1) 各争点についての判断

ⅰ　動機の了解可能性について

　裁判所は、「生活態度を注意する趣旨で実母が『足元を見ろ』と怒鳴ったという事実については証拠上疑問があって認められず、被告人にそう聞こえたのは幻聴であった可能性がある。そうすると、本件犯行の動機は障害B（精神作用物質による精神病性障害）の直接的な影響によって形成されており、それなしには理解できないと言える」（括弧書きは筆者加筆）として、「被告人の犯行動機の形成には、障害Bによる妄想や状況認知の著しい歪みが大きく影響しており、その動機は、常識に照らすと全く了解不能なものといわざるを得ない」と判示した。

ⅱ 反道徳性・違法性の認識について
　ア　緊縛および撮影について
　裁判所は、「緊縛等を取り外しただけでその前後の異常行動をすべて無視し、被告人が本件犯行の意味や性質、延いてはその反道徳性・違法性を理解できる状態であったなどと評価する検察官の主張には無理がある」と判示した。
　イ　実母の死亡に気付いた時及び通報時の状況認識について
　裁判所は、「被告人がそのような言動（被告人の供述調書に記載がある、被告人が実母の死を認識した時点で、『大変なことをした』『よくない悪いことをした』と思った点や、自首した方が罪が軽くなると考えて自ら110番通報したという点）をしたことは認められるが、捜査官の誘導や示唆による影響も否定できないと考えられ、それが健常者と同じような状況認識に基づいているかは慎重に吟味する必要がある。被告人が実母の死を認識した時点は、本件暴行から8時間以上、実母の死亡からでも約5時間も経過している上、『アマテラスオオミカミがいる』などと意味不明の発言をするなど、犯行時とは別の妄想に囚われていたことが窺われる。そして、被告人は、それまでの間、実母と同じ部屋にいたにもかかわらずその死に気付かなかった、通報後も実母が生き返ると思っていたなど、状況認識能力には明らかに異常がある。よって、通報等の事実が健常者と同じ意味での違法性の意識等を示すものとは思われず、被告人に本件犯行時に違法性の認識等があったとは認められない」（括弧書きは筆者加筆）と判示した。

(2)　責任能力についての判断
　裁判所は、「被告人の犯行動機は全く了解不能なものであり、反道徳性・違法性を認識していたとも認められない。そして、本件犯行は、突発的、衝動的犯行で、一貫性や合目的性は認められず、薬物使用前の性格からも、薬物使用後の障害A（精神作用物質による残遺性及び遅発性の精神病性障害）状態の性格から考えても異質である。精神障害による免責可能性の認識や詐病の可能性は認められず、被告人は、本件犯行後に、自己防御・危

険回避的行動も取っていない。被告人に犯行時の認識、記憶があることは上記判断の妨げとならない。よって、以上を総合すれば、本件犯行当時、被告人の事理弁識能力・行動制御能力は全くないか、ないに等しい状態であったと評価できる」（括弧書きは筆者加筆）と判示した。

(3) 判決主文
　被告人は無罪。

6　雑感

　本件はいわゆる「7つの着眼点」に基づいて争点整理がされ、公判が行われた事案である。
　「7つの着眼点」について裁判所から提示があり、これに基づいて争点を整理するとの提案があった際、弁護人の不勉強もあり（「7つの着眼点」について、そういうものがあるというのは以前受講した研修で知っていたが、それを用いることについては議論があることは知らなかった）、こういうものなのかと思い、深く検討することなく早々に了承してしまった。
　これが理由というわけではないが、弁護活動を通して、7つの着眼点のうち1つでも心神耗弱方向の事実があれば、心神耗弱の認定になってしまうかもしれないという不安は判決時まで続いた。
　そのため、公判前整理手続や公判においても総合的に判断するようにということは少しくどかったかなと思うほど主張することになってしまった。
　判決を見る限り、本件では、争点とされた着眼点も含め、7つの着眼点すべてが判断され、かつ、総合的に判断した結果心神喪失方向の事実が認定されており、上記不安が杞憂であったのは幸いであった。
　本件では、本件の経緯（被告人の妄想）、被告人の行為自体および行為後の被告人の状態などどの部分を切り取ってもインパクトがあり、どれが心神喪失となった一番の決め手というわけではなかったということであろう。裁判員にとっては、7つの着眼点に添ってというのはあまり関係がなく、事案の流れや事実の衝撃度が重要なのかもしれないと思ったが、

実際どのような評議がなされたかはわからない。もし、裁判員の評議を見学する機会があれば一度見てみたいと切に思う。

コメント（弁護士）

田岡直博　たおか・なおひろ　香川県弁護士会

1　覚せい剤精神病者の責任能力

　覚せい剤は精神作用物質であるから、その使用により幻覚・妄想等の精神病状態を呈することがある。また、覚せい剤使用を中止しても、長期間にわたり、いわば覚せい剤使用の後遺症として、幻覚・妄想等の精神病状態を呈する場合がある。これが、「覚せい剤精神病」と呼ばれる精神疾患である。覚せい剤以外の精神作用薬物（たとえば、MDMA、大麻など）の場合にも、同様に幻覚・妄想等の精神病状態を呈する場合がある（それぞれ、MDMA精神病、大麻精神病などと呼ぶことがある）。

　操作的診断基準では、ICD-10の物質関連障害（精神作用物質による精神および行動の障害）と診断される。「精神病性障害」の持続期間は6カ月を超えないとされるため、6カ月を越えて精神病状態が持続し、それが「明らかに関連している」場合には「残異性および遅発性精神病性障害」と診断することになる（なお、DSM-Ⅴでは、これに相当する疾病分類はなく、覚せい剤使用中止後、その影響が6カ月以上継続するという知見は、国際的には確立されているとは言えないようである）。

　覚せい剤精神病の精神症状は、統合失調症のそれと類似しており、鑑別診断が問題となるが、実際には、覚せい剤精神病では、責任能力の減免、特に心神喪失が認められることは稀である。その背景には、福島章の「不安状況反応説」の影響がある。不安状況反応説とは、覚せい剤精神病の幻覚妄想状態は、統合失調症のそれとは異なり、その内容は了解不能なものではなく、現実の生活状況やその不安・恐怖、内的・外的な葛藤など

から発生的に了解できるものであるというものである。福島は、統合失調症は人格の核心を犯し、病前性格をなくしてしまうが、覚せい剤精神病では、本来の性格を誇張・拡大する方向に働くため、爆発的な人はますます攻撃的に、抑制のない人はますます衝動的になるという。不安状況反応説は、刑事政策的には、薬物乱用者を有責とする根拠を提供するものであったが、精神医学的に確立された知見とはいえない。岡田幸之も「実際の鑑定例を当てはめることは簡単ではなく、結論から逆行的、恣意的に利用される危険性もある」と指摘している。

　岡田の「8ステップ」の整理によれば、疾病診断（③）は重要ではなく、精神症状が犯行に与えた影響の機序（④）が、精神鑑定の核心であるとされる。岡田の提案に対しては疾病診断を軽視するものであるとの批判もあるが、この整理に従うならば、疾病診断が「統合失調症」であるか、「覚せい剤精神病」であるかは、（少なくとも、決定的な）意味を有しないといえる。責任能力判断は、幻覚・妄想等の精神症状と犯行との関連性を踏まえた上で、弁識能力および制御能力の有無・程度によって決まることになる。実際に、責任能力の減免が認められた事例では、妄想、幻覚（幻視、幻聴）の影響が考慮されている（神戸地判平成23・12・14［心神耗弱］、鹿児島地判平24・1・26［心神耗弱］、福井地判平25・9・13［心神耗弱］、千葉地判平28・4・28［心神耗弱］、札幌地判平30・3・1［心神喪失］、東京高判平31・4・24［心神喪失］）。

1　福島章『覚せい剤犯罪の精神鑑定』（金剛出版、1994年）66頁。
2　福島章『精神鑑定——犯罪心理と責任能力』（有斐閣、1985年）140頁。
3　岡田幸之「刑事責任能再考——操作的診断と可知論的判断の適用の実際」精神神経学雑誌107巻9号（2005年）926頁。
4　日本弁護士連合会刑事弁護センター編『責任能力弁護の手引き』（現代人文社、2015年）24頁、39頁。
5　拙稿「裁判員裁判における責任能力判断——日弁連での判決分析から」季刊刑事弁護69号（2012年）57頁。
6　拙稿「裁判員裁判における責任能力判断の変化(2)——判決一覧表の分析」季刊刑事弁護96号（2018年）112頁。
7　林順敬「50条鑑定が採用され心神喪失により無罪となった事例」季刊刑事弁護96号（2018年）67頁。
8　法テラス本部裁判員裁判弁護技術研究室「裁判員裁判事例研究シリーズ——スタッフ弁護士の実践から(23)　控訴審で心神喪失により無罪とされた事例」季刊刑事弁護99号（2019年）105頁。

2　弁護活動のポイント

　本事例の最大の特徴は、「7つの着眼点」の利用（誤用）である。裁判所は、公判前整理手続において、検察官及び弁護人に対し「7つの着眼点」に従った主張をするよう求め、「7つの着眼点」に従った争点整理を行っており、これに基づき評議を行ったものと思われる。しかし、「7つの着眼点」は責任能力判断の「基準」ではないから、司法精神医学的にも、公判前整理手続における争点整理の在り方としても、問題があるといわざるを得ない[9][10]。それゆえ、本判決の争点整理および判決の判断枠組みは今日的には参照価値が乏しいが[11]、結論的には、精神作用物質による「残異性及び遅発性精神病性障害」および「精神病性障害」による心神喪失が認定されており事例的価値があるうえ、次のとおり弁護活動の参考になる点がある。

　1点目は、鑑定の前提事実を争った点である。鑑定は、犯行の直接的な動機は実母から「足元を見ろ」と言われたことであり、この発言が実際にあったことを前提としていたが、被告人質問および鑑定人尋問を踏まえて、弁護人が、母親の発言は「幻聴」であるなどと主張した結果、判決では、これは「幻聴」あるいは「妄想」「状況認知の著しい歪み」の影響であると認定された。もともと、起訴前鑑定書の「7つの着眼点」に関する記載のほとんどは責任能力を否定する方向であり、唯一肯定する方向の事情であった「動機の了解可能性」は、その前提が覆された結果、心神喪失の判断に繋がったものと思われる（起訴前鑑定書の鑑定主文は、弁識能力及び制御能力は「かなりの程度障害されていたが、全く失われてはいなかった」というものであり、心神耗弱を示唆するものであったが、前提事実が覆されたた

9　平成18〜20年度厚生労働科学研究費補助金（こころの健康科学研究事業）他害行為を行った者の責任能力鑑定に関する研究班編『刑事責任能力に関する精神鑑定書作成の手引き　平成18〜20年度総括班（ver.4.0)』5頁、20頁。
10　平成18〜20年度厚生労働科学研究費補助金（こころの健康科学研究事業）他害行為を行った者の責任能力鑑定に関する研究班編『刑事責任能力に関する精神鑑定書作成の手引き　追補（ver.1.1)』6頁。
11　司法研修所編『裁判員裁判において公判準備に困難を来した事件に関する実証的研究』（法曹会、2018年）。

め、その根拠が崩れたのである)。精神医学的には、実母の発言を「幻聴」というには違和感があるとの指摘もあるが(むしろ、「錯聴」すなわち、聞き間違いである可能性があるという)、覚せい剤精神病の重症度、犯行前後の状況等からすれば、犯行動機の形成に「妄想」「状況認知の著しい歪み」の影響がうかがわれるとの判示は正当なものと思われる。

　2点目は、犯行前後の異常言動を立証している点である。本件では、犯行の数時間後に110番通報し、「母親を殴った、母親を殺してしまった」などと伝えたとされており、この事実は、通報時に違法性の意識があったことを示す事実である。しかし、他方で、被告人は、本件以前に合計10回の精神科病院の入院歴があり、幻覚妄想を訴えていたほか、犯行前には「実母が強姦されている」との妄想があり、犯行後には実母の両手の指をひもで縛った上、クラフトテープを頭部にまきつけ、スマートフォンのカメラの機能で撮影したなどの事実がある。また、110番通報時にも「私はアマテラスオオミカミ」「自分はツキガミ」「家に監視カメラがある」などと発言したとの記録が残っている。弁護人はこれらの証拠を(証拠開示により入手した上で)請求しており、判決でもこれらの事実が認定されている。これらの証拠の存在、証拠開示がなされるまで、弁護人には知りえないことが多く、証拠開示を活用して、できる限り多くの証拠を収集し、的確に立証することの重要性を示しているように思われる。

コメント(精神科医)

中谷陽二　なかたに・ようじ　筑波大学名誉教授

1　疾患が重症であること

　本事例は鑑定で覚せい剤による精神病性障害と診断されており、この点について異論はない。まず確認しておきたいのは疾患の程度がかなり重いことである。

　鑑定書の記載から拾うと、薬物乱用歴は濃厚である。中学3年から18歳ころまでシンナー吸引。19歳から30歳ころまで覚せい剤使用。24歳か

ら26歳ころは数日に一度の頻度。22歳ころから不眠、幻聴、妄想が出現。27歳ころの１年間は覚せい剤とシンナーを併用。精神科は22歳で初診。幻聴、妄想、独語、興奮、衝動性などの症状で10回の入院を重ねる。本件犯行に至る状況では、処方薬の内服は続けており、飲酒や覚せい剤等の薬物使用はなかった。認知症の母親の介護が負担となり、また寒冷時には交通事故後遺症の首の痛みが増強し、強度の不眠が続いた。事件３日前、誰かが部屋に出入りしているという妄想。親戚に「殺す」という脅迫メールを送りつけ、意味不明の言動をしながら友人の部屋を荒らす。当日夕方、暗い空模様を見て「不気味な雰囲気」を感じる。「母親の家に誰かいる、母親が覚せい剤を使う、不特定多数の男性にレイプされている、屋根の上に誰かいる」という妄想。午後６時30分ころ事件発生。翌日午前３時過ぎ、到着した警察官に対して「アマテラスオオミカミ」「家に監視カメラがある」等の断片的で意味不明な発言。同日午後４時過ぎ、警察署で、うつろな目から突然鋭い目つきに豹変し、大声でわめき散らし、金網に跳び蹴り。制止を聞かず、戒具使用の際に殴り掛かる、回し蹴りするなど激しい抵抗。戒具使用中も大声、独語、フフと笑う、ピアノを弾く真似。次第に静かになり、約４時間で戒具を解除。事件から16日後からの病院での鑑定留置中は、意識すれば聞こえるという程度の幻聴の持続、いらいら、些細な理由で怒声を発するという易刺激性と爆発性が観察された。

　覚せい剤による精神病性障害は覚せい剤使用中止後も年余にわたって症状が遷延し、また非特異的、つまり原因薬物以外の種々のストレスが誘因となって精神病状態が急性再燃する現象もよく知られている。本事例も遷延型であり、10回もの入院歴や抗精神病薬の投与中も消失しない幻聴の存在は病態がかなり重度であることをうかがわせる。

　特に注目されるのは事件前後の精神状態である。介護の負担と頸の疼痛による断眠がおそらく症状悪化の誘因となった。外界の不気味な変容、敵が周辺に迫ってくるような緊迫感に始まり、犯行から８時間後の警察官到着時はほとんど会話が成立せず、亜昏迷であったと推測される。約13時間後、突発的に興奮状態に転じ、無秩序な衝動行為を乱発させ、４

時間後に平穏化した。短時間で幻覚妄想状態→亜昏迷→激しい精神運動興奮へと推移し、もし薬物乱用歴が知られていなければ緊張型統合失調症の急性増悪と診断されてもなんら不思議ではない。疾患の重症度からみると統合失調症と等価とみなしてよい。

2　動機の了解可能性について

　事例の精神医学的評価のためには事実経過、特に事件発生前後に関する情報が重要である。あいにく本事例で提供された資料は、鑑定書の他には、警察官到着時の状況報告、事件翌日の被疑者の供述調書（内容は事件とは直接関わりのない経歴等）、本人の妹、知人、司法解剖の担当医師の調書のみである。精神鑑定書の5頁～6頁には「被疑者の犯行後の供述に基づく本件犯行状況」が記述されているが、この内容が取調べでの供述か鑑定の面接での供述かは不明である。こう思ったからこうしたという繋がりの良い内容（たとえば、「その後少しやり過ぎたので、テープをはがし……」など）は、本人の実際の言葉を正確に記録した内容であるのか疑問が残る。現場に到着した警察官が報告している、ほとんど会話が成立しない状態から推測すると、数時間前には筋道の立った判断や行動を取れていたとは想像しがたい。

　争点となった母親の発言の存否についても同様の疑問がある。鑑定書には次の記述がある（23頁）。

しかし母親は玄関に行く途中、被疑者に向かって大きな声で「自分の足元見とけ」と怒鳴った。母親は覚醒剤を打ちに帰るくせに自分に対してそんな事を言うとは、と被疑者は頭にきて「なんかー足元見ろか」などと怒鳴り返した。

　そしてこのことが「感情的に逆上して突発的に犯行に至った了解可能な面も一部ある」（同じく23頁）という認識、ひいては心神喪失を否定する根拠とされたと察せられる。他方、判決書によれば、母親の発言に関する被告人の供述は「実際に上記発言をしたかは現在では自信がないという極

めてあいまいなもの」であるという。鑑定人は母親の発言が実際にあったとしているが、そのように判断するのであれば根拠となった供述調書あるいは鑑定での一問一答を具体的に記載すべきである。そうでなければ事後に検証のしようがない。

3　鑑定書の書式——特に「7つの着眼点」について

　本事例では弁護側から再鑑定の請求がされず、検察側の起訴前鑑定書に基づいて審理が進められた。また争点整理に際して、いわゆる「7つの着眼点」に沿って整理することが裁判所から提案されたという。そこで、事例から離れるが、鑑定書の書式について私見を述べておきたい。

　現在、起訴前鑑定では2008（平成20）年5月に最高検察庁が公表した精神鑑定書の例（以下、「鑑定書例」）に従って鑑定書が作成されている。「鑑定書例」は捜査段階での検察官の嘱託による本鑑定を念頭に置いたものであるが、同時に、裁判員制度のもとで裁判員にわかりやすい精神鑑定の立証が不可欠であることから、裁判の証拠として使用されることも想定されている[12]。本事例がまさにその場合である。

　「鑑定書例」は専門学会でオーソライズされたものではなく、あくまで検察庁が使用するツールであり、精神医学の立場からみると疑問点が少なくない[13]。

　まず、鑑定事項として、精神障害が存在し、犯行に影響したことが肯定される場合、「犯行当時における被疑者の善悪の判断能力及びその判断に従って行動する能力の有無及びその程度」について記載する。つまり責任能力の心理学的要素についても確定的に述べることを鑑定人に要求している。他方、司法研修所編『難解な法律概念と裁判員裁判』（法曹会、2009年）は鑑定意見のあり方について「鑑定意見には、責任能力の結論に直結するような弁識能力・制御能力の有無・程度に関する表現はできるだけ避け、少なくとも心神喪失等の法律判断は明示しないこと」と明記し

---

12 髙嶋智光「裁判員制度と精神鑑定」司法精神医学4巻（2009年）。
13 拙論「最高検察庁による精神鑑定書例に関する私見」精神神経学雑誌111巻11号（2009年）。

ている。つまり、責任能力に関して、検察庁は鑑定人に「判断せよ」、裁判所は「判断するな」と真逆のことを指示しているわけで、司法のダブルスタンダード以外のなにものでもない。

「鑑定書例」はわかりやすさを意図したとされる。しかし、筆者が見る限り、「書きにくく、読みにくい」のである。理由は、「鑑定書例」の構成は鑑定人の思考を不自然に枠に嵌めるからである。わが国で従来慣用された方式は、内村祐之・吉益脩夫監修『日本の精神鑑定〔増補新版〕——重要事件25の鑑定書と解説 1936-1994』（みすず書房、2018年）に収載された鑑定書が格好の例であるが、基本的には〈犯罪事実〉〈家族歴〉〈本人歴〉〈現在症〉〈犯行時の精神状態〉〈考察と説明〉〈鑑定主文〉の順での構成を取っている。必要なデータを提示し、それをもとに推論を積み重ね、結論を導き出すという、書く側にとっても読む側にとっても思考の流れに沿った自然なかたちである。それに対して「鑑定書例」の方式は、あらかじめ間仕切りされた箱に中味をむりやり仕分けして詰め込むようなものである。従来の鑑定書は大部になりがちなことが難点として指摘されてきたが、それはただ簡潔な記述を心がければ解決する話である。

〝鑑定人の思考の枠づけ〟が最も危惧されるのは本事例でも争点となった「7つの着眼点」に関してである。個々の検討は控えるが、7項目の多くは精神医学的に重要な着眼点というよりも検察官が立証する上で知っておきたい着眼点である。周知のように責任能力は生物学的要素と心理学的要素から構成される。前者（いかに病んでいたか）が正しく診断されて初めて後者（いかに判断し行動したか）の評価が意味を持つ。ところが7項目の設定はあたかも心理学的要素のみで責任能力を判定しうるかのような誤解を与える。

筆者がかつて経験した妄想型統合失調症の鑑定例は、被害妄想の対象人物に対して1年前から殺意を抱き、相手の居場所を数度にわたり下見し、ビデオカメラまで用いて動静を事前調査した。事件前夜から居宅前に車で潜み、戸外に現れた相手を襲って刺殺した。地元の警察署の所在地をあらかじめ調べており、現場から直行して自首した。行為に関しては「人を殺すことが法律で禁止されていることはわかっているが、長年

の精神的圧迫で人生をメチャクチャにされたことを思えば、殺して当然だ」と正当性を主張した。このような体系化された強固な妄想をもつ事例では、過剰な計画性、違法であることを弁えながら徹底した他害行為を遂行する点に病理の核心がある。この病理を説得力をもって説明してこそ精神科医である鑑定人の本領が発揮される。ところがこの事例を7項目に沿って評価すると、「犯行の計画性」「行為の違法性の認識」「犯行の一貫性・合目的性」はすべて「有り」となる。病理に踏み込んで記述しようとすると、「計画性はあった。ただし……」という但し書きで書くしかない。そうまでして7項目に縛られる必要はあるのか。何を着眼点とするかは鑑定人自身の知識と経験によって習得されるものであり、そうでなければ司法精神医学の存在意義はない。

現行の鑑定方式が弁護の立場から検討されることを切に望む。

判決書(第一審)
福岡地判平26・10・20　平成26年(わ)第442号
LEX/DB25563826

主文

被告人は無罪。

理由

第1　本件公訴事実の要旨

本件公訴事実の要旨は、被告人は、平成26年1月6日午後6時30分頃、前記住居欄記載の被告人方において、実母のV(当時64歳。以下「実母」という。)に対し、その胸部を多数回殴打するなどの暴行を加えて多発肋骨骨折等の傷害を負わせ、よって、同日午後10時頃、同所において、実母を前記傷害による外傷性ショックにより死亡させたというものである。

第2　当裁判所の判断

当裁判所は、本件犯行当時、被告人の事理弁識能力・行動制御能力は、著しく減退という程度に止まらず、全くないか、ないに等しい状態(心神喪失)であったと判断した。

1 事実経過

　被告人は、高校に入学した頃から18歳（平成5年）頃までシンナーを吸引し、19歳（平成6年）頃からは覚せい剤を使い始め、30歳（平成17年）頃まで使用していた。被告人は、平成9年末頃から、やくざに殺される等の妄想を抱くようになり、平成10年に妄想や幻聴のため精神科を初診し、以後、精神科に10回ほど入院していた。被告人は、平成21年から情緒不安定、不眠の症状が出るようになり、平成25年12月頃からは不眠の状態が続き、ストレスを感じていた。

　本件当時、被告人住所地の敷地内には2棟の家屋があり、被告人と実母がそれぞれ1棟を使用し（以下、それぞれ「被告人宅」「実母宅」という。）、生活保護を受けながら、実母が食事、被告人が洗濯、風呂など分担して生活していた。実母は、理解力や判断力が低下しており、被告人は、実母が何日も食器を洗わないまま放置したときに、平手で頭部を叩くことがあったが、被告人が手に付けていた指輪が当たって出血した時以外は、実母に怪我をさせるような暴行を加えたことはなかった。本件当時、被告人と実母の中は、冗談を言い合うなど基本的に良好であり、平成25年年末に知人の家を訪れて泊まった際も、実母が独りでいるのを案じて、予定より早く帰宅したりしている。本件当日も口喧嘩をしたなどの事情はみられない。

　被告人は、平成26年1月2日より後、被告人宅のコンセントが抜かれていたことなどから、「不特定多数の覚せい剤中毒者が、自分の不在の間に被告人宅を訪れたり、実母宅に来たりし、実母に覚せい剤を打って強姦したりした。実母も最初は嫌がっていたが、今では喜んでそれらに応じている。」という妄想を抱くようになった。実母は、同月6日、被告人宅の居間で、被告人と一緒に弁当を食べた後、居間から出て実母宅へ帰宅しようとすると、被告人は、右手指4本に腕時計を巻き付けた上、右手挙で実母の額を1回殴打した（以下「最初の殴打」という。）。被告人は、居間に戻った実母にティッシュを渡して額の出血を拭き取らせたが、血が止まって再び帰宅しようとした実母から、玄関で「足元を見ろ（又は見とけ、以下同様）」と言われたと思い、突然激高して、同日午後6時30分頃、約

３分間にわたり、両手の拳で実母の胸、腹を叩き、背中を肘打ちし、うつぶせの状態で延髄を踏むなどの激しい暴行（以下「本件暴行」という。）を加え、これにより実母は、多発肋骨骨折等の傷害を負った。

　本作暴行後、実母はうつぶせの状態で動かなくなったが、被告人は、10分間ほどかけて、実母の両手の指を背中に回した上でボンボン付き紐で縛り、実母の目や口の部分を覆うように頭や顔にクラフトテープをぐるぐる巻きにし、スマートフォンで実母の写真を撮影した（同日午後６時44分頃）後、実母の体からテープや紐を外した。その後、被告人は、尿を失禁していた実母を廊下から居間に移動させたが、睡眠導入剤と水を口に含ませて飲ませた後、居間でパソコンやスマートフォンを見たりしていた。その間の同日午後10時頃、実母は前記傷害により死亡した。

　被告人は、同月７日午前３時10分頃に至って、実母のふくらはぎに触り、冷たく父が死亡したときと同じだと感じて実母の死に気付き、すぐ110番通報した。被告人は、対応した警察官に対して、「母親を殴った」「母親は死体となっている」と申し立てる一方で、「私はアマテラスオオミカミだ」などと意味不明な言動もしていた。被告人宅に到着した警察官らに対しても、被告人は、「母親の後頭部を叩いたり、蹴ったりした」「母親が動かなくなった」と状況を説明する一方、「アマテラスオオミカミがいる」「アマテラスオオミカミが見ている。隠れないと」、「アマテラスオオミカミ、自分はツキガミである」「家に監視カメラがある」のほか、日本語ではあるが意味不明で聞き取れない言動をしていた。被告人によれば、天照大神と会話していたという。

　被告人は、現在では、実母の覚せい剤使用やレイプについては妄想だったと理解しているが、いまだに自分に犯行をさせたのは天照大神だと信じている。

２　精神障害の存在について

　捜査段階において被告人の精神鑑定を実施したＸ医師は、その鑑定内容を当公判廷で証言した。その鑑定内容は、以下のとおりであり、概ね信用できる。

　被告人は、これまで使用してきた覚せい剤、シンナー、アルコールと

いった精神作用物質の影響により、(A)精神作用物質による残遺性及び遅発性の精神病性障害（以下「障害Ａ」という。）及び(B)精神作用物質による精神病性障害（以下「障害Ｂ」という。）の2つの状態にあり、基本的に障害Ａの状態であるが、ストレスの積重ね等により、障害Ｂの状態に移行する。被告人は、本件犯行当時は障害Ｂの状態にあったが、現在は障害Ａの状態にあると診断される。

　被告人は、本件犯行前から、不眠、首の痛み、対人関係のストレス負荷状況により、平成26年1月3日頃から障害Ｂの状態に移行していた。障害Ｂは、少なくとも数日の期間に及ぶエピソード性の幻覚妄想の増悪、状況認知の著しい歪み、激しい猜疑心や攻撃性を伴う。そして、被告人は、実母の言動に激高して本件犯行に及んだが、激高するに至るまでの経緯・動機に障害Ｂが影響を与えており、被告人が、その後、冷静さを取り戻すことなく、執拗に連続的な暴行を加えたり、著しい状況認知の歪みによる常軌を逸したとも思われるような判断や行動を取ったりしていることから、本件犯行には障害Ｂが大きく影響していたと考えられる。

3　事理弁識・行動制御能力の程度について
　以上をふまえて、本件犯行当時の被告人の責任能力について検討する。
(1)　動機の了解可能性
　被告人は、夕食後帰宅しようとした実母をそのまま帰せば、覚せい剤を打たれたりレイプされてしまう、暴力を振るってでも実母を止めなければならないなどと考え、最初の殴打に及んだというのである。その動機の形成過程は、妄想に完全に支配されている上、高齢の母親に対し、腕時計を手指に巻いた上で攻撃したという点でも、行動の異常性が顕著である。
　この後、被告人は、いったんは、実母の帰宅を許す判断をしているが、被告人は、実母がそこまで覚せい剤を使用したいのであれば、今日は使わせてもいいかなどと考えて実母を帰宅させることにしたにすぎず、上記妄想が誤りであることに気付いたわけではないから、妄想に支配された判断であることに変わりはない。
　そして、被告人は、実母から「足元を見ろ」と言われたと思い、激高し

ており、これが本件暴行の直接の動機ということになる。検察官は、被告人が、実母に大声で怒鳴られ、生活態度を非難された、あるいは馬鹿にされたと考え、腹を立てて本件犯行に及んだという動機は十分に了解が可能であると主張する。

　しかし、実母が被告人を「足元を見ろ」と怒鳴ったという証拠は、被告人の供述のみであり、実母が同発言をする様子を見たわけではなく、実際に言われたのか幻聴なのかははっきりしない、実母が実際に上記発言をしたかは現在では自信がないという極めてあいまいなものである。また、被告人は、実母は、日頃、被告人の生活態度について注意することもなく、本件当日も被告人と実母との間で生活態度が話題に出たことはなかった、そういう意味で足元を見ろ等の言葉を使ったことはないとも供述している。日頃の被告人と実母との関係や生活状況からも実母が被告人の生活態度を非難するような立場にはなかったと認められること、被告人が自己に有利なように虚偽の供述をしている様子はないこと、一般に、「足下を見る」とは人の弱みにつけ込む意味で使われる言葉であり、生活態度を注意する際に用いる言葉ではないことにかんがみると被告人の公判供述は信用できる。そうすると、実母が、何の脈絡もなく被告人の生活態度を注意する趣旨で、突然大声で「足元を見ろ」と怒鳴ったというのは、あまりに唐突すぎ、現実に起きたこととは認め難い。

　ところで、X医師は、①被告人は本件犯行直前に実母に対して敵意を抱いていたわけではなく、むしろ実母が、直前に殴打されたことによる怒りを露わにしたと考えるのが自然である、②被告人が本件犯行以前に実母に対して加えていた暴行は、幻聴に支配されていたものとは考えにくいなどとして、発言が実際にあったと判断している。もとより、実母の発言の存否は、犯行に至る経緯として、裁判所が公判廷で取り調べた証拠によって事実認定すべきものであるから、同医師の意見が、当裁判所を拘束するものではない（医学的に幻聴であることはあり得ないというのであれば格別だが、同医師もその可能性は否定しない。）。そして、①については被告人は、本件犯行時、実母が覚せい剤を使用しているという妄想に基づき、実母に対し最初の殴打に及ぶ一方、実母は、最初の殴打直後に

も、被告人を非難したりせずに、被告人の渡したティッシュで止血するなどして落ち着いていたという事実経過に合致しないし、②については、本件犯行以前に被告人が実母に加えていた暴行は、ごく軽微なものであって、激しい暴行が加えられた本件と同列に考えることはできない。

したがって、生活態度を注意する趣旨で実母が「足元を見ろ」と怒鳴ったという事実については証拠上疑問があって認められず、被告人にそう聞こえたのは幻聴であった可能性がある。そうすると、本件犯行の動機は障害Bの直接的な影響によって形成されており、それなしには理解できないといえる。

なお、被告人は、当公判廷で、「足元を見ろ」という実母の発言について、靴下を履いているから廊下で足を滑らせないよう気をつけろという意味かもしれないと供述しており、その趣旨の発言であれば言われた可能性は否定できない。しかし、そうだとすれば、廊下で足を滑らせないようにと被告人を心配した趣旨の発言を、生活態度を注意された、馬鹿にされたと曲解し、「自分は覚せい剤をやっているくせに」などと反発して激高したというのであるから、妄想の強い影響や状況認知の著しい歪みがあるというほかなく、やはり障害Bの影響抜きには理解できない。

さらに、普段、被告人と実母との間に現実の対立等がなく、直前に口論等をしていたような事情もないにもかかわらず、生活態度を非難されたと感じただけで、高齢の実母に対し、死に至らしめるほどの激しい暴行に及ぶのは、常軌を逸した判断・行動といわざるを得ず、X医師も障害Bの影響を指摘している。検察官は、この点につき、被告人がプライドを傷つけられるなどの言動に激高しやすい性格の影響を指摘しているが、それは被告人が精神病に罹患した後の話で、その性格自体が障害Aの影響によるものである。被告人が精神病に罹患する前から粗暴で激高しやすい性格であったことは証拠上認められず（覚せい剤使用前の前科前歴に粗暴犯歴は見当たらない）、むしろおとなしい性格であったことが窺われる。

以上によると、被告人の犯行動機の形成には、障害Bによる妄想や状況認知の著しい歪みが大きく影響しており、その動機は、常識に照らす

と全く了解不能なものといわざるを得ない。
(2) 反道徳性・違法性の認識
ア　緊縛及び撮影
　前記のとおり、被告人は、犯行後、実母の指をボンボン付きの紐で縛ったり、顔面にクラフトテープを巻いたりし（以下「緊縛等」という。）、その様子を撮影したりしている。その理由について、被告人は、①（実母は当時64歳で、被告人より15cmほど身長が低く、糖尿病を患っていたにもかかわらず）女性は男性より痛みに強いから縛らないと自分がやっつけられる、②実母が起き上がって帰宅し、覚せい剤を使用したり、レイプされるのを防ぐ、③実母は寝ているふりや気絶したふりをしているだけだから、床の木目に合わせて写真を撮り、実母が少しでも動いたか確認するという3つの理由を挙げる。そもそも被告人の取った措置で被告人の目的を達成できるかという疑問はひとまず置いても、実母が明らかに瀕死の重傷を負っているにもかかわらず、それを認識することなく、上記一連の行動に出ること自体が全く不合理で常軌を逸しているというほかない。確かに、被告人は撮影後に、少しやり過ぎた等と思って紐やテープを取り外しているが、被告人がやり過ぎた等と感じたのは、本件暴行ではなく緊縛等についてであり、緊縛等を外した時点でも、実母が気絶したふりをしているという歪んだ状況認識はなお訂正されていない。さらに、その後も被告人は、実母はわざと動かないのだろう、睡眠薬を飲めば楽になるかもしれないと考え、飲ませたりしたところ、実母の口はだらしなく開いており、おかしいなと思ったが、その後も相変わらず実母は寝ているのだろうと思っていたというのである。そうすると、緊縛等を取り外しただけでその前後の異常行動をすべて無視し、被告人が本件犯行の意味や性質、延いてはその反道徳性・違法性を理解できる状態であったなどと評価する検察官の主張には無理がある。
イ　実母の死亡に気付いた時及び通報時の状況認識
　検察官は、被告人が実母の死を認識した時点で、「大変なことをした」「よくない悪いことをした」と思った点や、自首した方が罪が軽くなると考えて自ら110番通報したという点をもって、被告人には本件犯行について

の反道徳性・違法性の認識があったと主張する。

　確かに、被告人がそのような言動をしたことは認められるが、捜査官の誘導や示唆による影響も否定できないと考えられ、それが健常者と同じような状況認識に基づいているかは慎重に吟味する必要がある。被告人が実母の死を認識した時点は、本件暴行から8時間以上、実母の死亡からでも約5時間も経過している上、「アマテラスオオミカミがいる」などと意味不明の発言をするなど、犯行時とは別の妄想に囚われていたことが窺われる。そして、被告人は、それまでの間、実母と同じ部屋にいたにもかかわらずその死に気付かなかった、通報後も実母が生き返ると思っていたなど、状況認識能力には明らかに異常がある。

　よって、通報等の事実が健常者と同じ意味での違法性の意識等を示すものとは思われず、被告人に本件犯行時に違法性の認識等があったとは認められない。

(3)　まとめ

　以上のとおり、被告人の犯行動機は全く了解不能なものであり、反道徳性・違法性を認識していたとも認められない。そして、本件犯行は、突発的、衝動的犯行で、一貫性や合目的性は認められず、薬物使用前の性格からも、薬物使用後の障害A状態の性格から考えても異質である。精神障害による免責可能性の認識や詐病の可能性は認められず、被告人は、本件犯行後に、自己防御・危険回避的行動を取っていない。被告人に犯行時の認識、記憶があることは上記判断の妨げとならない。

　よって、以上を総合すれば、本件犯行当時、被告人の事理弁識能力・行動制御能力は全くないか、ないに等しい状態であったと評価できる。

第3　結論

　以上の次第で、被告人の本件犯行は心神喪失者の行為として罪とならないから、刑事訴訟法336条前段により、被告人に対し無罪の言渡しをすることとし、主文のとおり判決する。

(求刑　懲役5年)

平成26年11月5日

福岡地方裁判所第4刑事部

裁判長裁判官　岡部豪／裁判官　吉戒純一／裁判官　大嶋真理子

[ケース9]

現住建造物等放火被告事件（診断：飲酒酩酊）
東京地立川支判平23・6・13　LEX/DB25473546

アルコール中毒せん妄・アルコール離脱せん妄等の精神障害と責任能力の有無が争われた事例

報告論文

井桁大介　いげた・だいすけ　第二東京弁護士会

1　はじめに

　本件では、責任能力に関する判断が、捜査、医療観察法手続、判決のそれぞれにおいて分かれた。刑事実務における責任能力判断の混乱を表す事例だと思われる。議論に資するべく、事案と手続を可能な限り詳細に紹介する。

2　事案の概要

　罪名は現住建造物等放火罪である。A氏（当時57歳）は、2010（平成22）年3月27日午後1時25分頃、内妻（当時62歳）と2人で暮らす自宅マンション（約52㎡）に火をつけて全焼させたとして逮捕された。
　内妻は、火災発生前日、A氏との間でいさかいがあり近くのトランクルームで一晩過ごしていたため、火災発生時にマンションにいなかった。
　けが人はなく、他の住居への延焼もなかった。

3　A氏逮捕に至る経緯

　火災発生直前、内妻の携帯にA氏の番号から着信があった。内妻は着信に気づかなかった。留守番電話の録音が記録され録音メモリーにはA氏と思われる声で「大事なものを持って出て行ったと思います。ですので、

部屋は火の海に致します。よろしく」とのメッセージが残されていた。部屋に火をつけるのではと危惧した内妻がマンションに戻ると、自室付近から煙が上がっていた。

　A氏の無事を心配した内妻が改めて自身の携帯を見ると、火災発生直後と思われる時刻にA氏からの着信履歴と新たな録音メモリーが残されていた。再生すると、同じくA氏と思われる声で「これですべて、終わりました。よろしく」とのメッセージが残されていた。

　内妻がA氏の携帯電話に電話をかけるとA氏が電話に出た。居場所を尋ねると、いつもと変わらない声質と声色で、自宅近所のファミリーレストランにいると答えた。

　火災現場に臨場した警察官が内妻からこのやり取りを確認し、最寄りのファミリーレストランに急行したところ、エビフライをつまみにウーロンハイを飲んでいるA氏を発見した。

　警察官は、A氏に自宅が火事であることを告げて同行を求めた。

　A氏は財布も持たず手ぶらだった。ファミリーレストランを出るにあたりレシートの裏に氏名と住所を自筆で記載し、後日エビフライとウーロンハイの代金を支払いに来店することを店員に約した。A氏は特段抵抗することなく、素直にパトロールカーに乗り込んだ。

　A氏は、日付がかわる頃、警察署にて逮捕された。

4　手続の概要

　事案はシンプルだが、起訴に至る経緯は異例だった。

　A氏の呼気からは、火災当日午後5時時点で0.66mg/Lのアルコールが検出された。また、A氏は警察署に連行されてから午後11時過ぎまで、取調べにまともに応じることができないほど酩酊していた。取調べに対しては、火災前夜から逮捕時点までの記憶がほとんどないと述べていた。

　その後の捜査の結果、A氏は事件当時アルコール依存症に罹患していたことが判明した。

　検察官は、A氏の精神状態を鑑定するために、X医師に、起訴前の精神鑑定を依頼した。

X医師は、3カ月にわたり合計16件の検査等を実施し、最終的に以下の主文を付した鑑定書を検察庁に提出した（X鑑定の根拠については後述する）。

　1　被疑者は、本件犯行時、アルコール中毒せん妄ないしアルコール離脱せん妄に罹患しており、その程度は重度であった。
　　また、被疑者は、現在、アルコール依存症に罹患しており、その程度は重度である。
　2　被疑者は、本件犯行時において是非善悪を弁識し、同弁識に従い行動を制御する能力は完全に失われていた。
　3　被疑者の是非善悪を弁識し、同弁識に従い行動を制御する能力が喪失していたのは、平成22年3月26日深夜に＊＊＊のスナックで飲酒してから、平成22年3月27日本件犯行後、ファミリーレストランで警察官に保護されるまでの間である。

　検察庁はX鑑定に依拠してA氏を心神喪失による不起訴処分とした上で、東京地方裁判所立川支部刑事第2部に精神病院への入院処分等の決定を求める医療観察法上の申立てを行った。手続を担当した寺澤真由美裁判官は、入院処分等の必要性を判断するために、Y医師に精神鑑定を依頼した。同時に、やや特異なことではあるが、改めて事件当時の被告人の責任能力の有無についても鑑定するよう依頼した。
　Y医師は2008（平成20）年8月、以下の鑑定主文を付し、A氏に心神喪失の理由となる精神疾患はなかったと鑑定した（Y鑑定の根拠についても後述する）。

　　対象行為は、パーソナリティ障害という素地、およびアルコール依存症という半ば素地化された精神障害を下部構造として、飲酒下に一過性の病理的現象として出頭したアルコール急性中毒による異常行動であった。……なお心神喪失の理由となったこのアルコール急性中毒の内実については、起訴前のX鑑定で判定されている急性せん妄では

なかったと判定する。酩酊犯罪の伝統的な用語をもちいれば、病的酩酊の性状に妥当するものではなく、複雑酩酊の域を超えなかったと判断する。

　Y鑑定が提出された後、担当検察官は、裁判所に対し、両鑑定を比較すれば「X鑑定が合理的であ」るとして、A氏については、「医療観察法に基づく入院による医療を受けさせる旨の決定がなされるべきである」との意見書を提出した。また、付添人の弁護士も、両鑑定のうちX鑑定が信用できるとして、入院決定相当の意見書を提出した。

　寺澤裁判官は、これらの意見書について一切触れることなく、「(X鑑定は)対象行為に近接した時点での対象者の言動として客観的に認められる事実に対する検討を十分行わずに、前記結論に至っている点に疑問がある」「対象者は、対象行為を行った当時、心神喪失はもとより、心神耗弱の状態にもなかったと認められる」と判断し、検察官の医療観察法上の申立てを却下した。

　これを受けてA氏は、2010年9月15日、現住建造物等放火の罪で起訴されることとなった。事件は、東京地方裁判所立川支部刑事第1部に係属された。

5　弁護活動の内容

　田岡直博弁護士（主任）と私が、起訴後に国選弁護人として選任された。医療観察法上の手続において選任された付添人の弁護士等から既述のような事実経緯の引継ぎを受け、弁護活動の獲得目標を心神喪失の認定と位置づけた。

　我々が行った弁護活動を列挙すると、X医師からの聴取り、内妻からの事情聴取、事件当時のA氏の足取りの調査、A氏が事件直後に立ち寄ったファミリーレストランの従業員への聞き込み、A氏が過去受診していた病院のカルテの取り寄せ、精神医学文献の読み込み等が挙げられる。

　とりわけ重要な活動は、A氏の当時の生活状態に関する聴取りであった。A氏と内妻によれば、A氏は不眠等の影響から10年ほど前より昼間

からも日常的に酒を飲むようになり、当時はほとんど酒浸りの生活を送っていたとのことであった。酒量も多く、ウイスキーや焼酎のボトルを一日で数本空けるような生活をしており、朝起きて酒を飲み、昼飯代わりに酒を飲み、眠くなればその場で眠り、また起きては目の前の酒を飲むといった生活であったようである。さらに、アルコールの影響で数年前より幻聴と幻覚に悩まされるようになっていた。とりわけ事件当時は、夜になると得体のしれない化け物に襲われる、化け物を退治するために包丁で空を切る様な動作をする、2006(平成18)年ころには「こっちだよ、こっちだよ、こっちに来ると楽になるよ」との幻覚を聞いて窓ガラスに突進し大けがをした、2008年に精神科を受診した際に入院相当の診断を受けていたことなどを聴き取った。他方でA氏と内妻が知り合った20年ほど前は、大手会社とも取引のあるIT企業の社長として毎日忙しく働いていたとのことで、アルコール依存症に罹患する前後で生活がまったく異なることが明らかになった。

6 公判前整理手続における特徴的な手続

本件では公判前整理手続において、別期日にX医師とY医師の出廷の下、カンファレンスという手続が行われた。カンファレンスの方法は裁判体により異なるとされているが、本件では、医師による鑑定内容のプレゼンの後に、医師と当事者および裁判所の間で質疑が交わされた。職業裁判官のみが実質的に証人尋問を先取りすることについては裁判員と裁判官との間に情報格差を生じさせることから問題が多いとも思われるが、本件に関しては、両鑑定の結論に至る過程はどのようなものであるのか、両鑑定が依拠する基礎的な考え方に違いがあるのか、最終的に結論が異なった理由はどこにあるのか等々につき、事前にすり合わせを行えたことは弁護人にとって有意義なものであったと考えている。

7 公判および判決

公判では内妻の証人尋問と被告人質問の後、合計9時間近くに及ぶ両医師の証人尋問が行われた。

判決は、6年の求刑に対して3年6月の実刑判決であった（未決220日参入）。X医師の鑑定もY医師の鑑定も妥当性を否定したうえで、A氏に心神耗弱を認めるものだった。いずれからも控訴はなく判決は確定した。

8　両鑑定および判決の検討──責任能力判断をめぐる考え方について

　当時、飲酒酩酊の責任能力の考え方については、大きく2つの考え方が並存していた。

　1つはドイツの精神学者であるビンダーが考案した3分類に基づくものである（「ビンダー3分類」と呼ばれる）。これは、飲酒酩酊を、単純酩酊、複雑酩酊および病的酩酊に分類し、それぞれを完全責任能力、心神耗弱および心神喪失に相当させるべきであるとする考え方である。精神医学上の診断と責任能力を直結させるものであり、司法精神医学化では長らく通説として位置づけられていた。

　もう1つは複数の精神科医で構成される研究会が2005（平成17）年に発表した「刑事責任能力に関する精神鑑定書作成の手引き」で提唱された考え方であり、実務上「7項目」と呼ばれるものである。7項目とは、①動機の了解可能性、②計画性、③違法性・反道徳性の認識、④精神障害による免責可能性の認識、⑤犯行時精神状態の平素からの質的懸隔、⑥手順の一貫性・合理性、⑦自己防御的行動ないし危険回避的行動の7つであり、これらを総合的に考慮して責任能力の有無を検討するという考え方である。これは飲酒酩酊に限らずすべての責任能力判断に適用される考え方であるとされる。

　X医師は、飲酒酩酊犯罪についてはビンダーの3分類に基づくべきであるとしたうえで、(i)2006年の時点ですでに幻覚に悩まされるようになっていたこと、(ii)2008年の精神科受診時点で既に入院相当と診断されていたこと、(iii)事件当時は毎日のように幻覚を見るようになっていたこと、(iv)内妻によれば会社経営者であった時期と明らかに人格が変容していること、(v)アルコールの影響で脳が委縮していること、(vi)その他検査等から、A氏は事件当時、明らかに病的酩酊状態にあったと証言した。

　他方でY医師は、ビンダーの3分類は学会においてすでに支持されて

いないとしたうえで、(a)事件直前及び直後に自らの置かれた状況を認識したうえで内妻に電話をかけていること、(b)ファミリーレストランにおいて何ら異常行動をせずに注文、飲食等をしていること、(c)財布を忘れたことを認識したうえでレシートの裏に氏名と連絡先を記載していること等から、事件当時のA氏には、自身の置かれた状況および自身の行動の意味を認識し、それに基づき行動を制御する能力が備わっていたとして、仮にビンダーの3分類に基づくとしてもA氏は複雑酩酊の域を超えないと証言した。

　判決は、ビンダーの3分類に依拠するか、それとも7分類に依拠するかについて言及することなく、また、A氏が事件当時どのような精神疾患を抱えていたかについての認定に先立って、唐突に、「見当識について」「動機の了解可能性等について」「犯行の合理性・合目的性について」「違法性の意識等について」「過去のエピソードに現れたせん妄と本件との関わりについて」という5つの項目をたて責任能力の有無の検討を始めた。判決の記載を順に紹介すると、まず、「見当識」については、犯行態様が合理的であること、内妻への電話によれば状況を認識していたこと、ファミリーレストランでのやり取り等を理由として、場所や状況についての見当識が保たれていたと認定した。次に、「動機の了解可能性」については、内妻に対する怒りや自暴自棄の気分から本件犯行を決意したとしても不自然とは言えず、「了解可能な動機が想定できないとはいえない」と結論づけた。続いて「犯行の合理性・合目的性」については、灯油を3カ所にまいて火をつけたという犯行態様から犯行の合理性・合目的性を認め、「違法性の意識等」については、A氏が任意同行後に警察署で「関係ないから早く帰りたい」と述べたことをもって、「罪を逃れたいとの意識の現れ」と認定した。最後に、事件当時の被告人のせん妄状態に関し、得体のしれない化け物などについては、A氏が取調べや内妻への電話で一切言及していないことなどから事件への影響を否定し、これらの事実を総合考慮すれば事件当時のA氏にはせん妄状態がなかったとした。以上より、「A氏は、事件当時、是非善悪を判断し、これに従って行動する能力が失われていたものではなかったものと認められる」として、A氏が心

神喪失ではなかったと結論づけた。

　他方で判決は、A氏が事件当時アルコール依存症に罹患しており日常的にせん妄状態が発現していたこと、動機と結果の均衡が取れていないこと、行為の重大性について認識していたとは思われないこと等を認定し、「アルコール中毒の影響により、是非善悪を判断し、これに従って行動する能力が著しく減退した状態にあったのではないかという疑いを払拭できない」として心神耗弱を認めた。

9　判決に対する疑問点

　事件にかかわった弁護人として、判決に対する疑問点を3つ指摘したい。

　1つ目は、ビンダーの3分類に依拠するか否かについての判断を下していないことである。もちろん責任能力判断は法律判断であり、責任能力の判断に際しどのような考え方に依拠するかも最終的には裁判所が決定すべき事項ではある。しかし、X判断は、公判前整理手続のカンファレンスから一貫してビンダーの3分類に依拠することを明言し、実際に法廷でも両当事者の間で3分類の妥当性について議論がなされたのであるから、これに対する裁判所のスタンスを判決で明言するべきであったと考える。判決はX医師の鑑定を結論において否定しているが、前提となる考え方についての評価をせずに結論だけ否定するのでは、鑑定人の学術的判断自体を合理的な理由なく無視したものといえ、精神科医と裁判所の役割分担の観点からも問題であると思われる。

　2つ目は、7項目の一部のみを用いて責任能力を判断する理由が記載されていないことである。判決は、7項目のうち②計画性や④精神障害による免責可能性の認識を一切論じていない。これはA氏に上記2項目が認められないことが明らかであることと無縁ではないだろう。一部とはいえ7項目に依拠するのであればその理由を明記するべきであるし、また7項目をどのように用いるのかも示されるべきである。一部の項目のみを取り上げ、しかも責任能力を否定する方向の項目については黙殺するとあれば、責任能力を認めるという結論ありきで7項目をつまみ食いしたとの疑いを払拭できない。

3つ目は、精神疾患の内容を確定することなく7項目の検討を始めていることである。精神疾患を原因として責任能力の有無が問題となる場合には、まず基礎となる精神疾患の内容が確定されなければならない。最高裁も、責任能力の有無は、「鑑定書全体の記載内容とその余の精神鑑定の結果、並びに記録により認められる被告人の犯行当時の病状、犯行前の生活状態、犯行の動機・態様等を総合して」判断するとしている。[1] 精神疾患の内容を確定することなく外界に現れたA氏の言動等のみを根拠に責任能力を判断するのでは、判決の説得力を欠く。

10　最後に

本件においては、2人の医師の考え方と結論が異なり、また医療観察法の裁判官と刑事裁判の裁判体とで結論が異なることとなった。責任能力判断は、その基礎となる考え方、重視されるべき事実、総合考慮の方法等について考え方が分かれており、かつその考え方の違いが結論に直結しかねないため、判断主体によって結論がまったく異なる場合がある。本件はその典型であり、A氏は司法精神医学に振り回されたとさえいえる。

A氏に治療が必要であることについては両医師ともに一致しているところであるから、刑を終えたA氏に適切な治療がなされることを願う。

コメント（弁護士）

菅野亮　すげの・あきら　千葉県弁護士会

1　はじめに

本事例は、責任能力が問題となる事例について、①精神科医と法曹の役割分担のあり方、および②公判前整理手続における争点整理のあり方が十分に議論されていない時期のものであり、上記の点に関しては、そのまま参考にできない。

1　最決昭59・7・3民集38巻8号2783頁参照。

他方、アルコール関連障害が問題となる事件を受任した場合の弁護活動については参考になることも多い。以下、飲酒酩酊事案における鑑定書の読み方および弁護活動の留意点を中心にコメントする。

2　飲酒酩酊事案の鑑定の読み方

　飲酒酩酊事案では、かつては、ビンダーの3分類による鑑定が行われることが多かった。精神科医の論文によれば、「ビンダー（Binder）の三分類は酩酊犯罪の責任能力判断において決定的な地位を占めている」[2]とされていた。

　ビンダーの3分類は、「単純酩酊＝完全責任能力」「複雑酩酊＝心神耗弱」「病的酩酊＝心神喪失」とその分類が責任能力判断に直結する。鑑定書に責任能力に関する意見が明示されていなくとも、たとえば「被告人は、本件犯行時、『単純酩酊』の状態にあり、元来の性格に飲酒による抑制力の減弱が加わって、衝動的に犯行に至ったものと考えられた」[3]とあれば、鑑定人は、完全責任能力だと考えていることがわかる。

　しかし、可知論的な判断を重視する裁判実務においては、ビンダーの3分類の結果よりも、犯行時の精神症状及び当該精神症状が事件に与えた影響の有無等が重要である。

　ビンダーの3分類で判断された鑑定書を読む際、あるいは鑑定人と面談する際にも、ビンダーの3分類の判断に至るまでに検討された精神症状と当該精神症状が事件に与えた影響等を丁寧に確認していく必要がある。

　ビンダーの3分類の判定をする際、精神科医によっては、①意識（混濁、変容の有無）、②行為面（抑制低下・欠如、本能的衝動行為の有無等）、③気分（高揚、本能的な運動興奮）、④人格面（人格疎遠、解体の有無）、⑤見当識、⑥記憶面に着目して3分類を検討している例もあり[4]、鑑定人がどのような判断ポイントを重視したかの見極めも重要である。

2　岡田幸之「刑事責任能力再考――操作的診断と可知論的判断の適用の実際」精神神経学雑誌第107巻第9号（2005年）925頁。
3　五十嵐禎人『刑事精神鑑定のすべて』（中山書店、2008年）113頁のアルコール関連障害の鑑定事例として提示されている主文である。
4　前掲注3書123頁。

操作的診断基準[5]では、アルコール関連障害は、アルコール使用障害、アルコール中毒、アルコール離脱、他のアルコール誘発性障害群、特定不能のアルコール関連障害に分類される。責任能力との関係では、せん妄等の精神症状が問題になることも多い。

鑑定書では、操作的診断基準に従って診断されているものの、その背景には、ビンダーの3分類による判断がある場合もあり、鑑定人の実際の思考過程を丁寧に把握する必要がある。

3 弁護活動の留意点

実務で、依頼者が犯行前に飲酒し、犯行時の記憶がないと述べる例は少なくない。

しかし、責任能力にまったく影響しないレベルの飲酒であっても記憶がなくなることはあり（当初の接見時から正直に事情を話せない依頼者もいよう）、飲酒して記憶がないというだけでは、責任能力に関する主張をすべきかどうか確定できない。

弁護人は、飲酒量、犯行前後の様子、過去の飲酒時のエピソード、犯行経緯・動機、犯行態様等を可能な範囲で確認し、動機の了解可能性や酒癖を含む平素の人格との異質性等を検討しつつ、責任能力に関する主張を行うかどうかを検討することになる。

精神鑑定が行われる場合には、上記のとおり、飲酒酩酊事案においては、操作的診断手法だけでなく、ビンダーの3分類によって鑑定されることもあり得る。

ビンダーの3分類で、「病的酩酊」あるいは「複雑酩酊」となっていれば、責任能力を争うことをひとまず検討することになるが、その鑑定が基礎とする精神症状を丁寧に確認し、精神症状が事件への与えた影響が大きいことを説得的に説明できるかを検証する必要がある。他方、鑑定主文が「単純酩酊」となっていても、鑑定人が重要なエピソードを見落として

---

5 American Psychiatric Association(日本精神神経学会監、髙橋三郎ほか訳)『DMS-5 精神疾患の診断・統計マニュアル』(医学書院、2014年)483頁。

いたり、精神症状等の評価が不合理だと判断される場合には、責任能力を争うことも検討しなければならない。

　鑑定内容が曖昧で、今ひとつ機序等がわからない内容であれば、仮に有利な鑑定主文であったとしても、そのままでは事実認定者を説得できない可能性もある。そのような場合、鑑定人の論理を丁寧に確認していく必要がある。仮に鑑定人が、ビンダーの３分類と「慣例」を重視しているようであれば、操作的診断基準を利用した場合の結論や責任能力に影響しそうな精神症状の有無・機序を中心に証言してもらうことも検討しなければならない。

4　最近の裁判例の判断枠組み

　日本弁護士連合会に情報提供された最近の事例をみると、飲酒酩酊事案の責任能力判断では、飲酒量、犯行前後の被告人の行動および精神症状の有無等をまず認定し、その上で動機の了解可能性や平素の人格との異質性を検討した上で、弁識能力および制御能力が障害されていたかの判断されている例が多い。その一部を紹介する。

【甲府地判平27・4・28】
　「被告人がこれまで精神病性障害から来る幻聴等に支配されて自傷行為に及んだことがなかったことや本件当時も幻聴を客観的に認識できていたことなどからすると、被告人が交際相手との関係等をきっかけに自殺しようとしたことに対する精神病性障害の影響は少なく、この動機は了解可能であり」、「被告人が、近隣住民に対して火をつけたなどと述べ、臨場した警察官に対しても灯油をまいて火をつけた、自分のことを捕まえてみろなどと述べていたことや、●号室の住民に火災発生を知らせようとしていたことなどに照らせば、本件犯行当時、被告人が自らの置かれた状況や物事の善悪を理解した上で、その行動をコントロールできていたことも認められるから、被告人の酔いの程度は責任能力を大きく減らすようなものではなかったと認められる。

【那覇地判平25・12・6】
　被告人の本件事件前の行動には、それだけを取ってみると不可解と思われる言動は認められるものの、普段からありもしないことを言ってみたり、物に当たったりすることがあった被告人の平素の人格や被告人が飲酒していたこと等に照らすと、被告人のそれらの言動は、被告人の人格と比べて異質的なものとはいえない。したがって、被告人が病的酩酊はもちろん、複雑酩酊の状態にあったということはできず、本件放火当時、被告人は完全責任能力を有していたものと認められる。

【広島地判平27・3・17】
　本件各犯行前において被告人と行動を共にしていた職場の同僚らの各証言によれば、同人らと被告人との間で会話が成り立っており、被告人は、被告人の財布から金を抜き取って走って逃げる同僚の後を走って追うこともできている。建造物侵入、窃盗未遂、非現住建造物等放火被告事件では、被告人は、鍵のかかっている店舗に侵入するためにコンクリートブロックを用意し、鍵が存在する付近のガラスを破って店舗内に侵入し、事務室内の手提げ金庫等金銭が入っているものを見つけ出して移動させている。強盗致傷被告事件の際には、自転車と衝突後すぐに被害者に対して金銭の要求を開始し、警察に行くなどと言いながら被害者を人気のないビルに連行し、その間には被害者の携帯電話の電源を切らせて、他人との連絡を取れないようにするなど、臨機の行動をとっている。加えて、被告人は、強盗致傷の犯行を目撃者に制止されるや、その場から直ちに逃走してもいるのであるから、自己の行為が違法であることを十分に認識することができている。上記の事情を併せ考慮すると、被告人が各犯行時に、自己の行動の善悪の判断をする能力、その判断に従って自己の行動を制御する能力が著しく減退していなかったと認められる。

【旭川地判平26・10・31】
　被告人は、睡眠前に飲酒していたものの犯行時は微酔で、上述のよ

うに被告人は病的酩酊や複雑酩酊の状態ではなかった。さらに●●供述によれば、てんかん発作など上記以外の精神の障害を疑わせる疾患も犯行時被告人には発症していなかったと認められる。このように被告人には、心神耗弱を疑わせる精神の障害がない。

【金沢地判平成25・1・10】
　関係証拠によれば、被告人は、本件犯行前日の午前9時過ぎから翌日未明まで飲酒して酩酊していたところ、本件犯行時には呼気1リットルにつき0.73ないし0.78ミリグラム程度のアルコールを身体に保有する状態であったこと、犯行前後の状況について部分的な健忘も来していることが認められる。すなわち、被告人は、酩酊状態で妻とけんかして興奮し、判示の犯行動機から衝動的に本件犯行に及んだものであり、その動機は十分理解することができる上、平素の人格との異質性も特にうかがわれない。また、被告人は、灯油を床等に撒いた上、ライターで床に点火したものの、1回で火がつかなかったため、ソファー付近の布様のものに点火しており、放火の目的を遂げるため合理的な行動をとっている。さらに、犯行直後、臨場した警察官の質問に対し、嫁とけんかし、ファンヒーターに残っていた灯油をリビングに撒いてライターで火をつけた旨返答し、的確な受け答えをしたことが認められ、言動に何ら異常は認められない。そして、起訴前の鑑定を行った証人●●も、本件犯行及び前後の状況等を総合し、複雑酩酊を認定すべき具体的根拠はないと診断をしており、この診断は合理的なものといえる。したがって、被告人は、本件犯行当時、行為の是非善悪を弁識し、これに従って行動する能力が著しく減弱した状態にはなかったことが明らかである。

5　本件事件の感想

(1)　公判前整理手続およびカンファレンスで何をすべきか
　本件事件では、実際には、精神科医2名がカンファレンスの場で、ほぼ証人尋問に近いような形で鑑定内容について話をしたようである。

しかし、公判前整理手続において、精神科医２名の話を詳細に聞くことが争点整理に資するとは思われない。かえって、他の精神科医の発言を聞いて、さらに理論武装し、公判における証言内容がより複雑化し、理解が困難になる可能性もある。

　公判前整理手続において、法曹三者は、責任能力判断の分岐点となるポイントを見極め、精神科医はどのレベルで意見が異なるのか、その分岐点で重視されるべき証拠は何なのかを確認する必要があると思われるが、逆にいえばそれ以上に細かい発言を聞いて争点整理する必要はないし、法曹三者だけが、裁判員抜きに専門家の細かい供述内容を事前に確認するというのでは、公判中心主義にも反する。

　たとえば、本件であれば、「アルコール離脱せん妄」という症状の有無が問題となっているが、その症状の有無と責任能力判断にとっての位置づけ及び当該精神症状の有無を判断する際にどのような証拠を検討すべきかがわかれば争点整理としては十分なように思われる。

　それ以上に証人尋問のリハーサルを行うことが裁判員裁判のあるべき姿ではない。

(2)　争点整理の在り方は適切であったか
　本判決は、２名の精神科医の見解を次のように整理している。

　Ｘ医師
　「被告人は、本件犯行時、『アルコール中毒せん妄』ないし『アルコール離脱せん妄』のため、病的酩酊もうろう型の状態にあった」

　Ｙ医師
　「本件行為は、パーソナリティ障害という素地、及びアルコール依存症という半ば素地化された精神障害を下部構造として、飲酒下に一過性の病理的現象として出現したアルコール急性中毒による異常行動であるが、その急性中毒の内実は、急性せん妄ではなく、病的酩酊には該当せず、複雑酩酊の域を超えるものではなかった」

判決の整理によれば、X医師は、病的酩酊で、Y医師は、病的酩酊ではなく、複雑酩酊の域を超えないと違いが整理されているが、その差が責任能力にどう影響するのかは不明である。ビンダーの３分類をそのまま責任能力の結論とリンクさせる場合には、上記整理で構わないが、責任能力判断は、基本的には法的判断であることからすれば、争点化すべきは、病的酩酊か、複雑酩酊か、ではなく、その判断に至った精神症状の有無や犯行に与えた影響の違いであるように思われる。

　判決では、争いのない事実関係を認定した後、「ア　見当識について」「イ　動機の了解可能性等について」「ウ　犯行の合理性・合目的性について」「エ　違法性の意識等について」「オ　過去のエピソードに現れたせん妄と本件との関わりについて」という項目ごとに総合的に検討を進め、心神喪失ではなく心神耗弱であったことを認定した。

　昭和59年決定[6]以降の総合的な認定を採用した一事例で、その判断手法として目新しさはない。

　この点、担当弁護人の報告には「７項目に依拠して判断する理由及び７項目のうち②計画性や④精神障害による免責可能性の認識を一切論じていない」とのコメントがある。

　しかし、鑑定書の手引きに記載が求められている「７つの着眼点」は、精神科医が法曹から法廷でよく聞かれる質問を経験的に列挙したものであり[7]、「いくつかが肯定されると責任能力が肯定され、いくつ以下なら責任能力が否定されるという性質のものではない」[8]。

　なお、「７つの着眼点」を重視するあまり、生物学的要素の検討が不十分な鑑定ではその信用性判断が難しく、精神科医による「７つの着眼点」についての批判もあるが、本稿では文献紹介にとどめたい[9]。

6　最決昭59・7・3最高裁判所刑事判例集38巻8号2783頁。
7　『刑事責任能力に関する精神鑑定書作成の手引き　平成18～20年度総括版（ver4.0）』なお、『手引き』は、東京医科歯科大学精神行動医科学分野（犯罪精神医学担当）のウェブサイトからダウンロード可能である。
8　髙嶋智光「責任能力と精神鑑定」『新時代における刑事実務』（立花書房、2016年）67頁。
9　精神科医が「７つの着眼点」を批判的に検討した論文として、中谷陽二「最高検察庁による

(3) 飲酒酩酊事案の量刑事情

飲酒事案では、自ら飲酒している側面について、むしろ法的非難を高める事情になる。

本判決は、「心神耗弱の程度は比較的軽い部類に属すると認められる上、そもそも、被告人がそのような状態に陥ったのは、平成6年頃事業に行き詰まって自己破産したことなどが切っ掛けとなって酒浸りの生活を送るようになったからであり、破産当初、自暴自棄になって酒量が増えたことはともかく、それから15年以上経過した本件当時までそのような生活を続けて立ち直る機会を逸したことについては、多々責められる点もあったと考えられる。心神耗弱であったことを被告人に有利な事情として考慮するにしても、限度がある」と判示した。

飲酒酩酊事案では、本判決のように、経緯等を量刑上マイナス評価する判決が一般的であると思われる。

弁護人としては、量刑事情についても手厚くフォローし、飲酒による問題行動等が生じないような再犯防止策等も提示していく必要がある。

コメント(精神科医)

岡田幸之　おかだ・たかゆき　東京医科歯科大学

司法精神医学的な観点から本件に関して論ずるべきところは多いが、ここではとくに「ビンダーの3分類」と「平田の7つの着眼点」の2つに注目して解説する。

1　ビンダーの3分類について

日本ではこれまで、酩酊下での事件についてしばしば「ビンダーの3

精神鑑定事例に関する私見」精神神経学雑誌111巻11号(2009年)461頁、吉川和男「精神鑑定をめぐる諸問題」こころのりんしょうà la carte28巻3号(2009年)461頁等がある。

分類」を引用した法律判断がなされてきた。この分類は、アルコールによる酩酊状態を大きく「単純酩酊」と「異常酩酊」との2つに分け、さらにその後者を正常からの量的な異常にとどまる「複雑酩酊」と質的な異常である「病的酩酊」との2つに分ける——結果として3分類となる——というものである。[10]

しかし、この分類は決して医学界で広く一般的に用いられているわけではない。たとえば、医学系の研究論文はPubMedなどで検索することができるが、Binder、alcohol、intoxicationといった検索用語を用いても該当する論文は得られない。著者の知る限り、現在、アルコールによる酩酊状態についてこの分類を用い、それによって責任能力を判断するということが行われている国は、日本以外にはない。

また日本においても、その刑事責任能力の3分類（完全責任能力、心神耗弱、心神喪失）とビンダーの3分類（単純酩酊、複雑酩酊、病的酩酊）とを一対一で対応させることの法的な妥当性は十分に検討されていない。もっとも、こうした疾病分類と責任能力のアプリオリな対応、いわゆる「慣例（Konvention）」についての法的な議論が不足、あるいは欠如しているのは、酩酊犯罪やビンダーの3分類に限ったことではない。他の疾患、たとえば最も主要な精神障害の1つである統合失調症についても言えることである。

さらに実際にこの分類をしてみるとわかるのだが、判定が非常に難しい。同じ人物の同じ時の同じ状態をとらえたとしても、どれに分類するかの判断が精神科医によって分かれる可能性は高い。定義自体が曖昧だからである。それはおそらく、酩酊と離脱を区別していないこと、飲酒によって二次的に生ずる不安、抑うつ、不眠を十分に整理していないこと、そして状態を3種類の酩酊だけで説明しようとしていることに由来する。[11] さらに、その分類の結果をもって法律家が責任能力判断にしばし

---

10 Binder H. (1935) Über alkoholische Rauschzustände. Schweiz Arch Neurol Psychiat 35: 209-228.
11 岡田幸之「刑事責任能力再考——捜査的診断と可知論的判断の適用の実際」精神神経学雑誌107巻9号（2005年）920〜935頁。

図1　ビンダーの「分類」を用いるか？そして「慣例」を用いるか？

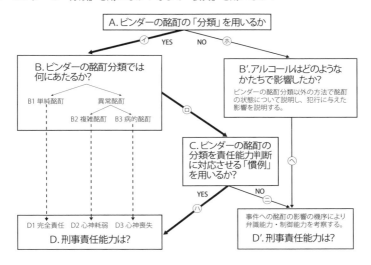

ば直結させるため、逆に鑑定人がその法的結論を予想し、そして先取りして、もともと曖昧な分類を恣意的に使ってしまうおそれもある。こうした状況を受けて「このことが現在の司法精神医学の発展を阻む大きな要因にもなっている」[12]とさえ言われている。

　あらためてビンダーの「分類」を用いるかどうかと「慣例」を用いるかどうかの関係を図1に整理した。こうしてみると、一言にビンダーの3分類を用いるといっても、酩酊そのものの「分類」、つまり図1のA、B段階の話をしているのか、さらに酩酊分類にもとづく責任能力判断の「慣例」、つまりC、D段階までの話をしているのかでは、決定的な違いがあることがわかる。

　本件でも、2名の鑑定人（X医師とY医師）がビンダーの3分類を用いるか否かで対立している。起訴前鑑定を行ったX医師は図1でいえば、㋑→㋺→㋩の流れをとっている。すなわち、A段階で「分類」を用いる選択を

---

12 原隆「アルコール精神障害」松下正明編『司法精神医学〔2〕刑事事件と精神鑑定』（中山書店、2006年）159〜166頁。

したうえで、B段階で病的酩酊（B3）であると判断し、さらにC段階で「慣例」を用いる選択をし、心神喪失（D3）であるとしている。一方、医療観察法の鑑定を行ったY医師はホ→ヘとしている。すなわち、A段階でビンダーの酩酊分類は用いるべきではないとして、具体的な酩酊の状態像の評価にもとづいて責任能力を判断するものとしている。ただしY医師は、あえてビンダーの分類を当てはめるのであれば複雑酩酊（B2）である、としている。

　このように複数の鑑定人が酩酊を医学的にどのように整理するか（A段階の問題）を争い、仮にビンダーの分類を用いた場合には何にあたるというのか（B段階の問題）を争うことには精神医学的にも意味があるとは言えるであろう。しかし、「慣例」を採用して法律判断をすべきかどうか（C段階の問題）については、法廷の外で一般論的な法律議論を法律の素人である精神科医もあえてするというのであればまだしも、個々の事件の法廷において（たまたまそこで選ばれた）精神科医が争うべき、そしてそれに基づいて法的判断をすべきことではない。その判断は法律家によって主体的になされるしかない。

　けれども実際には、ビンダーの「分類」を使ったときの分類名が「慣例」を経由して刑事責任能力判断に与える影響力は大きい。この「慣例」はたしかにかなり浸透している。本来は「分類」を用いることと「慣例」を採用することは次元が異なるのだが、Aの段階で一旦ビンダーの分類を用いると図1の太線のイ→ロ→ハを自動的にたどりやすくなっているのが実情ではないかと思われる。

　あらためて、この「慣例」の採用の是非について法律家はどう扱っているのかというと、統合失調症（当時は、精神分裂病）についてとりあげた最決昭59・7・3（刑集第38巻8号2783頁）からすれば、刑事責任能力については疾病診断のみによらず被告人の犯行当時の病状、犯行前の生活状態、犯行の動機・態様等を総合的に判定されることになっている。そして、近年では精神障害が事件に与えた影響の「機序」を個別に検討する方法がとられることが多い。

　この総合的判断が酩酊事件についても採用されるとすれば、仮にA段

階でビンダーの分類を採用して何の判定（B1〜3）が出たとしても、その分類によって一義的に責任能力が決定されることなく、あるいはそもそもA段階でビンダーの分類を採用せずに、本件にみられる酩酊の具体的な状態像とその事件への影響の整理に基づいて、その時に発揮していた、そして発揮し得た精神機能の評価をして、刑事責任能力を判定することになる。つまり、図1のⓘ→ⓡ→ⓔあるいはⓗ→ⓗをたどる。今回の判決にはこうした整理自体は明示されていないようであるが、おそらくは近時のこうした総合的判断によったのではないかと思われる。

2　平田の7つの着眼点について

「平田の7つの着眼点」とは、2006年に平田豊明医師が数多くの刑事精神鑑定を経験するなかで、法実務家からしばしば問われてきたポイントを整理したものである。▼13 著者らが『刑事責任能力に関する精神鑑定書作成の手引き』▼14 に掲載したことなどから、全国的にも広まった。たしかに7つの着眼点は精神科医から発信されたものではある。けれども、精神科医が主体的に責任能力の重要なポイントを提言したり、定めたりしたものではない。従来法律家が責任能力を考える際に重視してきたものについて精神科医がそれを問われる側として検討しておくことを忘れないように準備しておくためのものである。

このような開発の経緯と位置付けを知っておくことは重要である。もともと7つの着眼点は、法実務家の関心事項をまとめたものであるから、これについて個々の法廷で（精神科医ではなく）当事者がつけ足したり、減らしたりして着眼点を調整することにまったく問題はないし、むしろ主体的にそうすべきである。その際に、何に注目すべきかについて双方が積極的に主張することになる。

---

13 平田豊明「起訴前簡易鑑定の現状と問題点」松下正明編『司法精神医学〔5〕司法精神医療』（中山書店、2006年）11〜20頁。
14 岡田幸之・安藤久美子・五十嵐禎人ほか『刑事責任能力に関する精神鑑定書作成の手引きver.4.0』（平成18〜20年度厚生労働科学研究費補助金〔こころの健康科学研究事業〕他害行為を行った精神障碍者の診断、治療および社会復帰支援に関する研究、他害行為を行った者の責任能力に関する研究）、2009年。

こうして着眼点について精神科医に意見を求める際に最も重要なのは、<u>精神障害のどのような症状が事件に関するそれぞれの着眼点についてどのように関係しているのかを尋ねる</u>ことである。そうして多面的に観察された精神障害と事件の関係についての説明を聞いた法律家が、刑事責任能力の判断をするにあたって、あらためて法的な枠組みである「弁識能力」と「制御能力」という視点でどう評価できるのかを考えることになる。たとえば、本件では「酒のツマミを作ってくれない内妻に出ていけと言い、言った通りに出て行った内妻に電話をしたら、今度は電話に出ない──くらいのことで火をつけるだろうか？」といった動機についての疑問や「内妻への依存からの短絡的な行動であって、素面（しらふ）の時の性格でも説明がつくのではないだろうか？」「アルコール依存症になる前の性格にも共通するのではないだろうか？」などといったように、普段や以前の性格との関係の点からの疑問が呈されるかもしれない。事件について考えようとしたときに、そのように自然に抱かれるような疑問がとりもなおさず７つの着眼点である。上記の２つの素朴な疑問の例は「動機の了解可能性」「人格異質性」で拾うことになるであろう。こうした疑問について、精神科医に「了解できる／できない」「異質ではない／異質である」の判定をしてもらうことは有意義ではない。当該事件に関して、素朴に「了解できそう／了解できなさそう」「異質そう／異質ではなさそう」に思われる部分にどのように酩酊が影響しているのかについての精神科医による説明を聞くことに意味がある。そうした説明を聞いた裁判官、裁判員、当事者が、法律上の判断として、それは事物の理非善悪を弁識する能力が失われていたといえるのか、著しく障害されていたといえるのか、あるいはそこまでは障害されていなかったかといえるかといった評価をするのである。

　以上、酩酊犯罪における責任能力判断に寄与する精神医学的考察のありかたを論じた。こうした整理は酩酊犯罪以外にも通ずる。こうした責任能力判断の構造については「８ステップ」[15]としてまとめているので、参

---

15 岡田幸之「責任能力判断の構造　８ステップの基本解説」季刊刑事弁護93巻（2018年）37～

照していただきたい。

判決書（第一審）
東京地立川支判平23・6・13　平成22年（わ）第1300号
LEX/DB25473546

主文

被告人を懲役3年6月に処する。
未決勾留日数中220日をその刑に算入する。
訴訟費用は被告人の負担とする。

理由

（罪となるべき事実）

　被告人は、昭和60年3月情報処理関係の会社を設立し、その頃知り合ったBと昭和61年頃から内縁関係になったが、平成6年頃会社の経営が行き詰まり自己破産したことが切っ掛けとなって、次第に飲酒量が増え、当初は、専門学校の講師等として働いていたものの、やがて、仕事もせず、酒浸りの生活を送るようになった。

　被告人は、その間、平成16年4月から、Bと、独立行政法人都市再生機構が所有する、東京都西東京市αX丁目β（鉄筋コンクリート造アルミニューム板葺、陸屋根12階建）×××号室（床面積52.04平方メートル）に居住するようになったが、平成22年3月27日午後1時25分頃、同室に放火してこれを焼損しようと考え、同室内に、灯油をまき、何らかの方法で火を放ち、その火を同室内の床、天井及び柱等に燃え移らせ、よって、現にBが住居に使用していた上記×××号室を全焼させたものである。

　なお、被告人は、本件犯行当時、アルコール中毒による精神障害のため心神耗弱の状態にあったものである。

（争点に対する判断）

第1　本件の争点
　本件の争点は、〔1〕被告人が本件放火の犯人であるかどうかと、〔2〕被告人が本件犯行当時責任能力を有していたかどうかである。
第2　当裁判所の判断
1　争点〔1〕（被告人が本件放火の犯人であるかどうか）について
　関係証拠によると、本件放火の態様は、本件当日午後1時25分頃、現場室内の3か所に灯油をまいて火を放ったというものであるところ、被告人は、その直前の同日午後0時52分頃、Bの携帯電話の留守番電話に「部屋を火の海にする」旨の伝言を入れ、さらに、本件直後の同日午後1時33分頃、同電話に「これですべて終わった」旨の伝言を入れていることが認められる。この電話の内容は本件の推移をほぼ正確にたどっているものであり、その時期に、犯人以外の者が、被害者であるBにそのような電話をすることは到底想定し難いことである上、関係証拠によると、被告人は、本件発生の約40分後である同日午後2時6分頃、現場から直線距離で約690mしか離れていないファミリーレストラン「Qα店」に現れているところ、その際、着用していたズボン、靴下、サンダルに灯油が付着していたことが認められるのであるから、こうした事情を総合すると、被告人が本件放火の犯人であることに疑問の余地はない。
2　争点〔2〕（被告人の責任能力の有無）について
⑴　本件は、検察官が、いったん、被告人は本件犯行当時心神喪失の状態にあったと判断して不起訴とし、心神喪失等の状態で重大な他害行為を行った者の医療及び観察等に関する法律（以下「医療観察法」という。）に基づき、入院又は通院の処遇の申立てをしたが、その審理を担当した裁判所が、被告人は、本件犯行当時、心神喪失者でも心神耗弱者でもなかったと認定して、その申立てを却下したことから、再度、検討の上、起訴されたものである。
　そして、当初の捜査段階で被告人の精神鑑定をしたX医師は、公判廷で証人として、「被告人は、本件犯行時、「アルコール中毒せん妄」ないし「アルコール離脱せん妄」のため、病的酩酊もうろう型の状態にあった」との鑑定意見を述べている（以下「X鑑定」という。）。一方、上記医療観察

法上の処遇事件で被告人の精神鑑定をしたＹ医師は、公判廷で証人として、「本件行為は、パーソナリティ障害という素地、及びアルコール依存症という半ば素地化された精神障害を下部構造として、飲酒下に一過性の病理的現象として出現したアルコール急性中毒による異常行動であるが、その急性中毒の内実は、急性せん妄ではなく、病的酩酊には該当せず、複雑酩酊の域を超えるものではなかった」との鑑定意見を述べている（以下「Ｙ鑑定」という。）。

こうした状況の下で、検察官は、Ｙ鑑定に基づき、被告人は、本件犯行当時、完全責任能力を有していたと主張し、一方、弁護人は、Ｘ鑑定に基づき、被告人は、本件犯行当時、心神喪失の状態にあったと主張している。

(2)　まず、関係証拠によると、以下の事実が認められる。

ア　被告人は、平成６年に自己破産してから、次第に飲酒量が増え、遅くとも平成18年頃には、いわゆる酒浸りの状態に陥り、その頃から、アルコール中毒に由来すると考えられる種々のエピソードが発現するようになった。その内容は、次のようなものである。

(ｱ)　平成18年８月５日、自宅で飲酒しているとき、「こっちだよ。こっちに来れば楽になるよ。」などという幻聴が聞こえ、それに従ってガラス戸に突進し、ガラスで右手を切り、激しく出血して、救急車で医療法人財団Ｒ病院に運ばれた。

(ｲ)　平成20年７月24日、Ｓ病院精神科を受診し、「やる気がでない。物忘れが激しい。」と訴え、「７月18日飲み屋で飲酒して泥酔状態になり、屋上に上って自殺しようとして止められた。ここ２、３日朝から飲酒している。気がつかないうちに布団に灯油をまいていることがあった。物忘れがひどくなり、数秒後にはやろうとしていたことを忘れるようになった。」などと説明して、抑鬱状態と診断され、入院可能な精神病院を紹介された。

(ｳ)　平成22年２月頃から、夜中に、何者か（被告人の公判供述によると、白くて丸い火の玉のようなものや黒装束の人など）が襲いに来ていると言って、空に向かって、包丁を何度も突き出したりすることが、しばしば起こるようになった。

こうした状況の下で、Bは、平成21年9月頃から、何度も警察や保健所に被告人の状態について相談したが、具体的な解決策は示されなかった。
イ　被告人は、本件の前日である平成22年3月26日午前6時頃飲酒して帰宅したが、その後も飲酒を続け、同日夜にも外出して飲酒をするなど、本件前日から当日にかけても、いわゆる酒浸りの状態が続いていた。なお、被告人は、本件後、Qα店で、ウーロンハイ1杯程度を飲んでいるが、同日午後5時10分頃に行われた飲酒検知の結果は、それだけでは説明できない、呼気1lにつき0.66mgという高い数値を示していた。
ウ　そして、被告人は、本件前夜外出して飲酒したらしいことや、その後どこかで食事をしていたこと（Qα店での飲食を指すものと思われる。）については、おぼろげながら記憶はあるものの、本件については、全く覚えていない旨供述している。
(3)　以上のような、被告人の自己破産以来の飲酒状況、アルコール中毒に由来すると思われる種々のエピソード、本件当時の飲酒状況等からすると、被告人が本件犯行を行うに当たっては、アルコール依存症に由来する精神の障害や、当時の飲酒そのものによるアルコール中毒の影響を大きく受けていた可能性があることを否定できない。
(4)　しかし、本件犯行当時の被告人の言動をし細に検討すると、被告人は、本件当時、是非善悪を判断し、これに従って行動する能力が失われていたものではなかったものと認められる。
　すなわち、
ア　見当識について
　本件放火の態様は、住居の3か所に灯油をまいて火を付けるという合理的・合目的的なものであり、しかも、被告人は、火傷等を負うこともなく、早期に現場から離れており、こうした事実は、それ自体、被告人が、当時、自分の行為の意味等を理解していたことをうかがわせる。
　被告人は、前記のとおり、本件前、Bの留守番電話に、「部屋は火の海にします」という伝言を入れているが、そのことは、被告人が、当時、放火をすれば、どのような状況になるか具体的に想起できる状況にあったことを示しており、本件直後、同電話に「これですべて終わりました」と

いう伝言を入れていることも、被告人が、当時、自分の行為の結果を認識し得ていたことを示している。

さらに、関係証拠によると、被告人は、事件後、Qα店で、ウーロンハイとエビフライを注文し、その後（着信履歴から見て、午後２時31分ないし午後２時33分頃と推定される。）、安否を心配して電話をしてきたＢに対し、Ｑにいると伝え、その直後に、同店に駆け付けてきた警察官から自宅が火事であることを告げられると、「そうなんですよ。家が火事で大変なんだよ。」と答え、逆に警察官にＢと思われる者の安否を確認し、警察官から警察署への同行を求められると、「それでは仕方がない。」と言ってこれに応じ、同店を出る際には、店長に、「こういう状態だから、財布を持っていない。」と説明し、後日支払うことを約束して、伝票の裏に、自分の名前、住所、電話番号を記載するなど、その場の状況に即応した、相応の対応をしていることが認められる。

こうした事情に照らすと、被告人は、本件犯行当時、場所や状況についての見当識は保たれていたものと認められる。

イ　動機の了解可能性等について

被告人が、本件について記憶がないと供述していることから、本件について、動機を明確に認定することはできない。

しかし、被告人は、自己破産をした後、結局、仕事もせず、酒浸りの生活を送るようになり、抑鬱状態になったり（資料入手報告書（弁５））、Ｂに一緒に死んでくれと訴えたりすることもあった（Ｂの合意書面（甲35・弁16）等）ものと認められるところ、関係証拠によると、そうした中で、Ｂは、本件の前日午後６時30分頃、パーソナルコンピュータを持って自宅を出、被告人が前記「自宅を火の海にする」という電話を入れた際も、すぐには反応しなかったことが認められるから（関係証拠によると、Ｂが、家を出ることは珍しいことではなかったようではあるが、パーソナルコンピュータを持ち出したことは初めてであり、また、Ｂは、これまで、家を出た際、被告人のメールを切っ掛けに、早期に帰宅していたようである。）、被告人が、このような状況の下で、Ｂに対する怒りや、自暴自棄的な気分から、本件犯行を決意したとしても、不自然とはいえず、本件犯行について、了解可

能な動機を想定することができないとはいえない。

　X鑑定、Y鑑定のいずれにおいても、被告人の性格に利己的で薄情な面があることが指摘されており、本件犯行が、被告人の平素の人格と全くかい離したものであるともいえない。

ウ　犯行の合理性・合目的性について

　本件犯行の態様が、合理的で合目的的なものであることは、前記のとおりである。

　もっとも、本件犯行の態様に、検察官がいうほどの一貫性を認めることはできない。すなわち、検察官は、前記のような電話の状況から、被告人は、本件放火の決意をした後、Bにそのことを予告をした上で、本件犯行を行ったと主張するが、事前の電話から本件放火を敢行するまでの間に約30分の間隔があることからすると、被告人は、その電話に対してBが反応を示さなかったことなどから、その約30分の間に犯行を決意したものと見ることもでき、本件には、衝動的・場当たり的なところもうかがえ、本件について、検察官が主張するような一貫性があるということはできない。

エ　違法性の意識等について

　関係証拠によると、被告人は、××警察署に任意同行された後、飲酒検知等被告人に対する捜査が進んでいくと、「関係ないから早く帰りたい」と述べるなどしたことが認められる。本件火災が、被告人に関係ないどころではない大問題であったことからすると、被告人がそのような発言をしたことは、次第に自分に迫ってきた罪を逃れたいとの意識の現れと見ることができる。また、被告人が、本件前、Bに電話を入れた際、「必要な物を持って出たと思うので部屋を火の海とする」と述べていることや（捜査報告書（甲7））、本件後、警察官に、Bと思われる者の安否を確認していることは、被告人が、当時、放火することが、人に害を与えるものであり、人の嫌忌するものであることを認識していたことをうかがわせる事情ともいえる。こうした事情に照らすと、被告人が、当時、ことの善悪が全く分からない状態にあったと見ることはできない。

オ　過去のエピソードに現れたせん妄と本件との関わりについて

前記のとおり、被告人は、本件当時、しばしば、白い火の玉のようなものなどが襲って来たと感じるという体験に見舞われていたようであるが、Bに対する本件犯行前後の電話や、本件後の警察官に対する応答の中に、そのような体験の存在をうかがわせる言動は全く現れておらず、Bに対する上記電話のメッセージも、ゆっくりではあるが聞き取りやすいものであって、興奮した状態での切羽詰まった発言というようなものではない（押収してあるDVD（甲8））。

　以上のような諸事情を総合すると、被告人は、本件当時、X鑑定のいうようなアルコール中毒せん妄ないしアルコール離脱せん妄の状態にはなく、是非善悪を弁識し、これに従って行動する能力を失っていなかったものと認められる。

　X鑑定は、せん妄状態にあっても、一見合理的な行動をすることはできるのであり、本件における被告人の行動は、正にそのようなものと評価すべきであるというが、上記検討事項の全般にわたって、被告人に正常な判断能力が残されていたことをうかがわせる事情が存在することからすると、少なくとも、本件に関する限り、X鑑定の上記意見は妥当性を欠くものといわざるを得ない。X鑑定の上記意見をそのまま採用することはできない。

(5)　しかし、以上のような状況から、被告人が、本件犯行当時、完全責任能力を有していたと認めることにも疑問の余地がある。

　すなわち、

ア　前記のとおり、被告人は、本件当時、酒浸りの状態で、アルコール依存症にり患し、時にせん妄状態も発現していたところ、本件は、まさに、そのような連続的な飲酒の過程で行われたもので、犯行後の飲酒検知の結果も相当に高い数値を示しており、本件は、アルコールの侵襲の深さにおいて、通常の一過性の飲酒酩酊の状態で行われた犯行とは相当に様相を異にしているものと考えられる。

イ　本件犯行について、了解可能な動機を想定することができないとはいえないことは、前記のとおりであるが、本件犯行の動機が、Bに対する怒りにあるにせよ、自暴自棄的な気分にあるにせよ、本件犯行の結果は、

自分やBの生活の基盤を根こそぎ奪うことになるものであって、動機と結果の均衡がとれているとはいえず、被告人は、本件当時、相当に抑制が欠如していた状況にあったものと認められる。被告人は、以前、Bが家から閉め出されることを防ぐためドライバーでドアチェーンをはずそうとした際、これを阻止するため新聞紙に火を付けたことがあったようであるが、経緯も態様も本件とは大きく異なるもので、過去にそのような事実があったことから、被告人に簡単に放火に及ぶ性向があるとはいえず、自己中心的で薄情などという被告人の人格を前提としても、本件犯行が、それだけで説明し切れないものであることは否定できない。Y鑑定も、被告人が複雑酩酊のメルクマールの1つである「抑制の欠如 粗悪な行為」に該当することは認めている。

ウ 本件当時、被告人の見当識が保たれていたと認められることも、前記のとおりであるが、被告人は、放火という重大な犯罪をしているのに、Qα店で警察官から自宅が火事であることを告げられた際、特にあわてる様子もなく、「そうなんですよ。家が火事で大変なんだよ。」などと甚だ深刻味の欠けた受け答えをしており、行為の重大性をどの程度身に迫ったものとして感じていたのか疑問の余地がある。その際、その直前にBと連絡が取れたばかりであるのに、警察官にBと思われる者の安否を尋ねていることも、状況認識が甚だ皮相的であったことを疑わせる。

こうした事情に照らすと、被告人が、本件当時、アルコール中毒の影響により、是非善悪を判断し、これに従って行動する能力が著しく減退した状態にあったのではないかという疑いを払拭できない。Y鑑定は、複雑酩酊の可能性を全く否定しているわけではないが、その意図するところは、複雑酩酊の程度は軽く、被告人は、是非善悪を判断し、これに従って行動する能力が著しく減退した状態にはなかったとするもののようであるところ、その意見は、X鑑定に照らし、これまでの被告人のアルコール依存に基づく精神の障害をやや軽くみすぎているのではないかという疑いがあり、そのまま受入れることはできない。

(6) 結論

以上の次第で、当裁判所は、被告人は、本件犯行当時、アルコール中

毒による精神障害のため心神耗弱の状態にあったものと認定した。
(法令の適用)
罰条　刑法108条
刑種の選択　有期懲役刑
法律上の減軽　刑法39条2項、68条3号（心神耗弱者）
未決勾留日数の計算　刑法21条
訴訟費用の負担　刑事訴訟法181条1項本文
(量刑の理由)
　本件は、酒浸りの生活を送り、アルコール依存症に罹患していた被告人が、飲酒酩酊の状態下で、内縁の妻と同居していたマンションの一室に火を付け、同室を全焼させたが、その際、アルコール中毒による精神障害のため心神耗弱の状態にあったという事案である。
　本件犯行の結果、床面積約52平方メートルのマンションの一室が全焼し、内妻のBが生活の拠点を根こそぎ奪われ、所有者である独立行政法人都市再生機構も修補見積額約2860万円という多額の損害を被っており、結果は甚だ重大である。本件現場は、12階建の賃貸マンションの×階に位置し、消火完了まで約3時間32分もの長時間を要しており、マンション住人に与えた不安や恐怖感も相当大きかったものと認められる。
　その犯行態様は、現場マンションの3か所に灯油をまいて放火したというもので、危険・悪質である。
　本件犯行の動機は、必ずしも、明らかでないものの、マンション住人の存在と危険を顧みない身勝手な犯行であることに変わりはない。
　確かに、被告人は、本件犯行当時、心神耗弱の状態にあったもので、そのこと自体は、正当に評価されるべきであるが、心神耗弱の程度は比較的軽い部類に属するものと認められる上、そもそも、被告人がそのような状態に陥ったのは、平成6年頃事業に行き詰まって自己破産したことなどが切っ掛けとなって酒浸りの生活を送るようになったからであり、破産当初、自暴自棄になって酒量が増えたことはともかく、それから15年以上経過した本件当時までそのような生活を続けて立ち直る機会を逸したことについては、多々責められるべき点もあったと考えられる。心

神耗弱であったことを被告人に有利な事情として考慮するにしても、限度がある。

　以上のような諸事情、とりわけ、本件犯行の結果の重大性に照らすと、心神耗弱の点を考慮しても、被告人に対しては、実刑を科さざるを得ない。

　しかしながら、上記のような事情があるとはいえ、本件犯行は心神耗弱の状態で行われたものであることに違いはないこと、本件証拠状況から見て、被告人が本件の犯人であることは何人にも明らかであると思われるのに、被告人がそのこと自体をも認めておらず、また、Ｂも、これまで、被告人がアルコール依存症で異常な状態にあることを認識していたのに、その飲酒を制止できず、時には被告人と共に飲酒することもあったことなどからすると、若干心許ないところがあるものの、被告人が、許されるならば、Ｂと共にやり直したい旨更生の意欲を示し、Ｂも、公判廷で、アルコール依存者のため精神科医が主催する家族会にも参加して被告人を支えていきたい旨述べていること、被告人にこれまで前科がないことなど、被告人のために酌むことのできる事情も認められるので、これらの事情も総合考慮し、被告人に対しては、主文の刑を科するのが相当と判断した。

　よって、主文のとおり判決する。
（求刑　懲役6年）
平成23年6月27日
東京地方裁判所立川支部刑事第1部
裁判長裁判官　福崎伸一郎／裁判官　日野浩一郎／裁判官　澤田博之

発達障害

[ケース10]
殺人被告事件(診断：アスペルガー障害)
大阪地判平24・7・30　LEX/DB25482502
大阪高判平25・2・26　LEX/DB25501465

裁判員裁判において障害に対する無理解・偏見による厳罰化がなされた事例

報告論文

辻川圭乃　つじかわ・たまの　大阪弁護士会

1　事件の概要および背景

(1)　事件の概要

　本件は、30年間引きこもっていた男性が、男性のことを心配して訪れた実姉に対して、殺意を持って包丁で多数回突き刺し、もって同女を殺害したという事件である。

(2)　事件の背景——犯行に至る経緯

　第一審地裁判決文には犯行に至る経緯が、詳細に記されている。概略すると次のとおりである。

　　男性は、小学校の途中から不登校となり、その後、中学校にも通わず、約30年間のほとんどを自宅で引きこもる生活を送っていた。男性は、このまま引きこもっていては駄目だからやり直したいと思ったが、被害者となる姉のせいで実現しなかったと勝手に思いこんで、そのころから姉のことを恨むようになった。

　　他方、男性は、25、26歳のころ、漠然と自殺を考え始め、34歳のころ、インターネットで自殺の方法を調べようと思うようになった。これに対して姉は、男性に中古のパソコンを買って与えたが、強迫神経症の

ため男性は物に触ると手が汚れる感じがするのが嫌で、中古のパソコンという他人が触ったものを触るのが嫌だったことなどから、姉に対する恨みがさらに強くなっていった。

　その後、母親が施設に入所したため、姉は男性方に生活用品を届けていたが、男性の自立を願って、事件の12日前、男性に対して、「食費やその他のお金を自分で出しなさい。買い物はする」との書置きを残していった。これを見た男性は、姉が自分のことを助けるつもりはなく、報復してきたのだと受け止め、姉が男性方を訪れて台所の奥にいるときであれば逃げにくいから確実に殺せるので、このときに包丁で刺して殺そうと考え、台所にある刃体の長さ約15.7センチメートルの文化包丁様のものを自室に持ち込み、犯行に備えた。

(3)　事件の背景——男性の障害

　男性は、精神鑑定の結果、アスペルガー症候群と診断され、二次障害として強迫性障害および恐怖症性不安障害を有していた。

　そして、具体的な精神症状としては、

① 人の入った風呂に入れない。入浴中に身体を長時間かけて洗う。
② テレビを見ていて、内容がわからなくなるのがすごく不安で、本当は見ないけれど録画する。
③ 雑誌を買っても、他人が触れているために、読んだ後は触れることができなくて、積み重ねて、部屋中が雑誌だらけになる。
④ 電車に乗るのが怖い。外に出て小学校時代の友達に会うのが怖いので、30年間一歩も外に出ない。
⑤ 感覚過敏として、家族の話し言葉とか近隣の音が気になって仕方ない。
⑥ 嫌なにおいに耐えられない。人の皮膚感覚が苦手。
⑦ 姉とは長いこと直にしゃべらず、紙に書いて伝えていた。
⑧ 母親ともしゃべらなくなっていた。

などが挙げられている。

　なお、男性も男性の家族も、これらの障害についてはまったく気づいておらず、男性は、本件精神鑑定による診察まで、一度も精神科の診療を受けたことはなかった。

　精神鑑定の結果は、男性に完全責任能力があるというものであった。ただ、精神鑑定をした精神科医は、法廷で、「本件犯行の動機の形成に関して、男性にアスペルガー症候群という精神障害が認められることが影響していることが認められる」と証言した。第一審の弁護人も、責任能力については争わなかったが、男性が姉に対して恨みを募らせ、それが強固な殺意にまで膨れ上がってしまったのは、アスペルガー症候群という精神障害のためであり、男性にはこの恨みの感情をどうすることもできなかったから、この点を量刑上大いに考慮すべきであると主張した。

2　大阪地裁判決

(1)　求刑越え判決

　2012（平成24）年7月30日、大阪地裁での裁判員裁判で言渡された判決は、検察官の懲役16年の求刑を超えて、この事件で言渡し得る有期刑の上限である懲役20年であった。

(2)　被告人の行為に対する評価

　そして、弁護人が主張した上記の点に対しては、「確かに犯行に至る経緯で判示したような犯行動機の形成過程は通常人には理解に苦しむものがあり、精神科医である鑑定医が証言するとおり、本件犯行の動機の形成に関して、被告人にアスペルガー症候群という精神障害が認められることが影響していることは認められる」としながらも、「被告人は最終的には自分の意思で犯行に踏み切ったといえるのである」から、「本件犯行に関するアスペルガー症候群の影響を量刑上大きく考慮することは相当ではない」としたのである。

　そして、驚くべきことに「犯行に至る経緯や動機についてアスペルガー症候群の影響があったことは認められるが、これを重視すべきではない」

として、男性の障害を、量刑判断として男性の刑事責任が重大であることの方の事情に挙げたのである。

　もとより、刑罰を科するためには、被告人に責任が無ければならない。これは、行為者が自ら主体的に行為を選択できるにもかかわらず、あえて犯罪行為にでることを選択したことに対して道義的非難が可能であり、刑罰を科することができるからであって、憲法31条の適正手続の要請から導かれる原則といえる。そして、道義的非難の可能性は単に刑罰の有無だけではなく、量刑に関しても、「刑罰は行為責任の量に比例すべし」、すなわち、刑は被告人の行為の責任に応じて量定しなければならないということも導くのである。したがって、責任主義は、量刑においても貫かれる必要がある。

　ところが、地裁判決は、これを重視すべきでないとしたものであり、このような考え方は、責任主義に反していると言わざるをえない。

　また、地裁判決は、「犯行動機の形成過程が通常人には理解に苦しむものであり、犯行動機の形成に関して、アスペルガー症候群の影響が認められる」としているが、これは、結局、アスペルガー障害の影響により、男性が、障害のない人には理解困難な経過すなわち本件犯行の動機を形成し、その動機に導かれて、本件犯行の実行を決意したということである。すなわち、アスペルガー障害のない人であれば、本件犯行動機は形成しなかったということであり、本件犯行を行うという意思決定もしなかったということである。そうだとすれば、男性が本件犯行の動機を形成し、それに基づいて、本件犯行を決意するについて、アスペルガー障害の重大な影響があったということは否定の余地がない。したがって、この点で、アスペルガー障害の影響を受けていない人が同様の犯罪を決意した場合に比べて、男性に強い責任非難を加えることはできない。アスペルガー障害は脳の機能的な先天的な障害であって、障害があるのは男性の責任ではないのである。

　さらに、アスペルガー障害の特徴として、一度有してしまったこだわりには、強く支配を受けることになり、そのこだわりを自ら容易に捨て去ることはできないことがある。そのため、何らかのこだわりによって

一旦動機づけがなされ、それに基づいて意思決定がなされてしまったことを、自ら修正したり、撤回したりすることは極めて困難となる。すなわち、一旦意思決定がなされてしまうと、それに従った行為を自らの力で制御する能力は障害のない人に比べて著しく低いものと言わざるをえない。男性が一度膨れ上がった恨みの感情をどうすることもできなかったのは、このためである。したがって、この面においても男性の行為はアスペルガー障害に基づくこだわりに強く支配されたものであり、障害のない人と比べて、男性に強い責任非難を加えることはできない。

　この点、地裁判決は、「被告人が公判廷で、一時犯行を思いとどまりながらも、『ここで姉を殺さなければ、自分は一生姉を殺すことができなくなる』などと考えて、最終的には自分の意思で本件犯行に踏み切ったと言えるのである」として、いかにも、男性が最終的に、自らの自由な意思によって本件犯行に踏み切ったかのような評価をしている。しかし、これは、上記のように、男性が障害によって制御能力の制限を受けたためである。障害のない人であれば、行為の障害となるような思いや躊躇が頭の中に去来し、それが、一旦意思決定をした行為を思いとどまる反対の動機となるとしても、アスペルガー障害を有する男性にとっては、これを思いとどまるのは極めて困難であることを見落としているものである。男性が気持ちを揺らしながらも、最終的に本件犯行を止められなかったのは、まさに男性の障害が大きく影響していたのである。

(3)　具体的な量刑

　本判決においてもっと衝撃的だったのは、あえて求刑越えの量刑をした理由であった。地裁判決は、プロである検察官の科刑意見については相当の重みがあり、裁判所がそれを超える量刑をするに当たっては慎重な態度が望まれるというべきであるとしながらも、評議の結果、以下の観点から、求刑越えの結論に至ったとした。

ⅰ　反省の欠如

　まず「被告人は、本件犯行を犯していながら、未だ十分な反省に至っていない」ことを挙げている。しかも、「被告人が十分に反省する態度を示

すことができないことにはアスペルガー症候群の影響がある」としておきながら、それでも、十分な反省に至っていないと認定し、このことを量刑上重く考慮している。

　この点については、地裁判決が、男性が未だ十分な反省に至っていないと認定した点が誤りである。同判決が、自ら「アスペルガー症候群の影響」と述べているとおり、男性は十分に反省する態度を示すことが困難である。しかし、反省することができないわけではない。反省することを「示す」ことが困難なのである。

　したがって、男性が法廷で十分に反省する態度を示せなかったとしても、それをもって十分に反省に至っていないと認定することは間違いである。

ⅱ　健全な社会常識

　そして、「健全な社会常識という観点からは」として、「いかに精神障害の影響があるとはいえ、十分な反省のないまま被告人が社会に復帰すれば、そのころ被告人と接点を持つ者の中で、被告人の意に沿わない者に対して、被告人が本件と同様の犯行に及ぶことが心配される」としている。

　少なくとも、現在の日本社会は、障害があってもなくてもともに生きる共生社会を標榜しているはずである。精神障害があるという理由だけで、社会から隔離してどこかに閉じ込めておくことは許されない。そのため、さすがに、地裁判決がここで「健全な社会常識」と言っているのは、一昔前に言われたような、「精神障害や発達障害がある人を野放しにするな」ということではなく、「精神障害（アスペルガー障害を含む）のある人は、自己の意に沿わない者に対しては、本件と同様の犯行に及ぶことが心配される」ということのようである。

　しかし、後者の意味であっても、それはせいぜい、漠然とした不安感・危惧感にすぎず、科学的・統計的な根拠等をまったく欠いているものである。明らかに精神障害やアスペルガー障害に対する無知・無理解に基づく、偏見でしかない。このような偏見を裁判員が「健全な社会常識」とするのだとしたら、それは、中世の魔女裁判と何ら変わりのないものとなってしまう。

なお、本件は、いわゆる通り魔的な無差別な攻撃というわけではない。むしろ、親族間の殺人であり、一般的に再犯可能性は極めて低いケースである。しかも、本件において男性が姉に対して有することになった殺意は、約30年間という極めて長時間にかけての恨みが蓄積されてできあがったものである。男性の残りの人生において、再び同様の人間関係が作られ、それが殺意を抱くような形で蓄積し、エスカレートしていくような事態が再び起こるなどということは到底想定することはできない。男性を鑑定した精神科医も、男性が今回と同じような事件を起こす可能性は「非常に少ないんではないかなというふうに思います」と公判廷で証言している。

　すなわち、具体的・現実的にも、地裁判決の述べる男性が同様の犯行に及ぶ心配や再犯のおそれについてはないといってよく、本来としての量刑の事情としては、軽くする事情として考慮されるべきものである。

ⅲ　「受け皿」の欠如

　さらに、「社会内で被告人のアスペルガー症候群という精神障害に対応できる受け皿が何ら用意されていないし、その見込みもないという現状の下では、再犯のおそれが更に強く心配されているといわざるを得ず、この点も量刑上重視せざるを得ない」としている。

　まず、「社会内で被告人のアスペルガー症候群という精神障害に対応できる受け皿がなんら用意されていないし、その見込もない」というのは明らかな誤認である。

　ただ、仮に家族が受け入れを拒否し、社会内に受け皿がなかったとしても、そのことは、男性あるいはその家族の責任ではない。社会がそれに対応すべき受け皿を準備していないことの問題であって、社会の側の責任である。男性は自ら望んでアスペルガー障害を有しているわけではない。その男性に対して、制度の不備やその整備の遅れていることの責任を転嫁し、重い量刑を課すことは、アスペルガー障害のある人に対する差別であるというほかない。

　このような発想に基づく原判決を容認することは、男性のみにとどまらず、アスペルガー障害を抱える人々に対する差別をも助長することと

なり、その社会的影響も極めて重大である。

　ⅳ　社会からの隔離

　そのうえで、「被告人に対しては、許される限り長期間刑務所に収容することで内省を深めさせる必要があり、そうすることが社会秩序の維持に資する」としているのである。

　このことは、アスペルガー障害のある男性について、その社会的危険性を根拠として、社会秩序の維持に資するとの観点から、同種事犯との公平・均衡を超えて、許される限り長期間刑務所に収容するというもので、明らかに「保安処分」として刑罰を行うことを意味する。

　「保安処分」とは、対象者の犯した行為の道義的非難に基づく責任に対して科されるものではなく、対象者の社会的危険性に着目して、それに対する特別予防を目的で行われる処分である。そして、「保安処分」は将来の犯罪的行為を予測して、それを防止するために対象者の自由剥奪などの重大な人権侵害を伴って行われるものである以上、これを行うには、立法によらなければならない。ところが、日本の法律は、責任主義に基づかない「保安処分」の危険性や将来の犯罪予測が困難であることから「保安処分」を採用していない。したがって、現行法上、量刑理由に保安処分的要素を加味することは許されない。

　なお、地裁判決は、男性のアスペルガー障害を再犯のおそれという観点からの問題としている。できるだけ長期間刑務所に収容することで、再犯防止が図られるといいたいのであろう。ところが、刑務所にはアスペルガー障害に対応できるような専門的な治療プログラムや福祉プログラムが用意されているわけではない。地裁判決は、ただ、「できるだけ長期間刑務所に収容することで内省を深めさせる」と述べるのみである。しかし、まったく治療的・福祉的な支援がないまま、ただただ刑務所にいたところで、内省が深まるとは到底思えない。よって、この判決から透けて見えるのは、できるだけ長期間の刑務所収容により社会防衛を図るのだという発想である。そこにあるのは、危険人物を社会から隔離拘禁するという保安拘禁的な発想だけである。このような発想を量刑判断に持ち込むべきではない。

3　大阪高裁判決

これに対し、大阪高裁は、2013 (平成25) 年2月26日、懲役20年の原審判決を破棄し、改めて男性に対し、懲役14年の判決を言渡した。

高裁判決は、地裁判決の量刑判断は、責任主義にも憲法14条にも反するとまではいえないとし、再犯可能性に関する説示部分についても、「弁護人がいうように、上記の説示部分を被告人が社会的に危険であるから許される限り長期間刑務所に収容するのが相当であると理解し、社会から拘禁隔離する保安拘禁的発想に基づくものなどということはできない」とした。

しかし、地裁判決の説示する犯情及び一般情状についての認定・評価は是認し難いとして、量刑不当を認め、原判決を破棄した。まず犯情に対しては、「本件の経緯や動機形成過程へのアスペルガー障害の影響の点は本件犯行の実体を理解する上で不可欠な要素であり、犯罪行為に対する責任非難の程度に影響するものとして、犯情を評価する上で相当程度考慮されるべき事情と認められる」とした。つまり、責任主義の観点からは、アスペルガー障害の影響を量刑を軽くする事情として酌むべきであって、量刑を重くする事情とすべきでないとしたのである。

また、一般情状の反省と受け皿についても、「少なくとも再犯可能性を推認させるほどに被告人の反省が乏しい状況にあるとはいえない」とし、「受皿がないと認定した原判決の事実認定は誤っている」とした。

そのうえで、男性に懲役14年を言い渡した。

なお、控訴審では、改めて、男性の責任能力を争った。男性はアスペルガー症候群に気づかれないまま、何の支援も配慮も受けずに幼少期から小学校でいじめを受け、引きこもることとなった。それ以来、30年の間、ほとんど一歩も外に出ることはなかった。その中で、強迫性障害や恐怖性不安障害といった2次障害を増悪させた。また、障害理解がなかった母により不正確な情報を与えられ続けた。そのため、被害関係念慮により姉への恨みが増大していく結果となってしまった。その上、30年にわたる引きこもり生活の中で、他に誰もいない母との関係において高次対

人状況に陥り、非常な混乱と葛藤の中でパニック症状を引き起こし、本件犯行に至ったものである。すなわち、本件犯行時男性は、アスペルガー障害に起因するパニック症状の中で、事物の理非善悪を弁識し、ないしその弁識に従って行動する能力が著しく低下していた。よって、男性は犯行当時少なくとも心神耗弱であったと考えられるので、原判決の責任能力の認定については誤りがあるとの主張も行ったが、採用されなかった。

4　最高裁決定

2013年7月22日、上告は棄却された。

コメント（弁護士）

金岡繁裕　かなおか・しげひろ　愛知県弁護士会

　本件は、アスペルガー症候群に罹患した被告人による殺人事件であり、第一審で求刑越えの重い量刑がなされた上、一見すると保安処分を容認したかのような判決理由から社会的に話題となった事案である。
　各審級の判決内容については、別稿で詳細な報告がされている。

1　鑑定書の検討等

(1)　本件は、記録を見る限り、検察官による起訴前本鑑定が行われ、アスペルガー症候群罹患の診断と、完全責任能力の判断がされている。
　その鑑定人が公判にも証人として出廷し、その見解が判決の基盤となっている。弁護人から証人申請された形であり、アスペルガー症候群を争点化したのは弁護人の積極主張であると言えるが、その鑑定人の属性は、主に検察庁から鑑定依頼を受け、弁護側から出廷するのは初めてとされている。
　その鑑定人が証言したところによれば、「発想としては、ちょっとおかしい」が「全部、意図的に、計画的にやられている」から、責任能力ありの判断をしたと端的に整理されている。

(2) 以上のような証言内容は、鑑定書からも十分に想定できる。

　第一審弁護人は、責任能力を争わない方針であり（もっとも弁論では「アスペルガー症候群等の精神障害に支配されたことの帰結」「自力で止めることができないものであった」と表現されている）、他方で犯行には障害が影響したことを強調したかったため、上記のような鑑定人を「活かす」こととしたと思われるが、意図的計画的な事案であり責任能力に問題が無いとした鑑定結果を維持するであろう（鑑定主文は「犯行は、精神障害に影響されている」が「善悪の判断能力は保たれ、その判断に従って行動する能力は障害されていなかった」という断定されたものである）鑑定人を「活かす」ことは非常に困難を伴うのではなかったかと、結果論ではあるが、思われる。

　第1審弁護人が、「殺すまで行くというのは考えにくいですね、障害がなければ」「時代が残念だった（引きこもらないように支援する方法が、今はある）」といった証言を鑑定人から引き出しているところからすれば、鑑定結果を部分的に活かせると判断したことは正当であるし、その限りでは弁護方針はまっとうされているが、この鑑定人の責任能力に関する評価が危険であり、「活かす」方針をとるなら、少なくとも本書ケース6のように、責任能力に関する評価をさせず、責任能力に関する議論は別途、弁護人が適切な枠組みを提示するという周到な立ち回りが求められただろう。

(3) 控訴審弁護人は、控訴審で責任能力を争っている。

　その争い方は、記録中からは判然としないところであるが、「高次対人状況」「非常な混乱と葛藤」等の事実主張を行っているところから見ると、原審では掘り下げられなかった被告人の精神状態に立ち入り、一から再構築を試みたと窺える。

　しかし、裁判員裁判を第一審とする性質上、および、前記鑑定結果がすでに証拠化されている中では、挽回はかなり困難を伴う。

(4) 以上より、鑑定書の内容を踏まえ、第一審弁護から教訓めいたとこ

ろを引き出すなら、鑑定人の経歴、判断枠組みの歪さ、精神状態の掘り下げの甘さ、等から危険を察知し、別途の鑑定を講じることは最低限の要請であったと言うことになろう。

2　発達障害と責任能力・量刑

(1)　関連して、発達障害と責任能力・量刑の議論について、補充しておきたい。

(2)　日本弁護士連合会刑事弁護センター編『責任能力弁護の手引き』(現代人文社、2015年) 6頁以下および46頁以下で簡単に紹介されているように、他の精神障害を合併しない発達障害事案では完全責任能力が否定されることはほとんど無いのが現状である。したがって、弁護人としても、無理に責任能力を争うよりも、量刑で実を取ることを選択した方が賢明だという判断に傾きやすいだろう。

　しかし、このことと、責任能力論を掘り下げなくてよいこととは、まったく次元が異なることに注意を要する。発達障害ゆえに完全責任能力を否定させるところまで行かないとして、どのような影響を、どの程度与えたかが、具体的に議論されなければ、発達障害は、せいぜい、量刑の一要素として補助的に考慮されるに留まる。量刑上の主張としては、なんとしても、量刑枠を決する際の考慮要素に加えさせる必要があるのであり、つまり、罪体を中心とする犯情に影響を与えたことが積極的に認定されるところまで持っていかなければならないから、結局、責任能力を争うのと同じ水準の弁護活動が求められると言うことである。

(3)　2015 (平成27) 年に出された、「発達障害者の刑事責任能力と量刑に関する判例の動向」(増井英紀) は、発達障害に関する刑事裁判例を相当数、分析し、傾向性を明らかにした力作である (なお、同種の研究として、早稲田大学社会安全政策研究所紀要平成27年7月、宍倉悠太「罪を犯した発達障害者に対する法的対応策の考察」も挙げておきたい) が、肯定的に評価できる裁判例傾向として、「発達障害の影響が考慮されている判例はいずれも、犯

情の決定の段階で、発達障害を判断の一要素として考慮していること」、それも犯情の中でも、「犯行の動機形成過程」や「犯行に至る経緯」に発達障害が影響を与えているとするものが多いこと、つまり「障害の影響が量刑の判断の際きちんと考慮されている判例も多い」ことを結論的に述べている。

「7つの着眼点」を誤って利用する場合、結果としての動機経緯は了解可能であると片づけられ、犯情へ及ぼした影響が過小評価される危険があることは夙に指摘されているが、上記分析結果からも、少なくとも勝負所がそこにあることを、肝に銘じる必要がある。

コメント（精神科医）

五十嵐禎人　いがらし・よしと　千葉大学社会精神保健教育研究センター

1　日本司法精神医学精神鑑定と裁判員制度に関する委員会報告として

大阪アスペルガー事件として知られる本事例の裁判員裁判による第一審は、2012（平成24）年7月30日に検察官の懲役16年の求刑を超える懲役20年の判決を言い渡した。マスメディアで判決内容が報道されると、判決をめぐり大きな議論が引き起こされ、裁判員裁判による厳罰化を象徴する事例として受け止められた。マスメディアにおいても発達障害に対する無理解・偏見による判決であるという批判がなされた。また、日本弁護士連合会をはじめとした各地の弁護士会、日本障害フォーラム、日本発達障害ネットワーク、日本自閉症協会などの当事者団体、日本児童青年精神医学会、日本精神神経学会などの学術団体から、本判決に対する抗議の声明や改善のための意見書が公表された。

こうした状況を受けて、2012年8月に児童精神医学を専門とする理事より、日本司法精神医学会としても、本事例について何らかの対応が必要かどうかを検討すべきではないかという問題提起が行われた。理事会での協議の結果、本事例に関する事実を確認したうえで、本学会としての対応を検討することとなった。検討にあたっては、従前から行われて

いた日本弁護士連合会との協議会の場を利用し、判決等の資料の提供を受けたうえで、本事例の経過について検討を行うこととした。本事例の特殊性に鑑み、通常の協議会に参加している精神鑑定と裁判員制度に関する委員会のメンバーに加え、児童精神医学を専門とする理事にも協議会の場にご参加いただいたうえで、検討を行った。協議会での検討結果をもとに、2013（平成25）年3月2日の理事会で行った委員会報告の要旨を以下に示す。

1) 再犯の恐れを理由に刑を重くしているのはそもそも刑法理論上も問題がある。
2) 精神鑑定の問題点について
   ○ アスペルガー障害のこだわり→強い恨み→動機形成という論理になっているが、鑑定書やパワーポイントをみても、動機の形成過程についての考察が不足している。
   ○ 鑑定人尋問に使用されたパワーポイントをみても実感がわかず、理解ができない。裁判員もよく理解できなかったのではないか。
   ○ 鑑定人のアスペルガー障害という診断そのものは妥当と思われるが、アスペルガー障害の説明の仕方に問題があり、一部、誤りもみられる。
   ○ 被告人がアスペルガー障害であってもなくても、被告人のいう「うらみ」が、「妄想」なのかあるいは「こだわり」なのかによって、精神科診断や責任能力についての判定は変わってくる。しかし、鑑定書を読んでも、この点についての分析はあまり行われておらず、単純に「こだわり」と診断されている。「妄想」であれば、併存障害として妄想性障害が診断される可能性がある。
   ○ 鑑定主文では、アスペルガー障害が犯行に影響したと述べられているが、資料をみる限り、アスペルガー障害がどのように犯行に影響したのかについての分析は行われていない。
3) 弁護活動の問題
   ○ 鑑定人尋問において、アスペルガー障害が犯行にどのように影

響したかについて、もっと尋ねるべきであった。
- ○ 鑑定人は、再犯のおそれはないと述べているが、鑑定人尋問のなかで、再犯のおそれがないことをもっと具体的に聞くべきであった。
- ○ 執行猶予を提案するのであれば、少なくとも、具体的な受け入れ先を提案する必要がある。地域生活支援センターなどと連携して、どのような手立てを行えば、再犯なく社会で処遇できるかについて、具体的な提案がなされれば裁判体の評議の結果も異なったものとなったのではないか。
- ○ 経験のあまりない弁護士が単独で弁護活動を行ったことにより、適切な弁護活動が行われなかったのではないか。

　理事会開催直前の2012年2月25日の控訴審判決により量刑不当を理由に第一審判決が破棄されたこともあり、理事会では、本事例について学会として対応を行うことは見送られたが、本事例に関する学会としての検討結果をまとめた文書を作成し、将来的に検索可能な形式で公開することが決定された。日本司法精神医学会における本事例への対応や委員会としての検討結果をこれまで縷々述べてきたのは、日本司法精神医学会と日本弁護士連合会による共同研究の成果のまとめとして刊行される本書に、日本司法精神医学会における検討結果のまとめを残しておきたいという筆者の意図によるものである。本事例に対するコメントとしては、いささか異例ではあるが、読者のご寛恕を請う次第である。

　なお、本事例については、第一審で鑑定人を務めた医師らから鑑定の経緯や裁判員裁判での証言等を含めた事例報告がなされている。[1]

2　裁判員裁判における鑑定人尋問における注意点

　本事例が注目を集めたのは量刑判断のゆえである。控訴審判決では、

---

[1] 野田哲朗・滝本シゲ子「裁判員裁判で求刑を超えた判決となったアスペルガー症候群の男性事例」司法精神医学11巻1号（2016年）9〜15頁。

行為責任の基礎となる本件犯行の実体を正しく評価せず、また、一般情状に関する評価をも誤った結果、不当に重い量刑をしたとして、第一審判決を破棄し、求刑範囲内の懲役14年を言い渡した。その後、上告棄却となり、判決は確定した。量刑判断そのものは、法学の専門領域であり、本来、精神医学の立ち入るべき問題ではない。しかし、本事例の第一審判決では、精神障害の存在そのものが量刑を重くする理由とされており、被告人の精神障害に関する鑑定人の説明がどのようなものであり、それが裁判員にどれだけ理解されたうえでの判決であったのかについては、精神医学の立場からも検討を行う必要があると思われる。

　鑑定人らによる事例報告によれば[2]、本事例では責任能力は争われず、被告人の精神障害に関する説明のために、起訴前鑑定の鑑定人が弁護側の証人として、証言を行った。約30分の鑑定人による説明のあとに、検察官、弁護人、裁判官からそれぞれ15分程度の質問を受けたが、裁判員からの質問はなかったという。前述したように第一審の鑑定人の精神鑑定書や鑑定人尋問での証言には、アスペルガー障害一般に関する医学的知見についても十分とはいえない点が指摘できる。また、記録でみるかぎり、被告人の責任能力に関する判定結果そのものは妥当なものと思われるが、アスペルガー障害が本件犯行に与えた影響に関する分析も十分とはいえない。特に、裁判員の判断に与えた影響が強いのではないかと思われるのは、刑務所での処遇が被告人に与える影響についての証言である。証言全体を通してみると、「規則正しい生活を強いられるという点では、適応できる可能性があるが、人間関係などのストレスで最悪の場合、精神症状が出現する可能性がある」という趣旨のことを鑑定人は述べている。しかし、検察官の尋問の部分だけを取り出すと、日課が決められている刑務所の生活については、「いい影響を与えると思います」と回答し、刑期が決められていることについては、「そういう期間が決まってるっていうのは、本人にとっては非常に分かりやすくていいんだと思います」というように回答している。こうしたいささか不用意な回答は、精神医

2　前掲注1論文。

学に関する教育を受けているわけでもなく、また、口頭での報告だけからさまざまな情報を評価し、判断することに不慣れと思われる裁判員には思わぬ誤解を生じる可能性があるのではなかろうか。裁判員裁判における鑑定人尋問においては、通常の鑑定人尋問以上に、聞き手である裁判員に誤解を生じさせないような回答を心がける必要がある。

3　鑑定人の選任について

　本件の鑑定人は、医師としては十分な臨床経験をもち、それなりの件数の刑事責任能力鑑定を行っているようである。しかし、児童精神医学を専門としているわけではなく、本事例の鑑定を行った頃は、発達障害に関する臨床経験も多くはなかったようである。精神鑑定の経験数は多くとも、適切な精神鑑定を行うだけの技量が備わっていない精神科医がいることは確かであり、日本司法精神医学会としても、刑事精神鑑定ワークショップの開催や学会認定精神鑑定医制度の実施など、刑事精神鑑定に関する研修・教育の充実を図っているところではあるが、まだ、十分とはいいがたい。本事例は、発達障害が問題となっているが、発達障害、特に、大人の発達障害については、近年、急激に注目されるようになった精神障害であり、精神科医であっても十分な臨床経験を持つ者は必ずしも多くはない。本事例のように発達障害の影響が問題となるような事例の精神鑑定においては、児童精神医学に関する知識や経験が十分な精神科医が鑑定人となることが望ましいであろう。また、鑑定人自身にそうした知識・経験が不十分な場合には、児童精神医学の専門家に相談し、その助言も受けたうえで、鑑定を行うことが適切といえよう。

判決書（第一審）
大阪地判平24・7・30　平成23年（わ）第6063号
LEX/DB25482502

主文

　被告人を懲役20年に処する。
　未決勾留日数中210日をその刑に算入する。
　押収してある文化包丁様の刃1個及び文化包丁様の柄1個を没収する。

理由

（犯行に至る経緯）

　被告人は、小学5年生の途中から不登校となり、その後、中学校にも通わず、約30年間のほとんどを、自宅で引きこもる生活を送ってきた。被告人は、このまま家に引きこもっていては駄目だからやり直したいと思い、引きこもる前の小学校と別の校区の中学校に転校したり、自分のことを誰も知らない遠い場所で生活したりしたいと思って両親に頼んだが、いずれも実現しなかった。被告人は、これらの自分の頼みが実現しなかったのは、長姉であるBのせいであると勝手に思いこんで、そのころからBのことを恨むようになった。その後、母親が、本当はBと会っているのに会っていないと言うなど被告人に嘘を吐いていると思うに至って、Bへの恨みが更に募り、母親をBのところに行かせて金を無心させてBにダメージを与えてやろうと思って、24、25歳のころから、母親の給料を一部取上げて、Bのところへ家賃を払う金を借りに行かせるようになった。

　他方、被告人は、25、26歳のころ、漠然と自殺を考え始め、34歳のころ、インターネットで自殺の方法を調べようと思い、しかも、Bにパソコンを買わせたら、Bに金銭的にダメージを与えることができて一石二鳥だと考えて、母親を通じてBにパソコンを買ってほしいと頼むようになった。これに対してBは、被告人に中古のパソコンを買って与えたが、被告人は物に触ると手が汚れる感じがするのが嫌で、中古のパソコンという他人が触った物を触るのが嫌だったことなどから、Bに対する恨み

が更に強くなり、その後も、母親を通じて、Bに対して新品のパソコンを買うように要求し続けていた。しかしBが被告人に対して新品のパソコンを買ってくれないことで、被告人のBに対する恨みは更に強くなった。

　平成23年4月から5月にかけて母親が入院したときに、母親の代わりにBが買い物をして届けてくれたことがあったので、被告人は、母親に暴力をふるって入院させたりしたら、Bが再び被告人宅に来るだろうと思い、母親が施設に保護されたら、Bが被告人宅に入ってきたときに、自宅にある包丁で刺して殺そうと考えた。

　同年6月17日、被告人が母親に暴力をふるって怪我をさせたので、Bが母親を施設に入所させた。Bは被告人方に生活用品を届けていたが、被告人の自立を願って、同年7月13日、被告人に対して「食費やその他のお金を自分で出しなさい。買い物はする。」との書き置きを残していった。これを見た被告人は、Bが自分のことを助けるつもりがなく、報復してきたのだと受け止め、Bが被告人宅を訪れて台所の奥にいるときであれば逃げにくいから確実に殺せるので、このときに包丁で刺して殺そうと考え、台所にある刃体の長さ約15.7センチメートルの文化包丁様のものを自室に持ち込み、犯行に備えた。

（罪となるべき事実）

　被告人は、平成23年7月25日午後2時15分ころ、大阪市〈以下略〉所在の被告人宅を訪れたB（当時46歳）に対して、殺意をもって、Bの心窩部や左上腕等を上記文化包丁様のもので多数回突き刺し、よって、同月30日午後6時13分ころ、同市〈以下略〉所在の●●病院において、Bを肝臓刺創及び左上腕動脈損傷に基づく出血性ショックによる低酸素虚血性脳症により死亡させて殺害した。

（法令の適用）

罰条　　刑法199条
刑種の選択　有期懲役刑を選択
未決勾留日数の算入　刑法21条
没収　刑法19条1項2号、2項本文
訴訟費用の不負担　刑訴法181条1項ただし書

(量刑の理由)
第1　被告人の行為に対する評価
1　被害者の腹部には厚さ約３センチメートルの腹壁を貫通する長さ約７センチメートルの刺し傷があり、これが肝臓を貫通しており、これ以外にも被害者の左上腕には動脈を完全断裂する長さ約７センチメートルの切り傷があるなど、被害者は多数の傷を負ったものである。また、犯行現場周辺には被害者の血痕が多量かつ広範囲にわたって認められる。これらの事実からだけでも、被告人が強い殺意をもって、逃げようとする被害者に対して執拗に攻撃していることが明らかであり、本件犯行の残虐性や結果の重大性等からすれば被告人の刑事責任は極めて重く、本件は刑の執行猶予をもって臨む事案ではない。
2　被害者は被告人の自立のために精一杯の努力をしてきたものであり、現に、犯行当日も被告人のための生活用品等を被告人に届けるためにわざわざ被告人宅を訪れたものであり、本件犯行に遭わなければならないような落ち度は全く見当たらない。それにもかかわらず、被害者が実の弟である被告人の手によって残酷に殺されようとしていた際、被害者が受けたであろう恐怖あるいは絶望感、夫や子供を残して46歳という若さで命を絶たれなければならないことの無念さなどは、想像すらできないほど大きかったはずである。被害者が被告人のために身体的にも金銭的にも尽くしていたにもかかわらず、本件のように理不尽に殺害されたことに対する遺族の悲しみや怒りも大きく、「Bは、殺されて不本意に人生を終えざるを得なかったのに、殺した張本人がその後も生き続けられるということに対して、私はとうてい納得ができません。」「一生刑務所から出てこれないようにしてほしいです。」などと述べて被告人に対する厳しい処罰を望む心情は、人間の持つ当然の気持ちとして十分に理解することができる。
3　弁護人は、被告人が被害者に対して恨みを募らせ、それが強固な殺意にまで膨れあがってしまったのは、アスペルガー症候群という精神障害のためであり、被告人にはこの恨みの感情をどうすることもできなかったから、この点を量刑上大いに考慮すべきであると主張する。

確かに、(犯行に至る経緯)で判示したような犯行動機の形成過程は通常人には理解に苦しむものがあり、精神科医であるC証人が証言するとおり、本件犯行の動機の形成に関して、被告人にアスペルガー症候群という精神障害が認められることが影響していることは認められる。しかし、被告人が供述するような動機に基づいて被害者を殺害することは、社会に到底受け入れられない犯罪であるし、被告人もそのことは分かっていた旨供述している。そうであるならば、被告人は、被害者の殺害に向けて計画を立て、公判廷で述べるとおり、一時犯行を思いとどまりながらも、「ここで姉を殺さなければ、自分は一生姉を殺すことができなくなる。自分が自殺するためには姉を殺さなければ悔いが残る。」などと考えて、最終的には自分の意思で本件犯行に踏み切ったといえるのである。したがって、本件犯行に関するアスペルガー症候群の影響を量刑上大きく考慮することは相当ではない。
4　以上検討したとおり、本件犯行の手段は計画的であること、犯行の態様は執拗かつ残酷であること、生じた結果は極めて大きく、遺族の処罰感情も厳しいこと、犯行に至る経緯や動機についてアスペルガー症候群の影響があったことは認められるが、これを重視すべきではないこと等の事情を総合するならば、被告人の刑事責任は重大であり、被告人に対しては長期の服役が必要不可欠である。

第2　具体的な量刑

1　そこで被告人に対する具体的な量刑について検討する。被告人や関係者等を直接取り調べた上で本件行為に見合った適切な刑罰を刑事事件のプロの目から検討し、同種事案との公平、均衡などといった視点も経た上でなされる検察官の科刑意見については相応の重みがあり、裁判所がそれを超える量刑をするに当たっては慎重な態度が望まれるというべきである。
　しかしながら、評議の結果、先に検討した各事実に加えて、以下の観点からの検討も十分に行うことが必要であり、重要であるという結論に至った。
2　すなわち、被告人は、本件犯行を犯していながら、未だ十分な反省

に至っていない。確かに、被告人が十分に反省する態度を示すことができないことにはアスペルガー症候群の影響があり、通常人と同様の倫理的非難を加えることはできない。しかし、健全な社会常識という観点からは、いかに精神障害の影響があるとはいえ、十分な反省のないまま被告人が社会に復帰すれば、そのころ被告人と接点を持つ者の中で、被告人の意に沿わない者に対して、被告人が本件と同様の犯行に及ぶことが心配される。被告人の母や次姉が被告人との同居を明確に断り、社会内で被告人のアスペルガー症候群という精神障害に対応できる受け皿が何ら用意されていないし、その見込みもないという現状の下では、再犯のおそれが更に強く心配されるといわざるを得ず、この点も量刑上重視せざるを得ない。被告人に対しては、許される限り長期間刑務所に収容することで内省を深めさせる必要があり、そうすることが、社会秩序の維持にも資する。

3　上記の評議の結果を踏まえると、本件においては検察官の科刑意見は軽きに失すると判断することもやむを得ず、被告人に対しては殺人罪の有期懲役刑の上限で処すべきであるとの判断に至ったので、主文のとおり刑の量定を行った。

（求刑　懲役16年及び主文同旨の没収）

平成24年7月30日

大阪地方裁判所第2刑事部

裁判長裁判官　河原俊也／裁判官　武林仁美／裁判官　伊藤太一

判決書（控訴審）
大阪高判平25・2・26　平成24年（う）第1159号
LEX/DB25501465

主文

　原判決を破棄する。
　被告人を懲役14年に処する。
　原審における未決勾留日数中210日をその刑に算入する。

押収してある文化包丁様の刃1個（平成24年押第117号（原審平成24年押第104号）符号1）及び文化包丁様の柄1個（同号符号2）を没収する。

理　由

　控訴理由は、弁護人辻川圭乃及び同山根睦弘連名作成の控訴趣意書並びに同山根睦弘作成の控訴趣意書補充書に記載されたとおりであるから、これらを引用する。なお弁護人は、控訴趣意書26頁第4、2の「受け皿がないこと」、同32頁第4、3の「反省していないことと再犯可能性」にいう事実誤認は、量刑判断の前提となる事実の誤認をいうものであり、量刑不当の主張の内容をなすものである旨釈明した。

第1　控訴理由のうち、法令適用の誤りの主張について

　原判決には、以下の点で判決に影響を及ぼすことが明らかな法令適用の誤りがあるというものである。

　そこで、記録を調査して検討する。

1　法令適用の誤りの主張のうち、責任主義違反の点について

　その要旨は、「アスペルガー症候群という精神障害（以下「アスペルガー障害」と略称する。）を有する被告人は、意思決定の面でも、制御能力の面でも、強い責任非難を加えることはできないから、障害の点は被告人の量刑を軽くする方向で大きく反映させるべき事情である。ところが、原判決は、アスペルガー障害が本件犯行に与えた影響を過小評価しているばかりでなく、この点をとらえて重い刑を科す理由としているのであって、これは、行為責任を超えて特別予防の観点からより刑を重くするというものであり、刑法の基本原則である責任主義に反する法令適用の誤りがある」というものである。

(1)　量刑判断は、被告人の犯罪行為にふさわしい刑事責任（行為責任）を明らかにすることにあるから、刑量を決める基本は、犯罪行為そのものの重さでなければならず、犯罪行為それ自体にかかわる事情（犯情）が刑量を決めるに当たって一次的に考慮されることになる。そして、刑罰には、同じような犯罪を予防する目的や被告人を更生させて社会復帰をはかるという目的もあるので、これらの一般予防、特別予防の点から考慮すべきその他の事情等も考慮した上で、被告人の犯罪行為にふさわしい刑事

責任としての量刑判断がなされることになる。もっとも、一般予防、特別予防という刑罰の目的は、行為責任を構成する要素ではなく、量刑判断に当たっての一次的な基準となるものではないから、これらの要素は、行為責任の内容をなす犯情によって決められた量刑の大枠を基本として、これを調整する要素として位置づけられる。以上のとおり、量刑判断の在り方としては、まず犯罪行為それ自体にかかわる事情（犯情）によって量刑の大枠を決定し、次いで、その大枠の中で犯情に属さない一般情状を考慮し、量刑の一般的傾向ないしいわゆる量刑相場等も参照しつつ、最終的な量刑を導き出すことになる。以上の点は、裁判員裁判においても、こうした責任主義の考え方を基本に置きつつ、考慮すべき要素のとらえ方等について国民の視点、感覚、健全な社会的常識などを反映させることが求められている。

(2)　以上のとおり、被告人に対する量刑は、行為責任の枠内でなされるものであり、これは刑法の基本原則である責任主義からみて当然のことであって、この枠を踏み外せば責任主義に反する量刑といわざるを得ない。弁護人の主張は、原判決の量刑判断は、行為責任の枠を踏み外したものであって、責任主義に違反し、この点で法令適用の誤りがあるというものである。しかし、刑訴法381条が広く量刑不当を独立の控訴理由としていることからすると、このような違法な判断に帰因する量刑判断の誤りを量刑不当から除外する理由はないし、あえて法令適用の誤りに含めて救済する必要性も認められない。その意味において、弁護人の法令適用の誤りをいう控訴理由は前提を欠くということになるが、原判決の量刑判断をみても、行為責任の枠を踏み外したものとして責任主義に反する量刑判断を行ったとまではいえない。その理由は、以下のとおりである。

(3)　まず、この点の判断に必要な限度で、原判決の量刑理由の要旨をまとめると、以下のとおりである。

ア　被告人の行為に対する評価

㋐　被害者の傷の状況や、犯行現場の血痕の状況からは、被告人が強い殺意をもって、逃げようとする被害者に対して執ように攻撃していること

とは明らかである。本件犯行の残虐性や結果の重大性等からすれば、被告人の刑事責任は極めて重い。

(イ) 被害者には本件犯行に遭わなければならないような落ち度は全くない。

(ウ) 本件犯行動機の形成に関して、被告人にアスペルガー障害が認められることが影響していることは認められる。しかし、本件犯行に関するアスペルガー障害の影響を量刑上大きく考慮することは相当ではない。

(エ) 本件犯行の手段は計画的であること、犯行の態様は執ようかつ残酷であること、生じた結果は極めて大きく、遺族の処罰感情も厳しいこと、犯行に至る経緯や動機についてアスペルガー障害の影響があったことは認められるが、これを重視すべきでないことなどを総合すると、被告人の刑事責任は重大であり、被告人に対しては長期の服役が必要不可欠である。

イ　具体的な量刑

　評議の結果、先に検討した各事実に加え、以下の観点からの検討も十分に行うことが必要かつ、重要であり、被告人に対しては殺人罪の有期懲役刑の上限で処すべきであるという結論に至った。すなわち、被告人は本件犯行を犯していながら、いまだ十分な反省に至っていない。精神障害の影響があるとはいえ、十分な反省のないまま被告人が社会復帰すれば、被告人が本件と同様の犯行に及ぶことが心配される。被告人の母や次姉が被告人との同居を明確に断り、社会内で被告人のアスペルガー障害に対応できる受皿が何ら用意されていないし、その見込みもない。このような現状のもとでは、再犯のおそれが更に強く心配されるといわざるを得ず、この点も量刑上重視せざるを得ない。被告人に対しては、許される限り長期間刑務所に収容することで内省を深めさせる必要があり、そうすることが社会秩序の維持にも資する。

(4)ア　原判決は、上記のとおり、まず、被告人の行為に対する評価を行い、犯行に至る経緯や動機についてアスペルガー障害の影響があったことが認められるが、これを重視すべきではなく、本件犯行の手段が計画的であること、犯行態様は執ようかつ残酷であること、生じた結果が極めて大きいことなどを総合すると、被告人の刑事責任は重大であり長期の服

役が必要不可欠であると説示している。次に、具体的な量刑を判断するに際して、被告人の再犯可能性についても検討し、この点を量刑上重視する旨説示し、その上で、被告人に対し、懲役20年の刑を量定している。以上の説示からみると、原判決の量刑判断は、まず犯情について検討を加えて量刑の大枠を設定し、その説示からは、本件犯行を殺人罪の類型の中でも特に重い部類に属するものと位置づけていると考えられる。その上で、さらに被告人の再犯可能性という一般情状を被告人に不利な情状として考慮し、上記の量刑の大枠の中で有期懲役刑の上限である懲役20年という刑を定めたものと理解することができる。

　もっとも、原判決は、上記のとおり、犯情に関する説示に加えて、「被告人の再犯のおそれが更に強く心配されるといわざるを得ず、この点も量刑上重視せざるを得ない。被告人に対しては、許される限り長期間刑務所に収容することで内省を深めさせる必要があり、そうすることが、社会秩序の維持にも資する」と説示している。上記の説示部分は、それだけを読むと被告人の再犯可能性という一般情状を重要な量刑事情として位置づけ、この点を理由に量刑の大枠を被告人に不利な方向に更に広げた上で重く処罰しているかのように理解される余地があることは否定できない。しかし、上記再犯可能性に関する説示部分は飽くまで上記の犯情をもとに量刑の大枠を設定した説示部分を前提にしたものと認められるのであって、原判決が上記再犯可能性に関する説示をもって量刑の大枠を新たに設定した趣旨のものとまではいえない。「被告人に対しては、許される限り長期間刑務所に収容する」という説示部分も、犯情を中心に検討した量刑の大枠の範囲内で許される限りとの意味に理解される。

　そうすると、原判決の量刑判断に責任主義に反する違法があるとまではいえない。

イ　これに対し、弁護人は、原判決は、アスペルガー障害は被告人の量刑を軽くする方向で反映させるべき事情であるのに、この点を過小評価しているのは責任主義に反する旨の主張をしているが、この点は量刑事情の評価の誤りを指摘するものにすぎず、この点の誤りが直ちに責任主義に反することにはならない。また、弁護人は、原判決は、上記の点を

過小評価したにとどまらず、重い刑を科した理由としているのは、行為責任を超えて特別予防の観点から刑を重くしており責任主義に反するとも主張しているが、そのように評価することはできないことは既に説示したとおりである。

2 法令適用の誤りの主張のうち、憲法32条、13条違反の点について

その要旨は、「原判決は、アスペルガー障害を有する被告人について、その社会的危険性を根拠として、社会秩序の維持に資するという観点から、同種事犯との公平・均衡を超えて、許される限り長期間刑務所に収容するという内容であるから、実質的に保安処分を科したものであり、憲法31条に反する。また、被告人に対する処分、処置は、アスペルガー障害に対する治療的・福祉的対応であるべきなのに、原判決にはそのような発想が欠落しており、専ら危険人物を社会から拘禁隔離するという保安拘禁的な発想によるものであり憲法13条にも反している」というものである。

しかし、原判決の被告人の再犯可能性に関する説示部分は、「いまだ十分な反省に至っていない被告人が社会復帰すれば再犯のおそれが強く心配されるので、許される限り長期間刑務所に収容して内省を深めさせる必要がある」としているものであり、その内容の当否はともかく、反省を深めさせることを長期間刑務所に収容する根拠としている。「そうすることが社会秩序の維持にも資する」との表現も、その文脈からは、被告人が内省を深めることにより再犯可能性が低くなることは社会秩序の維持に資するという意味に理解するのが自然である。弁護人がいうように、上記の説示部分を被告人が社会的に危険であるから許される限り長期間刑務所に収容するのが相当であると理解し、社会から拘禁隔離する保安拘禁的発想に基づくものなどということはできない。そうすると、原判決の量刑判断が憲法31条、13条に反するとはいえない。

3 法令適用の誤りの主張のうち、憲法14条違反の点について

その要旨は、原判決は、同種事案との公平・均衡を超えて、被告人がアスペルガー障害を有することを理由に量刑を重くしたものであって、これは偏見に基づく差別的量刑であり、憲法14条に反するというもので

ある。

　しかし、原判決が被告人の量刑を重くする理由の1つとしているのは、被告人のアスペルガー障害に対応できる社会の受皿がなく、被告人の反省が十分ではないことと相まって被告人には再犯のおそれが強く心配されるというものである。その理由の当否はともかく、被告人がアスペルガー障害を有していることを理由に重い刑を科しているわけではないから、原判決の量刑判断が憲法14条に反するとはいえない。

　以上のとおり、法令適用の誤りの控訴理由は認められない。

第2　控訴理由のうち、訴訟手続の法令違反の主張について

　原判決には、以下の点で判決に影響を及ぼすことが明らかな訴訟手続の法令違反があるというものである。

　そこで、記録を調査して検討する。

1　訴訟手続の法令違反の主張のうち、公判前整理手続の趣旨を没却するとの点について

　その要旨は、「原判決は、アスペルガー障害を有する被告人について、その障害に対応する社会内での受皿が用意されていないし、その見込みもないなどと説示しているが、社会内での受皿の有無については、原審の公判前整理手続の経過の中で、予定主張を含め、議論がされていなかった。原審は、当事者に主張立証の機会を与えないまま、突如として上記認定を行った点で、公判前整理手続の趣旨を没却する訴訟手続の法令違反がある」というものである。

　ところで、原判決は、社会内で被告人のアスペルガー障害に対応できる受皿が何ら用意されていないなどと説示し、この点を被告人がいまだ十分な反省に至っていないことと相まって被告人の再犯のおそれが強く心配されるなどとして重要な量刑の一事情として考慮している。しかし、この点が公判前整理手続の中で、予定主張を含めて議論されたことはなく、原審が当事者に主張立証を促すような措置を講じていないことは弁護人の主張するとおりである。本来量刑判断に影響を及ぼすような重要な量刑事情の存否について、公判で新たに問題となったのであれば、当事者に主張立証を促して、その機会を与えるのが相当であるが、原審は

何らそのような措置を講じないまま上記の認定をしている。

　そこで、原判決の上記の措置をみると、上記の事情は特別予防の観点からの一般情状に関する事実であり、このような犯情でもない一般情状事実は、量刑に当たり一次的に考慮されるべき量刑事情ではない。そうすると、このような事情を公判前整理手続の中で争点として明確化することが必要であるとまではいえないから、原裁判所がこの点について改めて主張立証を促さなかったとしても、判決に影響を及ぼすような違法があったとはいえない。

2　訴訟手続の法令違反の主張のうち、適切な評議が行われなかったとの点について

　その要旨は、原判決は、責任主義、適正手続、平等原則といった憲法や刑事法の基本原則を踏み越えた判断を行っており、これは裁判官が裁判員に対する憲法・刑事法の原則に関する正しい教示を怠ったもので、適切な評議が行われなかったという訴訟手続の法令違反があるというものである。

　しかし、そのような基本原則を踏み越えた判断をしたとはいえないことは既に説示したとおりであるから、弁護人の主張は前提を欠くものである。

　以上のとおり、訴訟手続の法令違反の控訴理由も認められない。

第3　控訴理由のうち、事実誤認の主張について

　その要旨は、本件犯行当時被告人が心神耗弱の状態にあったのに、完全責任能力を認めた原判決には、判決に影響を及ぼすことが明らかな事実誤認がある、というものである。

　そこで、記録を調査して検討する。

　この点は、原審の公判前整理手続では公訴事実に争いはなく、原審弁護人は情状として被告人の精神障害が犯行に与えた影響があると主張し、原審第1回公判においても、同旨の陳述をしていたものであり、責任能力に関する主張はなされていない。そして、原判決もこの点については特に説示することなく被告人に完全責任能力を認めているが、原判決の

この点の判断は正当として是認できる。

　すなわち、原審記録によれば、被告人は、以前に母が入院したときに被害者が母の代わりに買物をして生活用品を届けてくれたことがあったので、母に暴力を振るって母を保護施設に入所させ、被害者が被告人方に来たら殺害しようと考え、母に暴力を振るい、思わくどおり母が保護施設に入所すると、自室に包丁を準備して被害者が来るのを待ち、本件犯行に及んでいる。このように被告人は計画的に本件犯行を行っている。また、本件犯行の動機・経緯については、被告人が、引きこもりの生活をやり直そうとして転校や引っ越しをしたいと両親に頼んだが、いずれも実現しなかったのは被害者のせいであるなどと受け止めて恨みに思うようになり、被害者が中古のパソコンを買い与えたり、被告人に自立を促すために「食費やお金を自分で出すように」との書き置きをしたりしたことを嫌がらせや報復などと受け止め、被害者の殺害を決意したというものである。その動機形成の過程には、後記のとおりアスペルガー障害の影響が認められ、通常人には理解し難い面があることは否定できない。しかし、そのようにして形成された動機からみると、被告人が本件犯行に及んだことについては了解が困難というわけではなく、被告人なりの一貫した考えに基づいており、現実からかけ離れた妄想などといったものとは質が異なっている。また、被告人は、人を殺すことは悪いということは認識していたものである。被告人を鑑定した精神科医であるC医師も、原審公判において、被告人が意図的・計画的に本件犯行に及んでいることからすれば責任能力が認められる旨の意見を述べている。以上の点からすれば、被告人に完全責任能力を認めた原判決の判断は是認できる。

　弁護人は、被告人は、本件犯行当時、アスペルガー症候群に見られる錯乱性パニックには至らない程度のパニック症状にあったなどと主張し、その主張を裏付けるために当審で鑑定を請求している。しかし、この鑑定請求については、刑訴法382条の2のやむを得ない事由があるとはいえない。また、上記のとおり、本件犯行は計画的な犯行であり、弁護人が主張するパニック症状を来すような犯行状況にあったとはいえない上、

弁護人の主張によれば、パニック症状では、意識の清明さが失われ、その間の記憶が欠損しやすいとされているが、本件では犯行状況についての被告人の意識や記憶の程度にも何ら問題は認められない。そこで、当裁判所は、上記鑑定の必要性も認められないとして上記弁護人の鑑定請求を却下したものである。
　原判決に弁護人のいうような事実誤認はない。
　事実誤認の控訴理由も認められない。
第４　控訴理由のうち、量刑不当の主張について
　その要旨は、被告人を懲役20年に処した原判決の量刑は、重過ぎて不当である、というものである。
　そこで、記録を調査し、当審における事実取調べの結果をも併せて検討すると、原判決には、以下に説示するとおりの量刑不当があり、破棄を免れない。
１　事案の概要
　本件は、以下のような事案である。被告人は、アスペルガー症候群に罹患し、小学５年生の途中から約30年間のほとんどを自宅で引きこもる生活をしてきたが、生活をやり直すために両親に依頼した転校や引っ越しが実現しなかったのは被害者である姉のせいであるなどと勝手に思いこんで恨むようになった。その後も被害者の行為をことごとく悪意に受け取って同人に対する恨みをつのらせた上、被告人に生活用品を届けた被害者が「食事やその他のお金を自分で出しなさい。買物はする」などと書き置きを残したのを読み、被害者が報復してきたのだと受け止めて殺害を決意し、文化包丁様のものを自室に持ち込んでその準備をした。そして、犯行当日に被告人宅を訪れた被害者に対し、その心窩部や左上腕部等を上記文化包丁様のもので多数回突き刺して肝臓刺創及び左上腕動脈損傷に基づく出血性ショックによる低酸素虚血性脳症により死亡させて殺害した。
２　原判決の量刑判断
　原判決が量刑の理由として説示するところを改めて詳細に摘録すると、以下のとおりである。

(1) 被害者の腹部には、厚さ約3cmの腹壁を貫通する長さ約7cmの刺し傷があり、肝臓を貫通している。これ以外にも左上腕部には動脈を完全断裂する長さ約7cmの切り傷があるなど、被害者は多数の傷を負っている。また、犯行現場周辺には被害者の血痕が多量かつ広範囲にわたって認められる。このような事実からは、被告人が強い殺意をもって、逃げようとする被害者に対して執ように攻撃していることが明らかである。本件犯行の残虐性や結果の重大性等からすれば、被告人の刑事責任は極めて重い。

(2) 被害者には本件犯行に遭わなければならないような落ち度は全くない。

(3) 本件犯行動機の形成に関して、被告人にアスペルガー障害が認められることが影響していることは認められる。しかし、被告人が供述するような動機に基づいて被害者を殺害することは、社会に到底受入れられない犯罪であるし、被告人もそのことは分かっていた旨供述している。被告人は、被害者の殺害に向けて計画を立て、公判廷で述べるとおり、一時犯行を思いとどまりながらも、「ここで姉を殺さなければ、自分は一生姉を殺すことができなくなる。自分が自殺するためには姉を殺さなければ悔いが残る」などと考えて、最終的には自分の意思で本件犯行に踏み切っている。したがって、本件犯行に関するアスペルガー障害の影響を量刑上大きく考慮することは相当ではない。

(4) 被害者が、被告人のために身体的にも金銭的にも尽くしていたにもかかわらず、理不尽な理由で殺害されたことに対する遺族の悲しみや怒りは大きく、被告人に対する厳しい処罰を望む心情は十分に理解できる。

(5) 以上検討したとおり、本件犯行の手段は計画的であること、犯行の態様は執ようかつ残酷であること、生じた結果が極めて大きく、遺族の処罰感情も厳しいこと、犯行に至る経緯や動機についてアスペルガー障害の影響があったことは認められるが、これを重視すべきでないことなどを総合すると、被告人の刑事責任は重大であり、被告人に対しては長期の服役が必要不可欠である。

(6) 被告人は本件犯行を犯していながら、いまだ十分な反省に至っていない。精神障害の影響があるとはいえ、十分な反省のないまま被告人が

社会復帰すれば、被告人が本件と同様の犯行に及ぶことが心配される。被告人の母や次姉が被告人との同居を明確に断り、社会内で被告人のアスペルガー障害に対応できる受皿が何ら用意されていないし、その見込みもない。このような現状のもとでは、再犯のおそれが更に強く心配されるといわざるを得ず、この点も量刑上重視せざるを得ない。

3 当裁判所の判断

　原判決の説示する犯情及び一般情状についての認定・評価は是認し難いところがある。以下、その理由を説明する。

(1)　まず、犯情について検討すると、原判決が、上記のとおり、本件犯行が強い殺意に基づいて計画的に行われたものであること、態様も執ようかつ残忍なものであり、被害結果が重大であること、被害者に落ち度は全くない点を指摘しているのは正当として是認することができる。

　しかし、原判決が本件犯行の経緯・動機について、アスペルガー障害の影響があったことは認められるが、これを重視すべきではないと説示している点は是認できない。被告人が本件犯行に及んだ経緯や動機の形成過程については、被害者の言動が自分に対する嫌がらせであるなどと受け止め、いわれない憎しみを募らせた末に本件犯行に及んだという事情がある。すなわち、被告人は、生まれながらのアスペルガー障害について周囲に気付かれずに適切な支援を受けられないまま生育し、小学校5年生ころから不登校となり、自宅に引きこもるようになった。被告人なりに立ち直ろうとして、両親に転校のために引っ越しするよう求めたが、実現しなかった。被告人は、それを被害者が家に戻ってきたので引っ越しができなかったのだと受け止めた。また、引きこもりの生活から抜け出そうと考え、一人暮らしをしようとしたが、手配してもらった文化住宅が被告人が意図していた自宅から遠い場所ではなく、騒音もあったことからすぐに帰ってきてしまった。被告人はそれを被害者が手配したもので、同人に妨害されたものと受け止めた。また、被告人は、インターネットを使うためにパソコンが欲しいと考え、母を介して被害者にそれを伝えたが、被害者が新品ではなく中古のパソコンを買ってきたのは、インターネットにつなげないようにするためであり、これも被害者の嫌

がらせであると受け止めた。さらに本件犯行の直前には、生活用品を届けてくれた被害者が被告人の自立を願って、「食費やその他のお金を自分で出しなさい。買物はする」との書き置きを残したところ、被害者が自分のことを助けるつもりがなく、報復してきたのだと受け止めた。被告人は、本件当時自殺を考えるようになっていたことから、被害者を殺害してから自殺しようと考えて本件犯行に至った。以上のとおり、被告人が被害者の善意の行動を逆に嫌がらせであるなどと受け止め、これが集積して殺したいと思うほど恨むようになり、本件犯行に至ったという経緯や動機形成の過程には、意思疎通が困難で、相手の状況や感情、その場の雰囲気などを推し量ることができず、すべて字義どおりにとらえてしまい、一度相手に対して敵意を持つに至るとこれを修正することが困難であり、これにこだわってしまうといったアスペルガー症候群特有の障害が大きく影響していることが認められる。そして、被告人は、生まれながらのアスペルガー障害について周囲に全く気付かれずに、適切な支援を受けられないまま、約30年もの長きにわたり引きこもりの生活を送ってきた。人の入った風呂には入れないとか、雑誌を買っても他人が触れているために読んだ後は触れることができなくなるなどの強迫障害や、小学校時代の友達に会うのが怖くて外に出ることができないなどの恐怖症性不安障害などの二次的精神症状も発現していた。被告人が経済的に依存し、唯一言葉を交わすことができた母も足の血栓で入院して働くことができなくなり、本件犯行当時、自殺を考えるまで追い詰められた状況にあった。このように、被告人が本件犯行に至った経緯や動機の形成過程には、被告人のみを責めることができないアスペルガー症候群特有の障害が介在しており、この点は量刑判断に当たっての責任評価の上で考慮されなければならない事情である。もちろん、原判決も説示するとおり、被告人は被害者の殺害を一時思いとどまることもしながら、「ここで被害者を殺さなければ、自分は一生被害者を殺すことができなくなる。自分が自殺するためには被害者を殺さなければ悔いが残る」などと考えて本件犯行に及んだ。最終的に被害者の殺害を決意して本件犯行に踏み切ったこと自体は被告人の意思に基づくものであって、何の落ち度もない被害者の生

命を奪うという手段を選んだことは厳しい非難に値する。しかし、上記のような本件の経緯や動機形成過程へのアスペルガー障害の影響の点は本件犯行の実体を理解する上で不可欠な要素であり、犯罪行為に対する責任非難の程度に影響するものとして、犯情を評価する上で相当程度考慮されるべき事情と認められる。そうすると、原判決が本件犯行に関するアスペルガー障害の影響を量刑上大きく考慮することは相当ではなく、本件の犯情評価として、被告人に対しては長期の服役が必要不可欠であると説示し、本件が殺人罪の中でも特に重い類型に属すると評価している点は、本件犯行の実体を適切に把握せず、被告人の責任非難をその限度で減少する方向に働く重要な量刑事情の評価を誤ったものといわざるを得ない。本件の経緯や動機形成過程におけるアスペルガー障害の影響を正当に評価すれば、本件は殺人罪の中でも標準の上限周辺か、あるいはやや重い類型の下限周辺に属する事案とみるのが相当である。

(2) 次に、一般情状について検討すると、原判決が被害者の遺族、とりわけ被害者の夫は被告人に対する厳しい処罰を望んでいる点をあげているのは是認することができる。しかし、原判決が、被告人の反省が不十分で社会内で被告人のアスペルガー障害に対応できる受皿が用意されていないという現状のもとでは、再犯のおそれが強く心配されるなどと評価し、この点を量刑上重要な事情として考慮した点は是認できない。

　すなわち、まず、被告人の反省が十分ではないとの説示についてみると、原判決がそのように評価したこと自体が誤っているとはいえない。しかし、被告人のおかれた状況等を考慮することなく、反省が十分でないことから再犯のおそれが強く心配されると判断することには疑問の余地があるばかりか、原判決も説示するとおり、被告人が十分に反省する態度を示すことができないことにはアスペルガー障害が影響していることが認められる。そのような中で、「被害者に対して怖い思いや痛い思いをさせたことを申し訳なく思う。遺族のかた、失ったことの悲しみ、申し訳ないと思う」などとも述べており、十分とはいえないとしてもそれなりの反省を深めつつあるという評価も可能である。少なくとも再犯可能性を推認させるほどに被告人の反省が乏しい状況にあるとはいえない。

上記Ｃ医師も、被告人が同じような事件を起こす可能性は非常に少ないと述べている。そうすると、原判決のこの点に関する評価には是認し難いところがある。

　次に、原判決の社会内で受皿がないとの説示についてみると、そこでいう「社会内で」という趣旨が明確ではないが、その説示からみて親族等の被告人の身近な者らが受入れを拒否しているという意味を含んでいるものと考えられ、この点は是認できる。しかし、これに続く、社会一般にも受皿がないという趣旨の説示については、是認できない。弁護人が指摘するとおり、社会一般におけるアスペルガー障害者に対する支援等の実情は原審では争点となっておらず、受皿がないことに関する証拠は取り調べられていない。それにもかかわらず、受皿がないと認定した原判決の事実認定は誤っているというほかない。そこで、当審において、上記の点に関して大阪府Ｄ主任相談員であるＥ証人の尋問及び同人作成の更生支援計画書（当審弁３号証）の取調べを実施した。これらの証拠によると、各都道府県に設置されたＤが保護観察所と協働して、受刑者の出所後の帰住先の調整等を行っているほか、出所後も帰住先の社会福祉施設で定着できるように支援を行うなどの施策が行われている。そして、この受刑者の中には被告人のようにアスペルガー障害者も含まれている。また、上記のＤは、精神科医や各種任意団体とも連携しており、支援のネットワークが形成されている。このように親族らが受入れを拒否している場合であっても、公的機関等による一定の対応がなされており、およそ社会内でアスペルガー障害に対応できる受皿がないなどということはできない。そうすると、原判決が被告人のアスペルガー障害に対応できる受皿が何ら用意されていないことを理由の一つに挙げて、被告人の再犯のおそれが強く心配されるとした点は、その前提となる事実を誤認した結果、評価を誤っているといわざるを得ない。

(3)　以上のとおり、原判決の上記量刑判断は、犯情評価の点で重要と認められる、本件の犯行動機の形成過程にアスペルガー障害が大きく影響している点を過小評価し、本件犯行の実体を見誤ったものといわざるをえない。これに加え、原判決は、一般情状においても、社会におけるア

スペルガー障害に対応する受皿がなく、被告人の反省が十分ではないこととと相まって再犯のおそれが強く心配されるなどとして、被告人の刑を重くする方向の一事情として考慮しているが、社会におけるアスペルガー障害に対応する受皿に関する前提事実に誤認がある上、被告人の再犯可能性についての評価を誤っている。

そうすると、原判決は、被告人の行為責任の基礎となる本件犯行の実体を正しく評価せず、また、一般情状に関する評価をも誤った結果、不当に重い量刑をしたといわざるを得ない。

量刑不当をいう控訴理由は認められる。

第5　破棄自判

そこで、刑訴法397条1項、381条により、原判決を破棄し、同法400条ただし書を適用して、被告事件について更に判決する。

原判決が認定した罪となるべき事実に、原判決のとおりの法令を適用（刑種の選択を含む）して被告人を懲役14年に処することにする。また、刑法21条を適用して原審における未決勾留日数中210日をその刑に算入し、押収してある文化包丁様の刃1個（平成24年押第117号（原審平成24年押第104号）符号1）及び文化包丁様の柄1個（同号符号2）は、判示殺人の用に供した物で被告人以外の者に属しないから、同法19条1項2号、2項本文を適用してこれらを没収し、原審及び当審における訴訟費用は、刑訴法181条1項ただし書を適用して被告人に負担させないことにする。

（量刑事情）

本件の量刑に当たって考慮すべき事情は、既に上記説示の中でも説明したところであるが、ここで改めて要点を指摘すると以下のとおりである。

すなわち、本件は、アスペルガー障害を有し、長期間引きこもりの生活をしていた被告人が、その精神障害の影響で姉である被害者の言動が自分に対する嫌がらせであるなどと受け止め、いわれない憎しみを募らせた末に殺害を決意し、あらかじめ包丁を準備して、被害者が自宅を訪れるのを待ち受けた上で、何ら落ち度のない被害者に対し、執ように包丁で切りつけて殺害したというものである。強い殺意に基づく計画的な犯行であり、残酷かつ執ような態様によるもので、結果が極めて重大で

ある。他方、既に説示したとおり、本件犯行に至る経緯や動機形成過程にアスペルガー障害が影響していることが認められ、この点が本件犯行を特徴づける大きな事情となっている。そして、アスペルガー障害が動機形成に関わっている点では被告人に対する責任非難は低減されるものであって、量刑判断に当たって被告人のために相当程度有利に考慮されるべきものである。

　また、当審における事実取調べの結果によれば、犯情以外の一般情状として、アスペルガー障害を有する者の出所後の生活について、公的機関等による一定の支援態勢がとられており、原判決後、被告人は、大阪府Dの相談員と面談し、社会復帰後の精神科の受診や同センターの支援を受けることについて同意するなど更生に向けての意欲を示していることが認められる。

　そこで、所定刑中有期懲役刑を選択した上、所定刑期の範囲内で、上記の犯情をもとに、上記の一般情状事実をも考慮して、主文の刑を量定した。

平成25年3月1日
大阪高等裁判所第3刑事部
裁判長裁判官　松尾昭一／裁判官　五十嵐常之／裁判官　潮海二郎

執筆者略歴
精神科医（50音順／執筆担当ケース）

安藤久美子（あんどう・くみこ）／ケース1、ケース5
聖マリアンナ医科大学神経精神科学教室准教授、統合失調症治療センター長。専門は司法精神医学、児童精神医学、矯正医学。主な著書に『精神鑑定への誘い』（星和書店、2016年）、『暴力のリスクアセスメント』（翻訳、星和書店、2014年）、『こころの医学入門』（共著、中央法規出版、2017年）、『発達障害支援の実際』（共著、医学書院、2017年）などがある。

五十嵐禎人（いがらし・よしと）／ケース2、ケース10
千葉大学社会精神保健教育研究センター法システム研究部門教授。専門は、司法精神医学・司法精神保健学。主な著作に、『刑事精神鑑定のすべて』（編著、中山書店、2008年）、『だれでもわかる精神医学用語集——裁判員制度のために』（共著、民事法研究会、2010年）、『成年後見人のための精神医学ハンドブック』（日本加除出版、2017年）、『刑事精神鑑定ハンドブック』（共編著、中山書店、2019年）などがある。

大澤達哉（おおさわ・たつや）／ケース6
東京都立松沢病院精神科医長。専門は臨床精神医学、司法精神医学、精神鑑定。主な論文に、「鑑定人および裁判官の刑事責任能力判断に関わる要因の研究——裁判所等を通して実施した全国50事例の関係記録の分析より」（精神神経学雑誌109巻12号、2007年）、「裁判所への精神鑑定報告の諸問題」（精神神経学雑誌115巻10号、2013年）、「鑑定人として最も重要なことは公正であることである」（臨床精神医学47巻11号、2018年）などがある。

岡田幸之（おかだ・たかゆき）／ケース9
東京医科歯科大学教授。精神科医。専門は、司法精神医学。主な著書に『刑事精神鑑定ハンドブック』（共編著、中山書店、2019年）、「刑事責任能力と精神鑑定－精神医学と法学の再出発」（ジュリスト1391号、2009年）などがある。

田口寿子（たぐち・ひさこ）／ケース3、ケース7
神奈川県立精神医療センター所長。専門は司法精神医学。主な著作は、『諸外国における刑事精神鑑定－フランス』（共著、中山書店、2006年）、「わが国におけるMaternal Filicideの現状と防止対策」（精神神経医学雑誌109巻2号、2007年）、「精神鑑定のすすめ－精神科医の自己研鑽の場として」（臨床精神医学45巻8号、2016年）、「精神鑑定の精神医学的意義を守るために」（臨床精神医学47巻11号、2018年）など。

中谷陽二（なかたに・ようじ）／ケース4、ケース8
筑波大学名誉教授。専門は司法精神医学、精神病理学、精神医学史。主な著作に、『分裂病犯罪研究』（金剛出版、1996年）、『精神鑑定の事件史』（中央公論社、1997年）、『司法精神医学と犯罪病理』（金剛出版、2005年）、『刑事司法と精神医学』（弘文堂、2013年）、『精神障害者の責任能力』（編著、金剛出版、1993年）、『責任能力の現在』（編著、金剛出版、2009年）、『精神科医療と法』（共編著、弘文堂、2008年）、『現代精神医学事典』（共編著、弘文堂、2011年）などがある。

弁護士（50音順／執筆担当ケース）

井桁大介（いげた・だいすけ）／ケース9
第二東京弁護士会。

尾西正人（おにし・まさと）／ケース3
2007年9月弁護士登録、弁護士法人やわらぎに勤務。2008年9月 弁護士法人やわらぎ倉吉事務所支所開設、同支所長就任。2010年9月 尾西総合法律事務所開設2016年度 鳥取県弁護士会副会長。寄稿：「性犯罪が関係する事案で量刑が主要な争点となった事例」季刊刑事弁護62号（2010年）。

鍜治伸明（かじ・のぶあき）／ケース4
1996年弁護士登録。埼玉弁護士会。

金岡繁裕（かなおか・しげひろ）／ケース1、ケース6、ケース10
愛知県弁護士会所属（55期）。主な著作として、「裁判員裁判下の刑事精神鑑定」精神医学雑誌66号、「発達障害のある人の刑事責任について」発達障害研究34号の他、近時のものでは「刑事弁護から見た正当防衛論の課題」『刑事法の理論と実務①』（成文堂、2019年）等がある。2016年5月末で日弁連刑事弁護センター幹事を辞任。

金杉美和（かなすぎ・みわ）／ケース1
2004年弁護士登録。日弁連刑事弁護センター委員、2018年同法廷技術小委員会委員長。著書：『裁判員裁判刑事弁護マニュアル』（共著、第一法規、2009年）等。

久保有希子（くぼ・ゆきこ）／ケース7
2007年弁護士登録。日弁連刑事弁護センター幹事。著書：日弁連裁判員本部編『裁判員裁判の量刑』（共著、現代人文社、2012年）、『刑事弁護ビギナーズver.2』（共著、現代人文社、2014年）、日弁連刑事弁護センター編『裁判員裁判の量刑Ⅱ』（共著、現代人文社、2017年）、科学的証拠に関する刑事弁護研究会編『刑事弁護人のための科学的証拠入門』（共著、現代人文社、2018年）等。

栗林亜紀子（くりばやし・あきこ）／ケース5
2008年弁護士登録。日弁連刑事弁護センター幹事。著書：「法廷通訳と刑事弁護」浦功編著『新時代の刑事弁護』（成文堂、2017年）517頁以下、大阪弁護側立証研究会編『実践！弁護側立証』（共著、成文堂、2017年）、大阪弁護士会取調べの可視化大阪本部編『コンメンタール可視化法　改正刑訴法301条の2の読解と実践』（共著、現代人文社、2017年）等。

坂根真也（さかね・しんや）／ケース2、ケース3
2004年弁護士登録。東京弁護士会。

柴田勝之（しばた・かつゆき）／ケース3
1995年弁護士登録。2008年～2010年旧司法試験第二次試験（刑法）考査委員。2010年～2013年司法研修所刑事弁護教官。2016年第二東京弁護士会副会長。2017年日本弁護士連合会常務理事。著書：日弁連刑事弁護センター編『裁判員裁判の量刑』（共著、現代人文社、2012年）、日本弁護士連合会刑事弁護センター編『裁判員裁判の量刑Ⅱ』（共著、現代人文社、2017年）。論文：「薬物密輸事件の裁判員裁判の差戻審で逆転無罪を獲得した事例」季刊刑事弁護第92号（共著、2017年）等。

菅野亮（すげの・あきら）／ケース４、ケース７、ケース９
2000年弁護士登録。日弁連刑事弁護センター事務局長、2014年〜2017年、司法研修所刑事弁護教官。著書：日弁連刑事弁護センター編『責任能力弁護の手引き』（共著、現代人文社、2015年）、日弁連刑事弁護センター編『裁判員裁判の量刑』（共著、現代人文社、2012年）、『裁判員裁判の量刑Ⅱ』（共著、現代人文社、2017年）、日弁連刑事調査室編著『起訴前・公判前整理・裁判員裁判の弁護実務』（共著、日本評論社、2019年）等。

田岡直博（たおか・なおひろ）／ケース５、ケース８
2002年弁護士登録。現職：日弁連刑事弁護センター副委員長、日弁連刑事調査室嘱託。主な著書：日弁連刑事弁護センター編『責任能力弁護の手引き』（共著、現代人文社、2015年）、日弁連刑事調査室編著『起訴前・公判前整理・裁判員裁判の弁護実務』（共著、日本評論社、2019年）、「裁判員裁判における責任能力判断の変化――判決一覧表の分析(1)〜(4)」季刊刑事弁護93号、96号（2018年）、97号、98号（2019年）等。

髙山巌（たかやま・いわお）／ケース５
1995年東京大学法学部卒業。2006年京都大学法科大学院修了。2007年弁護士登録。現職：日弁連刑事弁護センター事務局次長、日本弁護士連合会刑事調査室嘱託。関西学院大学大学院司法研究科教授。主な著書：『刑事弁護ビギナーズ ver.2』（共著、現代人文社2014年）、大阪弁護士会刑事弁護委員会公判弁護実務部会『実践！刑事弁護異議マニュアル』（執筆担当者、現代人文社、2011年）、大阪弁護側立証研究会編『実践！弁護側立証』（執筆担当者、成文堂、2017年）、日本弁護士連合会刑事調査室編著『起訴前・公判前整理・裁判員裁判の弁護実務』（執筆担当者、日本評論社、2019年）。

田中亜樹（たなか・あき）／ケース３
森・濱田松本法律事務所（シンガポールオフィス）所属。専門は、国内外のM&A、会社法務全般。主な著作に、森・濱田松本法律事務所 グローバルコンプライアンスチーム 編『海外進出企業のための外国公務員贈賄規制ハンドブック』（共著、商事法務、2018年）、森・濱田松本法律事務所アジアプラクティスグループ編『アジア新興国のM&A法制〔２版〕』（共著、商事法務、2016年）、森濱田松本法律事務所グローバルコンプライアンスチーム編『外国公務員贈賄規制と実務対応――海外進出企業のためのグローバルコンプライアンス』（共著、商事法務、2014年）などがある。

辻川圭乃（つじかわ・たまの）／ケース１０
1990年弁護士登録。日弁連罪に問われた障がい者の刑事弁護に関するPT連絡会座長。著書：『自由を奪われた精神障害者のための弁護士実務』（共編著、現代人文社、2017年）、シリーズ刑事司法を考える第２巻『捜査と弁護』（共著、岩波書店、2017年）、「事例報告――アスペルガー障害と量刑」（法と精神医療第29号、2014年）、日本弁護士連合会編『現代法律実務の諸問題平成24年度研修版』（共著、第一法規、2013年）等。

藤田充宏（ふじた・みつひろ）／ケース２
2000年弁護士登録。通称ダニエル。第二東京弁護士会調査室嘱託（裁判員裁判実施推進センター担当）（2009年〜2010年）。東京三弁護士会刑事弁護センター嘱託（2010年〜2013年）。明治学院大学法科大学院非常勤講師（刑事訴訟法）（2011年〜2014年）。司法研修所教官（刑事弁護）（2014年〜2017年）。第二東京弁護士会刑事弁護委員会委員長（2017年〜2019年）。第二東京弁護士会調査室室長（2019年〜現在）。司法試験考査委員（刑法）（2017年〜現在）。

古市敏彰（ふるいち・としあき）／ケース6
兵庫県弁護士会所属（57期）。関西学院大学法学部法律学科卒業、神戸大学法科大学院非常勤講師、兵庫県弁護士会刑事弁護センター副委員長。

村山崇（むらやま・たかし）／ケース8
福岡県弁護士会。

GENJIN刑事弁護シリーズ26
ケース研究 責任能力が問題となった裁判員裁判

2019年11月20日　第1版第1刷発行

編　者　日本弁護士連合会・日弁連刑事弁護センター
　　　　日本司法精神医学会・精神鑑定と裁判員制度に関する委員会
発行人　成澤壽信
編集人　齋藤拓哉
発行所　株式会社現代人文社
　　　　〒160-0004　東京都新宿区四谷2−10八ツ橋ビル7階
　　　　Tel: 03-5379-0307　Fax: 03-5379-5388
　　　　E-mail: henshu@genjin.jp（編集）　hanbai@genjin.jp（販売）
　　　　Web: www.genjin.jp
発売所　株式会社大学図書
印刷所　シナノ書籍印刷株式会社
装　幀　Malpu Design（宮崎萌美）

検印省略　Printed in Japan
ISBN978-4-87798-743-5　C2032
Ⓒ2019　日本弁護士連合会

◎本書の一部あるいは全部を無断で複写・転載・転訳載などをすること、または磁気媒体等に入力することは、法律で認められた場合を除き、著作者および出版者の権利の侵害となりますので、これらの行為をする場合には、あらかじめ小社または著者に承諾を求めて下さい。
◎乱丁本・落丁本はお取り換えいたします。